DUMONT
REISE-TASCHENBÜCHER

Puerto Rico

< In der vorderen Umschlagklappe: Übersichtskarte Puerto Rico, westl. Teil

In der hinteren Umschlagklappe: Übersichtskarte Puerto Rico, östl. Teil >

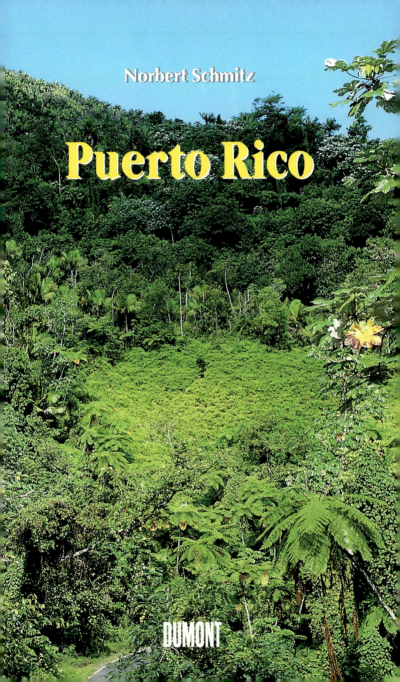

Umschlagvorderseite: Verkaufsstand in Ponce
Umschlaginnenklappe: Strand von Condado (vorne), Terrasse des Horned Dorset (hinten)
Umschlagrückseite oben: Papagei
Umschlagrückseite unten: Einer der zahlreichen Straßenstände
Abbildung S. 2/3: Der Regenwald El Yunque

Über den Autor: Dr. Norbert Schmitz, geb. 1962, ist für eine große deutsche Unternehmensberatung im internationalen Geschäft tätig. Puerto Rico lernte er im Rahmen einer mehrjährigen Projektarbeit kennen und lieben.

Danksagung
Die stete Begleitung, die ich in Form von vielfältiger Unterstützung von mehreren Seiten beanspruchen durfte, machte aus dieser Arbeit ein Gemeinschaftserlebnis besonderer Art. Vielen bin ich daher zu großem Dank verpflichtet, ohne sie hier alle namentlich nennen zu können. Ausdrücklich danken für die Unterstützung der Arbeiten an der zweiten Auflage möchte ich Karin Symens, Christine Philipp, Ute Spengler sowie der Condor.

Fremde Kulturen kennenlernen und gastfreundlichen Menschen begegnen – wie sehr genießen wir das auf Reisen. Zu Hause bei uns jedoch wird mancher Ausländer von einer kleinen Minderheit beschimpft, bedroht oder sogar mißhandelt. Alle, die in fremden Ländern Gastrecht genossen haben, tragen hier besondere Verantwortung. Deshalb: Lassen Sie es nicht zu, daß Ausländer diffamiert und angegriffen werden. Lassen Sie uns gemeinsam für die Würde des Menschen einstehen.

Verlagsleitung, Mitarbeiterinnen und Mitarbeiter des DuMont Buchverlages

---

© DuMont Buchverlag Köln
2., aktualisierte Auflage 1996
Alle Rechte vorbehalten
Satz: Rasch, Bramsche
Druck: Rasch, Bramsche
Buchbinderische Verarbeitung: Bramscher Buchbinder Betriebe

Printed in Germany   ISBN 3-7701-2850-8

Inhalt

Land und Leute

Geographie, Natur, Wirtschaft

Geographie	12
›Steckbrief‹ Puerto Rico	13
Thema: Hurrikane – Naturkatastrophen mit gewaltiger Zerstörungskraft	14
Klima	15
Flora	17
Fauna	20
Thema: Überall und nirgendwo – Der Baumfrosch El Coquí	22
Wirtschaft	23
Thema: Aufschwung durch Wirtschaftsförderung und Steuervorteile	25

Geschichte und Gesellschaft

Daten zur Geschichte	32
Thema: Wachablösung – Der Spanisch-Amerikanische Krieg	38
Bevölkerung und Gesellschaft	42
Thema: Im Zwiespalt der Kulturen – Salsa und Fast-Food	43
Religion	46
Regierungssystem und Parteienspektrum	48
Bildungs- und Gesundheitswesen	50

Kunst und Kunsthandwerk

Bildende Kunst	54
Literatur	56
Musik und Tanz	57
Thema: Shall we Salsa?	58
Kunsthandwerk	60

Unterwegs auf Puerto Rico

San Juan

Allgemeines	64
Viejo San Juan	65
Thema: La Perla – Geschlossene Gesellschaft der Armen	72
Puerta de Tierra	80
Condado	83
Isla Verde	87
Miramar und Santurce	89
Thema: Hahnenkampf – Der Sport der Gentlemen	90
Hato Rey und Río Piedras	92
Thema: Pablo Casals – Erst Mensch, dann Künstler	93
Cataño	98
Thema: 250 000 Liter Rum am Tag – Das Imperium der Bacardis	99
Bayamón	102

Nordküste: Von San Juan nach Isabela

Der exklusive Ferienort Dorado	106
Vega Baja und Manatí	108
Arecibo und das Karstland	110
Quebradillas	113
Isabela	113
Thema: Paso Fino – Der ›tierische‹ Stolz Puerto Ricos	114

Westküste: Von Aguadilla nach Boquerón

Aguadilla und Aguada	120
Rincón	123
Mayagüez	125
Cabo Rojo und der Südwesten	127
Thema: Christoph Kolumbus –	
Der erste Europäer auf Puerto Rico	128
Boquerón	131
El Combate und El Faro	134

Südküste: Von San Germán nach Maunabo

San Germán	138
La Parguera	140
Guánica und Guayanilla	143
Ponce	145
Thema: Hacienda Buena Vista –	
Kaffeeanbau auf Puerto Rico	158
Von Salinas nach Maunabo	160

Ostküste: Von Humacao nach Piñones

Humacao und Palmas del Mar	164
Fajardo	169
Luquillo Beach	172
Loíza	173
Piñones	174

Das Landesinnere

Der Regenwald El Yunque	178
Caguas	183
Cayey und die Ruta Panoramica	184
Aibonito und Coamo	185
Barranquitas und das Naturschutzgebiet Toro Negro	187
Jayuya und Adjuntas	189
Utuado	190

Maricao, Lares und die Cavernas del Río Camuy	192
Thema: Grito de Lares – Der Schrei nach Freiheit	192

Die vorgelagerten Inseln

Mona	198
Vieques	200
Culebra	206
Thema: Exotische Früchte	210
Die wichtigsten Sehenswürdigkeiten im Überblick	215
Abbildungsnachweis	216

Tips und Adressen

Reisevorbereitung	218
Anreise	219
Reisen auf Puerto Rico	220
Unterkunft und Essen	223
Urlaubsaktivitäten	227
Informationen von A bis Z	230
Register	238

Alle in diesem Buch enthaltenen Angaben wurden vom Autor nach bestem Wissen erstellt und von ihm und dem Verlag mit größtmöglicher Sorgfalt überprüft. Gleichwohl sind – wie wir im Sinne des Produkthaftungsrechts betonen müssen – inhaltliche Fehler nicht vollständig auszuschließen. Daher erfolgen die Angaben ohne jegliche Verpflichtung oder Garantie des Verlages oder des Autors. Beide übernehmen keinerlei Verantwortung und Haftung für etwaige inhaltliche Unstimmigkeiten. Wir bitten dafür um Verständnis und werden Korrekturhinweise gerne aufgreifen: DuMont Buchverlag, Postfach 10 10 45, 50450 Köln oder Mittelstraße 12–14, 50672 Köln.

Land und Leute

»Für mich war Puerto Rico Liebe auf den ersten Blick! Nun sah ich mit eigenen Augen, was mir meine Mutter von der Schönheit dieser Gegend erzählt hatte … Aber vor allem nahmen mich die Menschen für sich ein mit ihrer Würde, Freundlichkeit und Wärme. Und welche Gastfreundschaft!«

Pablo Casals

Geographie, Natur, Wirtschaft

Geographie

Klima

Flora

Fauna

Wirtschaft

Auf der Isla de Culebra

Geographie

Genau 7351 Flugkilometer von Frankfurt/Main entfernt liegt Puerto Rico, die östlichste und kleinste Insel der Großen Antillen (etwa 18° nördlicher Breite und zwischen 65° und 67° westlicher Länge). Der Name ›Reicher Hafen‹ ist darauf zurückzuführen, daß in den zurückliegenden Jahrhunderten zahlreiche spanische Schiffe, mit Gold und Silber beladen, die Insel auf ihrem Heimweg von Südamerika anliefen. Puerto Rico befindet sich im Zentrum der insgesamt rund 4000 km langen karibischen Inselkette, die von Zentralamerika ausgehend bogenförmig bis vor die Küste Venezuelas verläuft. Die 120 km breite Mona-Passage trennt das Eiland von den westlichen Nachbarn Haiti und der Dominikanischen Republik auf der Insel Hispaniola. Im Osten liegen die amerikanischen und britischen Jungferninseln sowie der Inselschwarm der Kleinen Antillen.

Die Insel ist rund 180 km lang und 60 km breit. Mit einer Fläche von knapp 8900 km² ist sie von etwa gleicher Größe wie Kreta oder Korsika. Neben der Hauptinsel gehören noch drei kleinere zur Verwaltungseinheit Puerto Rico: Westlich vorgelagert ist Mona (52 km²), östlich finden sich die etwas größeren Inseln Vieques (130 km²) und Culebra (126 km²). Darüber hinaus liegen viele, oft winzige (Korallen-)Inselchen in geringer Entfernung vor der puertoricanischen Küste. Im Süden und Osten wird Puerto Rico vom Karibischen Meer, im Norden und Westen vom Atlantischen Ozean umgeben.

Das Landschaftsbild der Insel zeigt sich abwechslungsreich: Es ist geprägt durch flache Küstenebenen, sanftes Hügelland und die Gebirgszüge Sierra de Luquillo (bis 1065 m hoch) und Cordillera Central (bis 1319 m hoch). Beide sind Ausläufer des nordamerikanischen Kordillerensystems. Davon ist allerdings nur ein Bruchteil über Wasser sichtbar: Puerto Rico bildet die Spitze eines gewaltigen vulkanischen Massivs, das im Atlantik bis auf eine Tiefe von rund 9000 m abfällt. Der sog. Puerto-Rico-Graben bildet die nordöstliche Grenze der karibischen Erdplatte, die sich Richtung Norden gegen die amerikanische Platte schiebt. Die tektonischen Bewegungen dieses geologisch noch jungen Bruchfaltengebirges führen zu gelegentlichen Erdbeben in der Karibik.

Zahlreiche Flüsse und unzählige kleinere Wasserläufe durchziehen die Insel. Alle haben ihre Quellen in den höheren Hügel- und Gebirgsregionen. Darüber hinaus finden sich ein knappes Dutzend Seen; die größten sind Dos Bocas, Guajataca, Loíza und Toa Vaca.

Die Attraktivität vieler Karibik-Inseln beschränkt sich auf Traumstrände und einige hübsche Touristenorte; wesentlich mehr wird kaum geboten. Nicht so auf Puerto Rico! Neben den obligatorischen

›Steckbrief‹ Puerto Rico

- **Lage** Östlichste Insel der Großen Antillen, etwa 18° nördlicher Breite sowie 66° westlicher Länge
- **Größe** 8897 km²
- **Einwohner** Rund 3,6 Mio.
- **Bevölkerungsdichte** 405 Einwohner/km²
- **Lebenserwartung** 73,8 Jahre
- **Bevölkerungswachstum** ca. 2,2 %
- **Religion** Überwiegend römisch-katholisch (70 %)
- **Sprache** Spanisch sowie mit Einschränkungen Englisch
- **Politischer Status** Zu den USA assoziierter Freistaat (Estado Libre Asociado)
- **Hauptstadt** San Juan
- **Politische Parteien** Partido Popular Democrático (PDP)
  Partido Nuevo Progresista (PNP)
  Partido Independentista Puertoriqueño (PIP)
- **Bruttosozialprodukt (BSP)** 28 Mrd. US-$ (1995)
  BSP pro Kopf: 8347 US-$ (1995)
  BSP-Wachstumsrate: 3,4 % (1995)
  Wichtige Wirtschaftszweige: vor allem verarbeitende Industrie sowie Dienstleistungen (Tourismus); der Landwirtschaft kommt nur untergeordnete Bedeutung zu (1,5 % BSP)
- **Arbeitslosenquote** 13,7 % (1995)
- **Wichtige Exportgüter** Chemische Produkte, insbesondere Pharmazeutika, Textilien, Maschinen, Elektronik

Stränden (438 km, von Palmen gesäumt) verfügt die Insel über ein ausgesprochen attraktives und abwechslungsreiches Hinterland. Fruchtbare Böden und subtropisches Klima fördern eine üppige Vegetation, unterschiedliche Höhenlagen und Niederschlagsmengen sorgen für die Entwicklung verschiedener Pflanzenkulturen.

Geographie

Hurrikane
Naturkatastrophen mit gewaltiger Zerstörungskraft

Hurrikane suchen mindestens ein halbes Dutzend mal pro Jahr die Karibik-Inseln heim – die nördlichen sind hierbei weit mehr gefährdet als die im Süden – und richten z. T. beträchtlichen Schaden an Siedlungen und Kulturflächen an. Gleichzeitig verwüsten die durch einen Hurrikan hervorgerufenen Flutwellen die Küstenregionen, und einsetzende sintflutartige Regenfälle führen zu katastrophalen Überschwemmungen.

Die subtropischen Wirbelstürme, die zumeist vor der Nordküste Südamerikas entstehen, erreichen Windstärken von über 12 auf der Beaufort-Skala. Sie ziehen in geschwungener Bahn über die Karibischen Inseln, bis sie sich über dem amerikanischen Festland auflösen. Schwüle und Stille sind meist die Vorboten der Stürme, mit denen besonders im Sommer und im Frühherbst zu rechnen ist. Am gefährlichsten sind sie im Monat September, da sie dann die größte Kraft besitzen. Sie entwickeln Geschwindigkeiten von mehr als 200 km/h, einzelne Sturmböen erreichen sogar bis zu 340 km/h. Der Durchmesser eines solchen Wirbelsturms liegt bei etwa 200 km, die dazugehörenden Wolkenwirbel messen bis zu 1600 km.

Seit dem Jahr 1508 – dem Beginn der meteorologischen Aufzeichnungen auf Puerto Rico – wurden 73 derartige Wirbelstürme gezählt.

Es können fünf Vegetationszonen unterschieden werden. Fruchtbares und feuchtes Küstenland erstreckt sich überwiegend entlang der Nordküste. Üppige Waldgebiete und Regenwald finden sich im Landesinneren, im Gebiet der Cordillera Central und der Sierra de Luquillo. Relativ trockene Forstgebiete und weniger intensive Landwirtschaft (Weidewirtschaft) prägen den südlichen Küstenstreifen.

Im Nordwesten der Insel, zwischen Arecibo, Manatí und Aguadilla, erheben sich bewaldete Berge, die in ihrer Form an Heugarben erinnern. In diesem tropischen Kegelkarstgebiet finden sich Höhlen, Dolinen (rundliche Vertiefungen im Kalkgestein) und unterirdische Flüsse. Diese Erscheinungen sind Ergebnis der Verkarstung, hervorgerufen durch schwere Regenfälle, die über Jahrtausende hinweg den porösen Kalkstein aufgebrochen und neu geformt haben.

Von den zahlreichen Nationalparks ist das im Landesinneren ge-

San Roque, der erste Hurrikan, zog am 16. August 1508 über die Insel hinweg, nur vier Tage nach der Ankunft des späteren ersten Gouverneurs Ponce de León. Die größte Katastrophe löste San Ciriaco am 8. August 1899 aus: Morgens gegen 8 Uhr erreichte der Zyklon die Insel bei Arroyo und fegte dann über das gesamte Land. Er tötete dabei mehr Menschen als alle anderen Zyklone zusammen. Über 3000 Puertoricaner verloren innerhalb weniger Stunden ihr Leben. Die gesamte Ernte wurde vernichtet und viele Häuser, die an Flußläufen standen, wurden von den Wassermassen ins Meer gerissen. Von der Stadt Aibonito waren nach dem Abzug von San Ciriaco nur noch zwei Häuser übrig!

Obwohl seine Zerstörungskraft von keinem mehr erreicht werden konnte, haben seine ›Kollegen‹ in diesem Jahrhundert ebenfalls schwere Schäden verursacht, u. a. San Felipe (1928, 312 Tote, zahllose Verletzte, Zehntausende Menschen obdachlos), San Ciprian (1932, 257 Tote, 5000 Verletzte, 42 000 Häuser zerstört), Hugo (1989, 25 000 Menschen obdachlos) und 1995 Marilyn.

Einen Schutz vor diesen Naturkatastrophen gibt es nicht. Nur durch Beobachtung und rechtzeitige Information der Bevölkerung in den voraussichtlich betroffenen Gebieten ist eine Minimierung des zu erwartenden Schadens durch vorbeugende Maßnahmen möglich. Aus diesem Grund haben die USA mittels Flugerkundung und Radarpeilung ein umfassendes Beobachtungs- und Warnsystem installiert, das den Süden der Vereinigten Staaten und den gesamten karibischen Raum abdeckt.

legene Regenwaldgebiet El Yunque der größte und bekannteste. Die Reserva Forestal Carite, auch Guavate genannt, liegt östlich von Cayey, das Guanica Reservat befindet sich in der Nähe von Ponce im Süden der Insel. Weitere Nationalparks liegen über die gesamte Insel verstreut: Guajataca Reservat (zwischen Arecibo und Aguadilla), Maricao Reservat (nahe Mayagüez), Rio Abajo Forest Reserve (bei Arecibo) und Toro Negro Reservat (östlich von Adjuntas).

Klima

Das Klima auf Puerto Rico ist subtropisch und damit durch eine relativ hohe Luftfeuchtigkeit und beständig hohe Lufttemperaturen geprägt. Die monatliche Sonnenscheindauer schwankt zwischen 210 Stunden im November und 266 Stunden im August. Erfreulich für den von der Sonne nicht immer verwöhnten Westeuropäer: Durchschnittlich an nur fünf Tagen im Jahr zeigt sich die Sonne nicht. In

Klima

den Monaten Dezember bis Februar ist es geringfügig kühler (27 °C) als im ›Sommer‹. Im heißesten Monat September steigt das Quecksilber auf durchschnittlich 31 °C. In den Bergen werden nicht ganz so hohe Temperaturen erreicht; im Schnitt ist es hier um 4–5 °C kühler als in den Küstenregionen. Die niedrigste, jemals auf der Insel gemessene Temperatur (5 °C) verzeichnete man im März 1911 in der in den Zentralkordilleren gelegenen Ortschaft Aibonito.

Eine typische Regenzeit gibt es zwar nicht, allerdings fallen zwischen Mai und Dezember/Januar mehr Niederschläge als im übrigen Jahr. Nahezu täglich kommt es dann zu kurzen, aber heftigen Schauern in den Nachmittags- oder frühen Abendstunden. Die Puertoricaner sehen dies gelassen. Für sie sind die Regentropfen *liquid sunshine* (flüssiger Sonnenschein). Oder sie sagen, *another witch is getting married* (gerade heiratet wieder eine Hexe), wenn sich die Himmelspforten öffnen.

Die Niederschläge verteilen sich sehr unterschiedlich über die Insel. Im Nordosten sind 2500 mm im Jahr nicht außergewöhnlich. In der Sierra de Luquillo können sie mit 7500 mm sogar das dreifache Volumen erreichen. Zum Vergleich: München, das aufgrund seiner Nähe zu den Alpen über eine relativ hohe Niederschlagsmenge verfügt, verzeichnet im Jahresdurchschnitt 965 mm, in Stuttgart werden knapp 700 mm gemessen. Den gemäßigten deutschen Verhältnissen vergleichbar ist die südliche Inselregion (Ponce: 752 mm).

Insgesamt empfinden die meisten Besucher aus Westeuropa das Klima Puerto Ricos als sehr angenehm. Dies gilt insbesondere für die Hauptreisezeit in den trockeneren Monaten Januar bis April. Die hohe Luftfeuchtigkeit wirkt selten drückend oder unangenehm, zumal die Passatwinde auftretende Schwüle schnell vertreiben und für Kühlung sorgen. Diese beständig wehenden Winde werden im Englischen als Trade Winds bezeichnet, da sie in der Zeit der Segelschiffahrt für den Handel von großer Bedeutung waren.

Entsprechend den hohen Lufttemperaturen wird Puerto Rico ganzjährig von warmem Wasser (24–28 °C) umspült. So sind die Bade- und Wassersportbedingungen ideal, egal ob man im Atlantik oder in der Karibik ›planscht‹. An der nördlichen Küste ist das Meer zwar etwas rauher, die Temperaturen sind aber fast identisch mit denen im Süden und Osten.

Das freundliche Klima ist allerdings mit einem ›Schönheitsmakel‹ behaftet: Zwischen Juni und Oktober treten in der Karibik regelmäßig tropische Wirbelstürme auf. Sobald sich ein solcher Hurrikan in der Region gebildet hat, verfolgen die Puertoricaner aufmerksam die weitere Entwicklung und die Richtung, die das Unwetter eingeschlagen hat, in der Hoffnung, daß der Sturm an der Insel vorüberzieht.

Flora

Gute klimatische Bedingungen – Wärme und Feuchtigkeit – haben Puerto Rico in eine farbenprächtige Insel verwandelt, wobei das Grün der Wälder dominiert. Kennzeichnend für die Vegetation sind die über 3300 verschiedenen Pflanzenarten, die auf der Insel gedeihen. Ursprünglich waren allein 547 unterschiedliche Bäume hier beheimatet, später wurden zusätzlich 203 Arten von Nachbarinseln und aus anderen Ländern und Kontinenten eingeführt.

Große Ananasplantagen bei Manatí gehören ebenso zum Inselbild wie die oft um Häuser und Hütten angepflanzten Bananenstauden und Zitrusbäume. Puerto Rico verfügt darüber hinaus über eine größere Anzahl wenig bekannter Früchte, dazu zählen z. B. die Guanábana oder die Corazón (s. S. 210 ff.). Der Flammenbaum (Flamboyán) ist die Nationalpflanze Puerto Ricos. Seine zahlreichen Blüten leuchten vom Frühjahr bis zum Herbst feuerrot. Bezaubernd ist auch der ursprünglich aus Brasilien stammende Jacarandabaum (Jacarandá) mit seinen vielen glockenförmigen, zartlila gefärbten Blüten oder der in einem Blütenmeer versinkende Orchideenbaum (Palo de Orquídeas).

Aus den Früchten des Kalebassenbaumes (Higüero) schnitzten schon die Ureinwohner Masken und Eßbesteck. Die Frucht in der Form eines Kürbisses eignet sich mit ihrer harten Schale hervorragend als Behälter für Flüssigkeiten. Um den Hals oder an den Gürtel gehängt, nutzte man das Gefäß in früheren Zeiten zur Aufbewahrung von Medizin oder Gift.

Der bei uns als Zierpflanze aus der Mode geratene Gummibaum (Palo de Goma) ist ebenfalls auf Puerto Rico heimisch und wird bis zu 100 Jahre alt. In einer alten Überlieferung wird beschrieben, wie schon Maya-Indianer aus dem wertvollen Latex der Rinde Kautschuk herstellten: »In seiner Hütte entzündet der Eingeborene ein stark qualmendes Feuer unter Ver-

Blüten eines Flammenbaums

Flora

brennung von Früchten der Urukuri-Palme, wodurch der Rauch kreosot- und phenolhaltig, also sauerbeizend wird. Er taucht eine Bambusstange in das mit Latex gefüllte Gefäß und hält sie anschließend in den Rauch; das Wasser verdampft und der Kautschuk gerinnt. So fügt er Schicht auf Schicht, bis ein Klumpen von 10–20 kg Gewicht entstanden ist. Durch Aufschneiden dieser ›Brote‹ wird die Stange entfernt. Die Masse ist außen braun, innen bernsteingelb.« Heute ist die natürliche Kautschukherstellung fast vollständig von der synthetischen Produktion, die eine bessere Qualität liefert, verdrängt worden.

Auch der Kampferbaum (Alcanfor) wird heute nicht mehr als Nutzpflanze betrachtet. Aus seinen Wurzeln, Ästen und Blättern stellte man eine Substanz her, die nicht nur als Insektizid (insbesondere gegen Motten), sondern auch als Herzmittel Verwendung fand. Der Markt für natürlichen Kampfer brach zusammen, als ein Verfahren für die Herstellung der Substanz aus Terpentinöl entwickelt wurde. Auffallend an den bis zu 50 m hohen Bäumen sind die breite Krone und die schwarzen kleinen Früchte.

Eng verwandt mit dem Kampferbaum und auf Puerto Rico weit verbreitet ist der aus Australien stammende Eukalyptus (Eucalipto del Alcanfor). Das aus seinen Blättern gewonnene Öl steht heute im Rahmen des Trends zu pflanzlichen Heilmitteln wieder hoch im Kurs.

Der Baumwollbaum (Ceiba), einst heiliger Baum der Mayas, spielt auf Puerto Rico keine wirtschaftliche Rolle mehr, dennoch sind die Pflanzen nicht ganz nutzlos. Die Einheimischen verwenden das Samenhaar, genannt Kapok, zum Polstern von Möbeln und Füllen von Kissen und Matratzen.

Zwei Kiefernarten sind von großer Bedeutung für die Puertoricaner. Die schnellwachsende Casuarina (Pino Australiano) dominiert bei der Wiederaufforstung, die aufgrund des großen Holzverbrauches in der Vergangenheit dringend erforderlich wurde. Noch vor 100 Jahren war die Insel zu drei Vierteln bewaldet, heute sind nur noch 25 % des ursprünglichen Baumbestandes verblieben. Die zweite Kiefernart, die Norfolk-Kiefer (Pino Norfolk), wurde von Captain Cook auf den Norfolk-Inseln entdeckt. Ihr absolut symmetrischer Wuchs hat sie zum beliebtesten Weihnachtsbaum auf Puerto Rico und in der ganzen Karibik werden lassen.

Der lustigste Baum der Insel ist der ›Leberwurstbaum‹ (Arbol de la Salchicha). Wer weiß, daß der Name auf die Form seiner riesigen, grauen, bis zu 6 kg schweren Früchte zurückzuführen ist, wird ihn auf Anhieb erkennen. Allerdings rufen die ungenießbaren Früchte nicht nur die Belustigung des Betrachters hervor, sie dienen auch der Medizinherstellung.

Doch weder der Flamboyán noch der ›Leberwurstbaum‹ stehen für den Karibiktraum Puerto Rico.

Immer wiederkehrend in Prospekten, auf Photos, Postern und in Werbefilmen wird die Palme dargestellt, als Inbegriff für Sommer, Sonne und Strandvergnügen.

Viele der tropischen Blumen waren in Europa früher nur aus Büchern bekannt. Inzwischen wachsen in jedem Botanischen Garten Exoten in stattlicher Anzahl. Auf Puerto Rico muß man jedoch nicht erst die Plant Collection in Mayagüez besuchen, um sich an den Zierpflanzen zu erfreuen. Über das ganze Land verstreut wachsen die blühenden ›Inselschönheiten‹.

Der unter dem Namen Frangipani bekannte Tempel- oder Pagodenbaum ist in den Tropen weit verbreitet. Während er in Asien vorwiegend in Tempelanlagen – für Buddhisten gilt er als Symbol der Unsterblichkeit – und auf Friedhöfen wächst, ziert er auf Puerto Rico viele Gärten, Parks und Hotelanlagen. Bricht man einen Zweig des kleinen Baumes ab, so rinnt milchig-weißes, giftiges Latex aus der Bruchstelle. Die sowohl weiß- wie auch rosafarbenen Blüten des Frangipani duften intensiv. Aus ihnen wurden früher die als Willkommensgrüße gedachten Blumenketten gefertigt – nicht nur auf Hawaii und Haiti. Auch heute noch dienen sie häufig als beliebte Dekoration zu vielerlei Zwecken.

Die Bougainvillea, benannt nach dem französischen Botaniker Louis Antoine de Bougainville, der die Pflanze im 18. Jh. in Rio de Janeiro entdeckte und erstmalig be-

Orchidee

schrieb, ist die bekannteste und populärste aller tropischen Zierpflanzen. Die jüngeren Pflanzen dienen als Hecke, ältere bedecken – wie Efeu – ganze Mauern und Hauswände. Die Farbskala der unzähligen Blüten reicht von kräftigem Lila und Pink über alle Rot- und Orangeschattierungen bis hin zu reinem Weiß.

Der Name der Strelitzia ist auf die Herzogin Charlotte von Mecklenburg-Strelitz (1744–1818), der späteren Gattin Georges III., zurückzuführen. Ihr zu Ehren benannte der britische Botaniker Joseph Banks eine Blume, die er vom Kap der Guten Hoffnung mitgebracht hatte. Die bekannteste Vertreterin der Spezies ist die Bird of Paradise Flower (Paradiesvogelblume). Sie erreicht eine Länge von bis zu 2 m. Ihre Blätter ähneln denen der Bananenstaude. Die einzelnen Blüten bestehen aus jeweils großen, langen orangefarbenen und kleinen blauen Blütenblättern. In ihrer Form erinnert die Blüte nicht nur an einen Paradiesvogel, auch der Vergleich mit einem Hahnenkamm liegt nahe.

Die Datura wird aufgrund der Form ihrer Blüten auch Engeltrompete genannt. Bei uns als Rarität bewundert, wächst sie auf Puerto Rico nicht nur in Gärten, sondern auch wild an Bächen und Flüssen. Am häufigsten sieht man die weiße Datura, seltener trifft man auf Arten mit goldgelben oder rosafarbenen Blüten. Alle Pflanzen dieser Art sind hochgiftig und haben aufgrund ihres Duftes eine narkotisierende Wirkung.

Puerto Rico ist reich an Orchideen. Man stolpert zwar nicht über sie, aber bei genauem Hinschauen findet man sie doch überall. Sie wachsen auf dem Boden oder an Bäumen und Felsen und fühlen sich in feuchteren wie trockeneren Gebieten wohl. Die Familie der Orchideen ist eine der größten in der Pflanzenwelt. In der freien Natur wurden etwa 27 000 verschiedene Arten gezählt, zudem werden noch 50 000 Arten in Kulturen gezüchtet. Besonders zahlreich wachsen sie im Nationalpark El Yunque.

Fauna

Außer Fledermäusen, Delphinen und Seekühen gab es in und um Puerto Rico in grauer Vorzeit zunächst keine Säugetiere. Kühe, Schweine und Pferde wurden von den Spaniern eingeführt. Mungos, die man zur Bekämpfung von Ratten und Schlangen aus Indien in die Karibik gebracht hatte, haben auf Puerto Rico ideale Lebensbedingungen vorgefunden und sich so stark vermehrt, daß sie – auch heute noch – eine Plage für die Landwirtschaft darstellen, insbesondere im Südwesten der Insel.

Zu den über 200 Vogelarten, die auf der Insel beheimatet sind, gehören auch verschiedene Kolibri- sowie interessante Falken- und Eulenarten. Der farbenprächtige und einst weit verbreitete Puertoricanische Papagei (Amazona vittata) ist nur noch selten, etwa in den entlegeneren Gebieten von El Yunque, zu finden. Abhängig von der Jahreszeit zwitschern allerdings in den frühen Morgenstunden nicht nur die einheimischen Vögel ohrenbetäubend laut. Sie werden unterstützt durch die ›fremdländischen‹ Gesänge zahlreicher Wandervögel, die auf Puerto Rico überwintern. Die Vogelwelt auf der Insel wird komplettiert durch eine Reihe hier beheimateter Wasservögel: Pelikane, Flamingos und Ibisse.

Weitaus größer ist die Anzahl von Spinnen- und Insektenarten auf der Insel: über 15 000 verschiedene Spezies. Küchenschaben, Riesen-Kakerlaken und Motten gehören zu den weniger beliebten Vertretern, während die Schmetterlinge (über 200 Arten) zu den gern gesehenen Insekten zählen. Mimes, die kleinen, beißenden Sandfliegen, werden abends an Gewässern zur Plage. Die Guaba ist die einheimische Tarantel, eine von insgesamt zehn Spinnenarten der Insel. Eine andere ist die Arana bobo, oder auch Silly Spider genannt, die bis zu 38 cm lang wird. Ihr Biß verursacht Lähmungserscheinungen, ist aber im Regelfall für den Menschen keine tödliche Gefahr. Mutige Spinnenliebhaber können die Arana bobo – mit viel Glück – im Parque de las Cavernas del Río Camuy aus der Nähe betrachten.

Wie der Puertoricanische Papagei, so ist auch der Puertoricanische Leguan vom Aussterben bedroht. Einst war der Iguana in den trockenen Inselregionen weit verbreitet. Bei den Taíno-Indianern galt er als Leckerbissen.

Prächtig ist die Unterwasserwelt vor Puerto Ricos Küsten, was im wesentlichen auf ein die Insel umgebendes, noch weitgehend unzerstörtes Korallenriff zurückzuführen ist. Im Norden, Westen und im Süden fällt das Riff bis auf eine Tiefe von rund 9000 m ab, im Osten ist es dagegen breit und flach. Zu den

Vielfältig und farbenprächtig: Tauchgründe um Puerto Rico

Überall und nirgendwo

Der Baumfrosch El Coquí

Er ist überall auf der Insel zu Hause, doch gesehen wird er so gut wie nie. Allenfalls entdeckt man sein Konterfei in den Souvenirläden, in denen er endlos reproduziert und unterschiedlich dargestellt – von der Keramikglocke über den Aschenbecher bis hin zum T-Shirt-Aufdruck – als Mitbringsel für die Daheimgebliebenen angeboten wird. Es handelt sich um das offizielle Maskottchen Puerto Ricos. Und wer es zu Gesicht bekommt, dem soll es Glück bringen, sagt der Volksmund.

Die Rede ist vom winzigen Baumfrosch El Coquí (Eleutheradcatylus Puertoricensis), der nicht nur inmitten der Natur, sondern auch in den Städten, Parks und Hotelanlagen lautstark auf sich aufmerksam macht. Die Haut des ca. 2 cm langen Frosches ist zart und fast durchsichtig, die Farbe unterschiedlich – je nachdem welcher Umgebung er sich gerade anpaßt. Der Name El Coquí ist auf den melodiösen Klang des Rufes zurückzuführen: Zwei durchdringende Töne (ko-kee), die in der Nacht endlos von den männlichen Fröschen wiederholt werden, um Weibchen anzulocken und das eigene Territorium zu markieren.

El Coquí ist nur einer von insgesamt einem guten Dutzend unterschiedlicher Baumfrosch-Arten auf Puerto Rico. Die Größten haben eine Länge von etwa 10 cm. Sie leben sowohl auf Bäumen und in Büschen als auch im Felsgestein. Jede Spezies hat eigene Verbreitungsgebiete, die sich allerdings stark überlappen.

Auf Puerto Rico ist ein weiter Teil der Bevölkerung der Auffassung, daß die kleinen Baumfrösche sterben, zumindest aber ihren Gesang einstellen, wenn sie die Insel verlassen. Dem ist jedoch nicht ganz so: Verschiedentlich wurde berichtet, daß in nordamerikanischen Häfen beim Entladen von Schiffen aus Puerto Rico die kleinen blinden Passagiere im Frachtraum laute Konzerte anstimmten.

Obwohl El Coquí auf der ganzen Insel weit verbreitet ist, haben die meisten Puertoricaner in ihrem Leben noch keinen Baumfrosch gesehen. Es ist ausgesprochen schwierig, die hervorragend getarnten Tiere zu lokalisieren. Ihren Ruf stellen sie bei Gefahr sofort ein. Ihre Tage verbringen sie an dunklen und feuchten Plätzen, versteckt schlafend, um sich von den Strapazen der Nächte zu erholen. So wird wohl auch dem hartnäckigsten Touristen der Weg in den Souvenirladen nicht erspart bleiben, möchte er El Coquí zu Gesicht bekommen.

zehn schönsten Taucherrevieren der Welt gehört das noch völlig unberührte und von Umweltschäden wenig beeinträchtigte Riff vor Mona Island. Über ein Dutzend unterschiedlicher Korallenarten leben hier im glasklaren Waser, in dem sich das Sonnenlicht bis auf eine Tiefe von 70 m bricht!

Papageifisch, Löwenfisch, Bananenfisch, Meerbarbe, Sardine, Makrele, Aal, Baracuda und verschiedene Hai-Spezies sind nur einige Meeresbewohner, die hier heimisch sind. Viele große Wasserschildkröten suchen Puerto Ricos Strände auf, um dort Eier zu legen. Sie tun dies vor allem bei Guánica, Cabo Rojo, Isabela, Rincón und südlich von Humacao.

Die Attraktion der Gewässer um Puerto Rico sowohl für Taucher als auch für Angler sind aber die großen Fische. Der Schwertfisch (Marlin) ist gleich mit zwei Arten vertreten. *Aguja azul* wird der Blue Marlin im Spanischen genannt, der das ganze Jahr über rund um die Insel zu Hause ist. Kleiner und erheblich leichter ist der *aguja blanca* (White Marlin). Der Sail Fish tummelt sich vor allem in den Wintermonaten in puertoricanischen Gewässern, während man Delphine das ganze Jahr über sehen kann. Mit ein wenig Glück entdeckt man sogar große Delphin-Schulen, die sich im Winter und im Frühling gerne vor der Südostküste aufhalten.

Ein häufiger Weggefährte von Delphinen ist der Wahoo *(peto)*, der bis zu 50 kg schwer wird. Leicht das doppelte Gewicht kann der hier zu findende Thunfisch *(atun)* auf die Waage bringen.

Die größten Tiere im karibischen Meer sind allerdings die tonnenschweren Buckelwale; sie halten sich bevorzugt während der Wintermonate in den warmen Gewässern vor der Küste Rincóns auf, um sich zu paaren oder zu kalben.

Wirtschaft

Allgemeines

»Die Puertoricaner sind von der Bananenstaude in den Cadillac gefallen«, sagen zynische Zungen. Damit beschreiben sie aber zutreffend die außergewöhnliche wirtschaftliche Entwicklung: Während die Insulaner noch vor drei bis vier Jahrzehnten überwiegend in armseligen Holzhütten mit Lehmboden lebten und nur sehr niedrige Ein-

Ist er's oder ist er's nicht?

künfte erzielten, verfügen sie heute über das höchste Einkommen Lateinamerikas.

1940 betrug das Pro-Kopf-Einkommen auf Puerto Rico ganze 140 US-$, inzwischen liegt es laut offizieller Statistik bei 8347 US-$ pro Jahr. Das Realeinkommen ist allerdings noch höher anzusetzen: Viele verdienen durch Schattenwirtschaft dazu.

Das ehemalige ›Armenhaus‹ hat sich in den zurückliegenden Jahrzehnten nicht zuletzt aufgrund der umfangreichen Transferzahlungen der USA zur reichsten Insel der Karibik entwickelt. Jährlich gibt Washington über 6 Mrd. US-$ für Puerto Rico aus. Der Wohlstand wird besonders in San Juan und Umgebung sichtbar: Luxushotels, große Bürohochhäuser, elegante Einkaufszentren und zahlreiche Fabriken zeugen von dem neuen Reichtum.

Noch zu Beginn dieses Jahrhunderts war ein Großteil der Bevölkerung in der Landwirtschaft tätig. Nach dem Ende des Zweiten Weltkriegs sorgte ein umfangreiches Industrialisierungsprogramm für zahlreiche Arbeitsplätze im verarbeitenden Gewerbe und im Dienstleistungssektor, hier vor allem im Tourismus. Zwei Fünftel des Bruttosozialproduktes werden heute im verarbeitenden Gewerbe erwirtschaftet. Daneben spielt die Beschäftigung im Staatssektor eine wesentliche Rolle: Ein aufgeblähter öffentlicher Verwaltungsapparat hält jeden fünften Arbeitnehmer in Lohn.

Das Potential des inländischen Absatzmarktes ist begrenzt, die Produktion erfolgt zumeist für den Export. Knapp 90 % der gesamten Ausfuhren gehen in die USA. Dabei dominieren chemische Produkte, insbesondere Pharmazeutika, Textilien, leichter Maschinenbau und Elektronik. Auch bei den Importen Puerto Ricos sind die USA mit weitem Abstand führend (etwa 50 %). Wichtige Einfuhrgüter sind Erdöl, Maschinen und Transportausrüstungen, aber auch Lebensmittel. Im Vergleich zu den USA bewegt sich der Außenhandel mit der BRD auf einem relativ niedrigen Niveau. Dennoch ist Deutschland für die Puertoricaner der wichtigste europäische Exportmarkt.

Trotz des erfolgreich verlaufenen Industrialisierungsprogramms und des guten Fremdenverkehrsgeschäftes ist die Anzahl der neu geschaffenen Arbeitsplätze nicht ausreichend: 1995 waren rund 14 % der Puertoricaner arbeitslos (1993: 16,8 %). Das Wirtschaftswachstum lag 1995 bei 3,4 %, das Bruttosozialprodukt bei etwa 28 Mrd. US-$.

Landwirtschaft

Der Landwirtschaft kommt innerhalb der Gesamtwirtschaft eine untergeordnete Bedeutung zu: Sie trägt heute nur noch rund 1,5 % zum Bruttosozialprodukt der Insel bei. Knapp 35 000 Menschen sind in der Land-, Forst- und Fischereiwirtschaft beschäftigt.

Wirtschaft

Aufschwung durch Wirtschaftsförderung und Steuervorteile

Die herausragende wirtschaftliche Rolle Puerto Ricos in der Karibik ist zunächst auf Operation Bootstrap, ein in den 40er Jahren gestartetes Programm zur Forcierung der industriellen Entwicklung, zurückzuführen.

Dabei leisteten die USA wichtige Unterstützungsarbeit. Sie stellten die entsprechenden Finanzmittel bereit, um die Insel und die umliegende Region – den ›Hinterhof‹ der USA – wirtschaftlich und damit auch politisch zu stabilisieren. Dieses Engagement war nicht ganz uneigennützig: Mit der Verbesserung der Lebensverhältnisse auf Puerto Rico sollte auch der breite Strom der Abwanderer zum Festland, insbesondere nach New York, wo heute knapp eine Millionen Puertoricaner leben, gestoppt werden.

Ein weiterer wichtiger Faktor für die wirtschaftliche Entwicklung ist der politische Sonderstatus Puerto Ricos. Er ermöglicht die Gewährung umfangreicher Investitions-Anreize für hier tätige Unternehmen. Viele Industriebetriebe haben sich primär wegen der beachtlichen steuerlichen Vorteile für Investoren auf der Insel angesiedelt: Die Unternehmen werden für einen Zeitraum von zehn bis zu 25 Jahren nahezu vollständig von den Ertragssteuern befreit. Der Zeitrahmen ist dabei abhängig von der Standortwahl des Unternehmens auf der Insel; je weniger wirtschaftlich entwickelt die jeweilige Region ist, desto höher fällt der Steuervorteil aus. Möglich ist dies, da Puerto Rico aufgrund des Commonwealth-Status keine Bundessteuern an die USA entrichten muß (Sektion 936 des U.S.-Steuergesetzes). Damit entfällt die betragsmäßig größte Steuerlast der Unternehmen durch den Fiskus.

Die landwirtschaftlichen Anbaugebiete liegen überwiegend im Hügelland und in den Küstenebenen, die zum Teil künstlich bewässert werden. Hauptanbauprodukt der puertoricanischen Landwirtschaft ist Zuckerrohr, aus dem neben Zucker vor allem Rum hergestellt wird. Es nimmt knapp die Hälfte der gesamten landwirtschaftlichen Anbaufläche in Anspruch. Weitere wichtige Produkte sind Kaffee und Tabak. Neben diesen traditionellen Produkten hat in jüngerer Vergangenheit der Ananasanbau an Bedeutung gewonnen; große Plantagen kann man in der nördlichen Inselregion bei Manatí besichtigen. Darüber hinaus werden Reis, Bananen, Zitrusfrüchte, Mangos, Ko-

Wirtschaft

kosnüsse und zahlreiche Gemüsesorten angepflanzt.

Die Vieh- und Milchwirtschaft spielt gegenüber der traditionellen Plantagenwirtschaft eine zunehmend wichtigere Rolle, vor allem im Südwesten und an der südlichen Küste. Geflügel- und Schweinefleisch, oft wichtiger Bestandteil puertoricanischen Essens, wird ebenfalls in größerem Maße auf der Insel produziert.

Insgesamt ist die Landwirtschaft – trotz fruchtbarer Böden und ausgezeichneter klimatischer Bedingungen – nicht in der Lage, die Selbstversorgung der Insel auch nur annähernd zu gewährleisten. Ein Großteil der benötigten Nahrungsmittel muß importiert werden. Zum Teil liegt das an dem schlechten Image der einheimischen Produkte. Puertoricaner ziehen importierte Lebensmittel den einheimischen vor: Und so verfaulen die auf der Insel wachsenden Früchte an den Bäumen, während beispielsweise Zitrusfrüchte aus Kalifornien und Florida eingeflogen werden.

Düster sieht es auch um die Zukunft des Zuckers aus, einst wirtschaftliches Rückgrat und wichtigstes Exportprodukt der Insel. Die internationale Konkurrenz produziert den süßen Rohstoff billiger. Um den Zuckerrohranbau vor dem gänzlichen Untergang zu bewahren, kauft der Staat den Großteil der Ernte auf und verarbeitet sie in eigenen Fabriken. Wettbewerbsfähige Verkaufspreise sind nur durch staatliche Subventionierung möglich. Zuckerrohranbau und -industrie werden so künstlich am Leben erhalten.

Nicht besser ist die Situation bei Kaffee und Tabak, auch hier mangelt es an Wettbewerbsfähigkeit. Ein deutliches Signal für den Rückgang des Tabakanbaus ging von der Schließung der größten Tabak-Plantage Puerto Ricos im Jahr 1977 aus. Auch die Produktion von Kaffee ist in den letzten Jahrzehnten ständig geschrumpft. Allerdings scheint eine Produktionssteigerung in Zukunft wieder möglich: Japaner haben die puertoricanische Kaffeebohne entdeckt und importieren sie zu hohen Preisen in wachsenden Mengen. Die Inselbohne genießt im Fernen Osten aufgrund ihres Geschmacks ein besonderes Ansehen.

Industrie

Ähnlich wie in der Bundesrepublik verfügt auch die Industrie auf Puerto Rico über keine ausreichende heimische Rohstoffbasis. Wirtschaftlich verwertbare Bodenschätze gibt es nur in geringem Umfang: Bekannt sind Vorkommen von Eisenerz, Mangan, Kohle, Marmor, Gips, Ton, Phosphat, Kupfer und Porzellanerde. Abbau im nennenswerten Umfang findet aus wirtschaftlichen Gründen nicht statt.

Zuckerfabrik

Wirtschaft

Von den rund 2000 Industrieunternehmen auf der Insel ist der größte Anteil in nicht-puertoricanischem Besitz. Bei den meisten handelt es sich um Tochtergesellschaften großer US-Konzerne, die einen Teil ihrer Produktion aufgrund der dort gebotenen finanziellen Anreize wie Investitionsförderung und Steuervorteile in die Karibik verlagert haben.

Wichtigste Branchen sind die Textil- und Bekleidungsindustrie, die Elektro-/Elektronikindustrie und die chemische Industrie. Vor allem die Pharmaindustrie ist auf der Insel stark vertreten: Nirgendwo auf der Welt werden so viele pharmazeutische Grundstoffe hergestellt wie auf Puerto Rico.

Wesentliche Voraussetzung für die Industrialisierung war der Aufbau einer entsprechenden Infrastruktur. Das Straßennetz auf Puerto Rico, mit insgesamt 14 000 km hinreichend ausgebaut, ist in gutem Zustand. Die größeren Städte sind durch Autobahnen miteinander verbunden. Negativ bemerkbar macht sich allerdings, daß kein Eisenbahnnetz vorhanden ist und somit der gesamte Verkehr über die Straße abgewickelt werden muß. Dies führt besonders in San Juan und Umgebung zu Problemen; Verkehrsstaus gehören hier zum Straßenalltag.

Der zentralen Bedeutung des Außenhandels entsprechend ist Puerto Rico auf gute Transportbedingungen, insbesondere zu den USA, aber auch zu den Märkten Südamerikas und Europas angewiesen.

Neben dem Luftverkehr spielt der Transport zu Wasser aufgrund der Insellage eine besondere Rolle. San Juan verfügt über einen Containerhafen, der vom Umschlagsvolumen her den achten Platz der Weltrangliste – nur knapp hinter dem Hamburger Hafen – einnimmt.

Die Energieversorgung der Insel ist leidlich sichergestellt. Gelegentlich kommt es zu Stromausfällen, was von den Industrieunternehmen beklagt wird. Allerdings haben sich die meisten mit eigenen Notstromaggregaten gegen Produktionsausfälle gesichert.

Dienstleistungen

Innerhalb des Dienstleistungssektors spielt der Tourismus eine bedeutende Rolle. Hier werden derzeit ca. 8 % des Bruttosozialproduktes erwirtschaftet, 75 000 Menschen sind direkt oder indirekt im Fremdenverkehr tätig. Die Standorte konzentrieren sich an der nördlichen Küste, insbesondere in San Juan, sowie im Südosten und Südwesten der Insel.

Puerto Rico verdankt seinen touristischen Aufschwung der Kuba-Krise und der nachfolgenden Isolationspolitik Castros, denn bis 1959 war Kuba das bevorzugte karibische Reiseziel der amerikanischen Touristen. Nach einer schweren Krise in den 70er Jahren, verur-

Wirtschaft

Schuhputzer in Mayagüez

sacht durch schlechte Organisation und Überbuchungen, unzureichende Infrastruktur und Imageprobleme, wächst der Tourismus nun seit Jahren wieder stetig: 1995 besuchten 4,1 Mio. Menschen die Insel (1990: 3,3 Mio.) und gaben mehr als 1,8 Mrd. US-$ aus. Aufgrund des wachsenden Geschäftes sind größere Hotelprojekte derzeit in allen Regionen der Insel im Bau.

Fast zwei Drittel aller Besucher kommen vom amerikanischen Festland. In letzter Zeit gewinnen jedoch Besucher aus Europa zunehmend an Bedeutung. Besonders bei deutschsprachigen Gästen erfreut sich Puerto Rico steigender Beliebtheit.

Viele Schiffslinien wählen Puerto Rico als Ausgangspunkt für Kreuzfahrten in der Karibik. 22 Schiffe haben hier ihren Heimathafen. San Juan ist damit noch vor Miami der größte Kreuzfahrthafen der Welt. Rund 800 Schiffe bringen pro Jahr fast eine Mio. Besucher nach Puerto Rico.

Der Luis Muñoz International Airport ist die zentrale Drehscheibe für den gesamten Luftverkehr im karibischen Raum, 2000 Flüge gehen pro Woche von und nach San Juan. San Juan wird von fast allen Regionalfluglinien bedient. Es bestehen Inselverbindungen nach Fajardo, Mayagüez, Ponce, Culebra und Vieques. Die Flugverbindungen im gesamten karibischen Becken sowie nach Nord- und Südamerika sind umfangreich, allein in die USA gehen täglich rund 80 Flüge. Nach Europa bestehen besonders zu Spanien enge Beziehungen, Iberia fliegt die Strecke San Juan–Madrid. Die Condor bietet zwei Flüge pro Woche ab Frankfurt an, British Airways und Air France haben jeweils einen wöchentlichen Linienflug im Programm.

Geschichte und Gesellschaft

Daten zur Geschichte

Bevölkerung und Gesellschaft

Religion

Regierungssystem und Parteienspektrum

Bildungs- und Gesundheitswesen

Verkaufsstand in Ponce

Daten zur Geschichte

Urzeit Die Insel ist rund 150 Mio. Jahre alt. Sie entstand während des Mesozoikums und ist ein gewaltiger Berg vulkanischen Ursprungs, der bis zu einer Tiefe von 9000 m im sog. Puerto-Rico-Graben (oder Brownson Deep) abfällt. Damals bildete Puerto Rico noch gemeinsam mit Hispaniola und den Jungferninseln eine geschlossene geographische Einheit, bis eine gewaltige Bodenerosion zur Trennung der Landmasse führte.

Um Christi Geburt Die Besiedlung der Insel begann vor rund 2000 Jahren. Davon zeugen noch heute Wandmalereien in einigen Höhlen an der Küste (z. B. Cueva del Indio, nahe Arecibo). Die Menschen lebten als Fischer, Jäger und Sammler. Sie stammten von den Arawak-Indianern ab, die selbst wiederum zur großen Familie der in Paraguay und im Süden Brasiliens lebenden Guaraní gehören. Die Arawaks entwickelten auch die Piragua, einen Einbaum, mit dem sie zur Entdeckung der karibischen Inseln aufbrachen. Ein solches Kanu, das 70 bis 80 Menschen Platz bot, wurde von Christoph Kolumbus in seinem Tagebuch beschrieben: »Eine Barkasse könnte nicht so schnell rudern – sie gleiten mit unglaublicher Geschwindigkeit über das Wasser. Mit diesen Booten navigieren sie zwischen den Inseln und betreiben regen Handel.« Die erste von den Arawaks entdeckte und besiedelte Insel ist das nahe der venezolanischen Küste liegende Trinidad. Trotz ihrer relativ hohen Reisegeschwindigkeit benötigten die ›Island Hopper‹ rund 1000 Jahre, bis sie mit Kuba das Ende der karibischen Inselkette erreichten.

200–400 n. Chr. Den Arawaks folgten ihre Verwandten, die Igneris (oder Saladoid), die von Venezuela kommend über einige Zwischenstationen auf den kleineren Antillen-Insel Puerto Rico erreichten. Sie lebten ebenfalls von der Jagd und der Fischerei. Bekannt ist von ihnen wenig, lediglich die aus dieser Zeit stammenden Keramiken – meist Topfwaren – geben Zeugnis von ihrer Existenz.

600 n. Chr. Mit dem Fall der Igneri-Kultur geht der Aufstieg der Ostinoiden, bekannter unter dem Namen Taíno, einher. Auch sie gehören zur Familie der Arawak-Indianer, die zu jener Zeit einen Großteil des nördlichen Südamerikas

Geschichte

Kopie einer Taíno-Zeichnung im Caguana Indian Ceremonial Park bei Utuado

besiedelten. Diese friedlichen Menschen kämpften nur zur Selbstverteidigung. Die Taínos entwickelten eine erste, umfassende ökonomische und soziale Gesellschaftsstruktur, die um 1000 n. Chr. ihren Höhepunkt erreichte. Sie lebten von der Landwirtschaft und bauten u. a. Erdnüsse, Pfeffer und Baumwolle an. Während ihre Vorgänger noch ein Nomadendasein führten, errichteten die Taínos Hütten und Dörfer *(bohíos)* entlang der Küste und an den Flußläufen. Jedes Dorf hatte einen Häuptling *(caciques)*. Die Taínos fertigten einfache Steinwerkzeuge und Waffen, wie Messer und Äxte. Für den Haushalt wurden Tontöpfe hergestellt. Die kleinen Steinbilder aus dieser Zeit nennt man *cemíes*. Bemerkenswert ist, daß die Taínos nicht nur religiöse Feiern zelebrierten, sondern sich darüber hinaus mit Mannschafts-Ballspielen beschäftigten, die dem heutigen Fußball sehr ähnlich sind.

1493 Der Anfang vom Ende der Taíno-Kultur wurde mit der Entdeckung Puerto Ricos durch Christoph Kolumbus am 19. November 1493 eingeläutet. Kolumbus, auf seiner zweiten Reise in die Neue Welt, taufte die von den India-

Geschichte

nern Borinquen genannte Insel nach dem Sohn des spanischen Königspaars auf den Namen San Juan Bautista. (Später wurde die Insel umbenannt und die Hauptstadt erhielt den Namen des spanischen Thronfolgers.) Der große Entdecker hielt sich aber nur drei Tage auf der Insel auf. Nachdem er das Eiland für Spanien in Besitz genommen hatte, segelte er am 22. November mit seiner Flotte weiter nach Hispaniola.

Juan Ponce de León, Statue auf der Plaza de San José in San Juan

1508 Der Andalusier Juan Ponce de León, einst Soldat unter Christoph Kolumbus, wurde mit der Kolonisation Puerto Ricos beauftragt. Er landete am 12. August mit einem kleinen Schiff und 50 Mitreisenden an der südlichen Küste. Die indianischen Bewohner begrüßten die Neuankömmlinge mit offenen Armen. Schon kurz nach der Ankunft wurde ein Freundschafts- und Unterstützungsabkommen abgeschlossen.

1509 Nach der Erkundung der Insel gründete Ponce de León mit Caparra in der Nähe der Bucht von San Juan die erste Ortschaft. Sie wurde benannt nach einer gleichnamigen Stadt in Spanien, dem Geburtsort des damaligen Gouverneurs von Santo Domingo, Nicolá de Ovando.

Geschichte

1510 Ponce de Léon wurde am 2. März durch königliches Dekret zum ersten Gouverneur der Insel ernannt. Im gleichen Jahr kamen die ersten schwarzen Sklaven aus Spanien nach Puerto Rico. In größerer Zahl wurden Sklaven erst ab 1521 auf die Insel gebracht, bis dahin ›bedienten‹ sich die Eroberer vor allem der indianischen Arbeitskräfte. Die neuen Herren zwangen die Indianer zu harter Arbeit in Goldminen und auf Plantagen. Unmenschliche Arbeitsbedingungen und eingeschleppte europäische Krankheiten rafften das Volk der Taínos, das ursprünglich etwa 30 000 Menschen zählte, schnell dahin. Die Indianer ertrugen die schlechte Behandlung, weil sie zunächst der Überzeugung waren, daß die Spanier als ›gottähnliche Kreaturen‹ unsterblich seien. Dann machten sie allerdings die Probe aufs Exempel: Sie fingen einen jungen Spanier namens Diego Salcedo, ertränkten ihn in einem Fluß und bewahrten seinen Leichnam so lange auf, bis sich klare Zeichen der Verwesung bemerkbar machten. So ihres Irrtums belehrt, planten sie eine erste Rebellion: Sie überfielen die Ortschaft Aguada, töteten alle Bewohner und brannten anschließend die Siedlung nieder. In der Folgezeit kam es dann immer wieder zu Indianeraufständen, die von den Spaniern niedergeschlagen wurden.

1521 Die Hauptstadt Caparra wurde an ihren heutigen Platz verlegt und in San Juan Bautista umbenannt. Die neue Stadt bestand zunächst aus 80 Holzhäusern und einer Kirche, die mit Palmwedeln und Stroh bedeckt waren.

1530 Die Kolonie wuchs zunächst nur sehr langsam, da die Spanier gewaltiges Übersee-Territorium zu sichern und zu entwickeln hatten und die Goldvorkommen auf Puerto Rico mager ausfielen. 1530 lebten nur 300 weiße Siedler und knapp 2000 afrikanische Sklaven auf der Insel, meist in oder nahe bei San Juan. Es entstanden aber auch neue Siedlungen, wie San Germán und Arecibo.

1537 Das spanische Königshaus beschloß die Sicherung der Insel. Diese Entwicklung verdankte Puerto Rico seiner besonderen strategischen Lage: Mit dem Anwachsen der großen spanischen Kolonien auf dem südamerikanischen Festland und dem Transport der Gold- und Silberschätze nach Europa wuchs die Notwendigkeit, Segelschiffen eine sichere Basis auf ihrem weiten Weg zum

Geschichte

Schutz bereitzustellen. Puerto Rico kam dabei aus militärstrategischer Sicht eine Schlüsselfunktion zu. So entstand mit La Fortaleza eine erste Festungsanlage, und nur wenige Jahre später wurde mit dem Bau El Morros begonnen. 1645 ordnete das spanische Königshaus an, daß fortan im Hafen von San Juan die gesamte Amerika-Flotte überwintern solle. Puerto Rico wurde damit zum Proviant-Versorgungsstützpunkt und wichtigen Ausgangspunkt für Seeoperationen.

1595 Die Bedeutung der Festungsanlage El Morro wurde am 22. November 1595 deutlich, als der Engländer Sir Francis Drake mit einer Flotte von 22 Fregatten und einer Karavelle Puerto Rico angriff. In der Bucht von San Juan kam es zu einem schweren Gefecht, das drei Tage dauerte. Schließlich wurden die Engländer nach schweren Verlusten – beigebracht durch die zahlreichen Kanonen El Morros – zum Rückzug genötigt.

1598 Die Stadt wurde erneut von den Briten angegriffen, diesmal unter der Führung von George Clifford, Graf von Cumberland. Der Engländer landete mit einer Flotte von 18 Schiffen am Strand von Condado. Die spanischen Verteidiger waren zu der Zeit durch eine Ruhrepidemie stark geschwächt, so daß es den Angreifern gelang, einen Großteil San Juans zu erobern. Aber dann wendete sich ihr Glück: Die Ruhr griff auf die Engländer über und führte zu so großen Verlusten, daß Cumberland sich nach nur sieben Monaten zum Rückzug entschloß.

1625 Unter General Baldwin Hendricks wurde der schwerste und verheerendste Angriff der Holländer unternommen. 17 Schiffe mit mehr als 2500 Marinesoldaten an Bord erreichten am 24. September die Insel. Nach kurzer Belagerung fiel die Stadt San Juan in die Hand der Angreifer. Die spanischen Truppen zogen sich wegen der Übermacht der Holländer in die Festung El Morro zurück. Der Versuch Hendricks, die Belagerten auszuhungern, mißlang; Lebensmittel wurden während der dunklen Nächte von Palo Seco über die Bucht in die Festung geschmuggelt. Auch als die Holländer San Juan niederbrannten, gaben die Spanier nicht auf. Schließlich segelten die Angreifer wieder mit leeren Händen davon, allerdings ohne ihren Kommandeur, der während der Kämpfe tödlich verletzt wurde.

Geschichte

1634 Piratenüberfälle und die Angriffe der Engländer und Holländer machten die Errichtung weiterer Schutzanlagen notwendig. So begann man, das Fort San Cristóbal zu bauen, ein heute noch erhaltenes klassisches Beispiel für europäische Verteidigungsbauten des 17. Jh.

17. Jh. Zur Zeit der militärischen Sicherung der Insel intensivierten die Spanier auch die Landwirtschaft. Überall entstanden kleine Gemeinden und Städte. Die meisten Europäer lebten verteilt auf dem Lande, als reiche Landeigner mit vielen Sklaven für die harte Feldarbeit auf ihren Plantagen oder als einfache Bauern *(jíbaros)* von den Erträgen ihrer kleinen Pflanzungen. Auf den größeren Plantagen wurde zunächst Zuckerrohr, später auch Tabak und Kaffee angebaut.

1747 Mit dem Zuckerrohranbau einher ging die Produktion von Rum, der sich bald zum beliebtesten Getränk der Insulaner entwickelte. Dies führte dazu, daß der Verkauf von importiertem Weinbrand aus Sevilla stark zurückging, worüber das spanische Herrscherhaus alles andere als glücklich war. Deshalb wurde durch ein königliches Dekret am 26. August die Produktion von Rum auf Puerto Rico verboten. Erst knapp 20 Jahre später wurde das Verbot aufgehoben, allerdings wurde Rum mit einer Steuer von zwei Pesos pro Barrel belegt.

1797 Am 18. April landete eine englische Flotte, bestehend aus 60 Schiffen und mit 14 000 Männern an Bord, am Strand von Cangrejos. Den Engländern wurde nur schwacher Widerstand entgegengesetzt, und so marschierten sie schnell nach San Juan. Gleichzeitig blockierten Schiffe die Hafenbucht der Hauptstadt. Doch auch diesmal zogen die Angreifer den Kürzeren. Trotz schwerer Kämpfe und intensiven Bombardements konnten die Spanier in ihrer gut gesicherten Stadt nicht zur Aufgabe bewegt werden. Schließlich, am 2. Mai, zogen sich die Engländer unter dem Kommando von Sir Ralph Abercromby zurück.

1815 König Ferdinand VII. verkündete die Real Cédula de Gracias, wodurch die enge Anbindung der Kolonien an das Mutterland etwas gelockert wurde. Die Cédula verschaffte Puerto Rico mehr Entscheidungsfreiheit bei Fragen wie Immigration, Steuern und Handel. Erlaubt wurde auch der Bau von Schiffen auf Puerto Rico.

Geschichte

Wachablösung

Der Spanisch-Amerikanische Krieg

Im Jahr 1898 besaß Spanien nur noch zwei Kolonien im amerikanischen Raum – Kuba und Puerto Rico. Den US-Militärstrategen war die Bedeutung einer eigenen Marinebasis in der Karibik längst offensichtlich. Zudem bildeten die beiden Inseln in fremdem Besitz direkt vor der ›Haustür‹ einen schmerzhaften ›Stachel‹ für die USA, den sie gerne gezogen wissen wollten. Nach der Zerstörung der spanischen Flotte und der Besetzung Kubas wandten sich die Nordamerikaner Puerto Rico zu. Kurz vor der Morgendämmerung des 12. März 1898 tauchte vor San Juan eine US-Flotte unter Admiral Sampson auf. Die amerikanische Marine bombardierte die Stadt vier Stunden lang, zog sich danach aber wieder zurück. Mehr als 100 Menschen wurden dabei verletzt oder getötet. Die Puertoricaner konnten gegen diesen Angriff nichts ausrichten; die Amerikaner lagen mit ihren Booten außerhalb der Reichweite ihrer veralteten Kanonen.

Es blieb jedoch nicht bei diesem Versuch der Amerikaner. Vier Monate später, am 25. Juli 1898, tauchten die US-Truppen erneut vor der Küste Puerto Ricos auf. General Nelson A. Miles landete mit seiner 16 000 Mann starken Armee am Strand von Guánica. Dieser Übermacht gelang es bereits wenige Tage später, die Einwohner in Ponce zur Kapitulation zu bewegen, ohne einen einzigen Schuß abgegeben zu haben. Bei der weiteren Besetzung der Insel stießen die Invasoren nur auf vereinzelten Widerstand, etwa in den Bergen oder in spanischen Garnisonsstädten wie Coamo.

Am 12. August 1898 brach dann der spanische Widerstand vollkommen zusammen. Die Amerikaner hatten die gesamte Insel besetzt. Und so kam es, daß am 30. August 1898 die bisherigen Kolonialherren endgültig kapitulierten. Amerikaner und Spanier unterzeichneten ein Waffenstillstandsabkommen und setzten eine bilaterale Kommission ein, um den Abzug der spanischen Streitkräfte einzuleiten. In den Morgenstunden des 14. September 1898 endete dann die mehr als 400 Jahre währende Herrschaft der Spanier: Auf den Kriegsschiffen Isabel II, Concha, Terror und Ponce de León verließen die Truppen des Mutterlandes Puerto Rico, verabschiedet von einer großen Menschenmenge in San Juan.

Geschichte

Am 18. Oktober 1898 wurde General John F. Brooke durch den US-Präsidenten McKinley zum ersten amerikanischen Gouverneur von Puerto Rico ernannt. Anders als Kuba, das 1898 seine Autonomie erhalten hatte, konnten die Puertoricaner es nicht verhindern, daß die Insel zum Protektorat der Vereinigten Staaten von Amerika erklärt wurde. Nach der Unterzeichnung des Friedensvertrages von Paris am 10. Dezember 1898, der die Spanier zu hohen Reparationszahlungen verpflichtete, aber auch den Rückzug von den Philippinen beinhaltete, unterstand Puerto Rico fortan dem amerikanischen Kriegsministerium.

Die neue Regierung bemühte sich in den Folgejahren insbesondere darum, das spanische Erbe zu beseitigen, hatte dabei allerdings nur wenig Erfolg. Puertoricaner wie José de Diego und Luis Muñoz Rivera kämpften für die Rechte der Insulaner und für deren kulturelle Identität, die sich auch - zum Unwillen der Besatzer - in der Benutzung der spanischen Sprache zeigte.

Amerikanische Truppen schiffen sich in Tampa/Florida ein, um die spanischen Kolonien in der Karibik zu erobern

Geschichte

1817	Der König verbietet den Import von Sklaven in die spanischen Besitztümer in der Neuen Welt. Jedoch dauert es noch drei Jahre, bis dieses Edikt in die Tat umgesetzt wird. Und dennoch werden in den Folgejahren immer wieder Sklaven in die Kolonien ›eingeschmuggelt‹.
1857	26 820 Menschen erliegen der Cholera.
1868	Die Ausbeutung Puerto Ricos durch das spanische Mutterland führt zu Separatismusbewegungen und zu einer ersten Revolte, die allerdings schnell von den Spaniern niedergeschlagen wird.
1897	Der Führer der Separatismusbewegung, Luis Muñoz Rivera, auch als ›George Washington von Puerto Rico‹ bekannt, der mehr Eigenständigkeit der Insel und das Recht auf Selbstverwaltung erstreiten konnte, wird erster Gouverneur des – unter spanischer Herrschaft – teilautonomen Puerto Ricos.
1898	Nach dem Spanisch-Amerikanischen Krieg fällt Puerto Rico im Vertrag von Paris an die Vereinigten Staaten.
1917	Den Puertoricanern wird die US-amerikanische Staatsbürgerschaft verliehen – zweifellos eine späte Folge des Inselbesuches von Theodore Roosevelt im Jahr 1906. Dieser hatte nach seiner Reise dem Kongreß in Washington vorgeschlagen, den loyalen Menschen die Rechte zu gewähren, die ihnen unter US-Flagge zustehen würden. Doch es dauert elf Jahre, bis schließlich der sog. Jones-Act verabschiedet wird, der den Puertoricanern die US-Staatsbürgerschaft und eine eingeschränkte Selbstverwaltung zubilligt. Der US-Präsident und der von ihm ernannte Gouverneur behalten sich ein grundsätzliches Veto-Recht vor – damit bleibt die Freiheit der puertoricanischen Legislative eingeschränkt.
1937	Am 21. März kommt es in Ponce zu blutigen Auseinandersetzungen zwischen Anhängern der Nationalen Partei Puerto Ricos und der Polizei. Während die Anhänger des ein Jahr zuvor verurteilten Parteiführers Pedro Albizu Campos trotz Demonstrationsverbotes durch die Straßen Ponces marschieren, eröffnet die Polizei das Feuer. Dabei kommen 21 der unbewaffneten Demonstranten um, mehr als 150 werden verletzt.
1948	Bei den ersten freien Wahlen auf der Insel gewinnt die Partido Popular Democrático die absolute Mehrheit, und deren Gründer Luis Muñoz Marín wird zum Gou-

verneur von Puerto Rico gewählt. Muñoz beschäftigt weniger die Frage der Unabhängigkeit der Insel von den USA; für ihn ist ein Wirtschafts- und Sozialprogramm, das die Lebensbedingungen auf der Insel verbessern soll, wichtiger. Sein Wahlslogan »Brot, Land, Freiheit!« findet viele Anhänger. Es ist auch im wesentlichen Muñoz, der den Commonwealth-Status (Estado Libre Asociado) fördert und darin primär eine Anbindung an die USA mit der Zielsetzung sieht, die ökonomischen Interessen Puerto Ricos zu wahren.

1950 Die Operation Bootstrap, ein Förderungsprogramm zur Industrialisierung des Landes, läuft an.

1952 Am 25. Juli tritt die neue Commonwealth-Verfassung in Kraft. Vor dem Capitol in San Juan wird erstmalig eine eigene Flagge gehißt und dazu erklingt die Nationalhymne La Borinqueña.

1967 Bei einer Volksabstimmung am 23. Juli (Wahlbeteiligung 69 %) befürworten drei Fünftel der Wahlberechtigten den Commonwealth-Status. Nur 0,6 % stimmen für eine Unabhängigkeit. Der Rest befürwortet eine vollkommene Integration in die USA.

1972 Das »Dekolonisierungs-Komitee« der Vereinten Nationen erklärt, daß Puerto Rico das Recht auf Unabhängigkeit habe und beruft ein Subkomitee ein, um diesen Fall näher zu studieren. Kuba hatte – gegen den Willen der Vereinigten Staaten – auf eine entsprechende Untersuchung gedrängt.

1982 Auf Puerto Rico wird die volle Unabhängigkeit durch eine Volksabstimmung abgelehnt.

1989 Der Wirbelsturm Hugo richtet beträchtlichen Schaden an.

1993 Erneute Volksabstimmung. Mit knapper Mehrheit lehnen die Puertoricaner den Beitritt zu den USA ab. Der bisherige Assoziierungsstatus wird beibehalten.

1995 Schwere Schäden durch mehrere Hurrikane, der verheerendste ist Maryline.

Bevölkerung und Gesellschaft

Auf Puerto Rico leben nach offiziellen Erhebungen etwas mehr als 3,6 Mio. Menschen, Schätzungen zufolge erreicht die Zahl sogar 3,8 Mio. Zurückzuführen ist diese Diskrepanz auf die illegalen Immigranten vor allem aus der Dominikanischen Republik.

Allein ein Drittel der Bevölkerung lebt in der Hauptstadt San Juan und dem angrenzenden Umland. Puerto Rico weist mit 405 Bewohnern/km^2 eine hohe Bevölkerungsdichte auf. Auf keiner anderen Karibikinsel leben so viele Menschen auf so engem Raum.

Diese Bevölkerungsdichte ist auf eine entsprechend hohe Geburtenrate zurückzuführen, die in den 40er Jahren dieses Jahrhunderts ihr Maximum erreichte. Damals lag das jährliche Bevölkerungswachstum bei rund 4,5 %, in den 70er und 80er Jahren ging es auf knapp unter 3 % zurück und heute beträgt es 2,2 %. Von 1930 bis 1990 hat sich die Bevölkerung mehr als verdoppelt, allerdings ist ein beachtlicher Teil in die USA abgewandert.

80 % der Bevölkerung sind spanischer Abstammung. Der geringe Anteil der schwarzen Bevölkerung ist darauf zurückzuführen, daß die Sklaverei auf den Plantagen während der Kolonialzeit im Vergleich zu anderen Karibikinseln eher bescheiden ausgefallen ist. Die auf der Insel ursprünglich beheimateten Taíno-Indianer sind von den Spaniern ausgerottet worden, nur einige, vorwiegend in den Bergen lebende Kreolen haben noch ein wenig indianisches Blut in den Adern.

Die gesamte Karibik ist vor allem durch die sog. kreolische Kultur geprägt. Das Wort stammt vom spanischen *criar* ab und bedeutet soviel wie *erziehen, aufziehen*. In der Neuen Welt wurde dieser Begriff zunächst für die auf den Inseln geborenen Kinder der Kolonialisten verwendet, die keine persönliche Beziehung mehr zum Mutterland und zum spanischen König hatten. Später verband man mit dem Wort auch die Mischung von weißem, schwarzem und indianischem Blut. Durch diese Entwicklung haben sich zwangsläufig die unterschiedlichen Kulturen vermischt und sind letztlich in einer Synthese aufgegangen, die sich in Sprache, Gesellschaft, Kunst und Religion zeigt.

So finden sich noch heute Spuren der alten Indianerkultur, obwohl die Ureinwohner selbst längst ›verschwunden‹ sind. Beispielsweise erinnern indianische Stadtnamen wie Mayagüez und Utuado an die indianischen Siedlungen, auf deren Überresten spanische Städte errichtet wurden, und der indianische Name für Puerto Rico, Borinquén, ist in weiten Bevölkerungskreisen sehr beliebt. Auch viele indianische Rezepte für Naturheilmittel und Speisen (z. B. achiote) sind bis heute im Gebrauch.

Bevölkerung und Gesellschaft

Im Zwiespalt der Kulturen

Salsa und Fast-Food

Die Puertoricaner stecken in einer Kulturfalle: Einerseits sind sie nach wie vor der spanischen bzw. lateinamerikanischen Wertesystem verhaftet. Andererseits gehört die Insel seit fast 100 Jahren zu den USA, deren Leistungs- und Konsumorientierung sich nur schwer mit der karibisch-südländischen Mentalität verbinden läßt. Die daraus resultierende ›Zwitterstellung‹ der Puertoricaner zeigt sich in allen Lebensbereichen.

Autos, Fast-Food, mehr als 40 Fernsehprogramme und die Annehmlichkeiten eines durch die USA ermöglichten Lebens in Wohlstand haben sie gerne übernommen. Mit der korrespondierenden Leistungs- und Berufsorientierung tun sie sich allerdings nach wie vor schwer. Der Job spielt für die meisten Puertoricaner nur eine untergeordnete Rolle und dient lediglich der Beschaffung der für den Lebensunterhalt erforderlichen finanziellen Mittel. Aus- und Weiterbildung werden vernachlässigt, Karriereorientierung findet man bei Mitarbeitern nur selten. Dies erfordert ein besonderes Maß an Motivation, damit die Arbeiten zuverlässig abgewickelt werden.

Nicht nur finanzielle Anreize, vielmehr das Verständnis der Lebensphilosophie der Puertoricaner ist im Arbeitsleben von essentieller Bedeutung. Die spanische Sprache ist dabei die erforderliche Basis; nur wenn man sie beherrscht, kann man die Gefühle und die Denkweise der Puertoricaner verstehen. Erst dann wird z. B. deutlich, daß ein Unternehmen nicht eine einzelne Person einstellt, sondern vielmehr die ganze Familie. Vom Arbeitgeber wird erwartet, daß er sich auch um das Wohlergehen der Angehörigen kümmert, bei Anlässen wie Taufen, Tod oder Krankheit – auch im weiteren Familienkreis – Anteil nimmt. Nicht zu vergessen natürlich die großen Feste, die Arbeitgeber mindestens einmal im Jahr für ihre Mitarbeiter und deren Angehörige veranstalten sollten.

Schon dieser kleine Ausflug in das Arbeitsleben macht deutlich, daß die Familie für den Puertoricaner nach wie vor im Mittelpunkt aller Aktivitäten steht. Das Handeln ist darauf ausgerichtet, daß es »die Kinder einmal besser haben sollen«. Wenig Bedeutung messen die Männer dagegen ihren Ehefrauen bei, die sich am unteren Ende der Werteskala finden. Dies äußert sich unter anderem im wenig ausge-

Bevölkerung und Gesellschaft

prägten Treuebewußtsein. Stark ist dagegen das Verantwortungsgefühl gegenüber den alten Mitgliedern der Familie. Sobald sich diese nicht mehr selbst ernähren können oder pflegebedürftig werden, werden sie von den Kindern aufgenommen, die ihren Eltern gegenüber eine tiefe Dankbarkeit und Verpflichtung empfinden. Das in Deutschland weit verbreitete Abschieben in Altersheime kennt man auf Puerto Rico nicht.

Eine der liebsten Freizeitbeschäftigungen der Puertoricaner ist die politische Diskussion. Zu jeder Tages- und Nachtzeit, an jedem Ort lassen sie sich über das Verhalten der Parteien und vor allem über den politischen Status aus. Im Mittelpunkt steht immer wieder die Kontroverse um die vollständige Integration Puerto Ricos als 51. Bundesstaat der USA oder die ›richtige‹ Ausgestaltung des Commonwealth-Status. Das Interesse an anderen Themen ist dagegen beschränkt. Das wichtigste sind Puerto Rico und – mit Einschränkungen – die umliegenden Anrainerstaaten; was in der großen weiten Welt geschieht, nimmt man höchstens am Rande zur Kenntnis.

Trotz ihrer geringen Anzahl haben auch die afrikanischen Sklaven einen beachtlichen Einfluß auf die gesamte Kultur der Insel ausgeübt. Dies gilt besonders im Hinblick auf die Religion und religiöse Kultveranstaltungen sowie auf die Verbreitung von Sekten.

Die bedeutendste Auswirkung auf die kulturelle Entwicklung hatte die 400 Jahre währende Kolonialherrschaft der Spanier. Die Insel hat bis heute ihr spanisches Gesicht bewahrt, wie auch Kuba und die Dominikanische Republik. Spanische Architektur ist allenthalben sichtbar. Spanisch ist Amts- und Umgangssprache der Insulaner. Nur rund 50 % der Bevölkerung sind des Englischen mächtig.

Schließlich haben auch die USA seit der Besetzung Puerto Ricos im Jahr 1898 auf die Kultur der Insel eingewirkt. Böse Zungen behaupten allerdings, daß sich der Einfluß der »Gringos« auf TV und Fast-Food-Ketten beschränkt. Es ist jedoch nicht zu übersehen, daß die Abwanderung vieler Puertoricaner zum US-Festland und ihre spätere Rückkehr das gesellschaftliche Leben auf der Insel wesentlich verändert hat.

Weitere Einflüsse – allerdings von geringerer Bedeutung – gingen von zahlreichen Einwanderern unterschiedlicher Nationalität aus. So kamen französische Familien im späten 18. und 19. Jh. in größerer Anzahl von Haiti und Louisiana nach Puerto Rico. Königstreue Spanier verließen die unabhängig gewordenen Republiken in Südamerika und suchten auf der klei-

Bevölkerung und Gesellschaft

nen Insel eine neue Heimat. Schotten und Iren wurden durch die einst boomende Zuckerrohrwirtschaft angelockt. Chinesen suchten Arbeit im Straßenbau. In diesem Jahrhundert kamen zudem viele Castro-Flüchtlinge aus Kuba sowie Menschen von den ärmeren Nachbarinseln.

Kennzeichnend für die traditionelle Gesellschaftstruktur Puerto Ricos war ein Klassensystem, das die Bewohner eindeutig bestimmten gesellschaftlichen Gruppen zuordnete. Die historischen Wurzeln lagen im Jahrhunderte alten feudalistischen System, das auch heute noch fortwirkt. Die Menschen akzeptierten die Tatsache, daß sozialer Aufstieg kaum möglich war. Sich ihrer festgelegten Rollen in der Gesellschaft bewußt, legten die Puertoricaner passive, teilweise sogar fatalistisch anmutende Verhaltensweisen an den Tag.

Hacienda-Besitzer beispielsweise hatten eine dominierende Machtposition ihren Landarbeitern gegenüber inne. Bei der Unterdrückung dieser Menschen wurden sie durch die katholische Kirche wirksam unterstützt. »Acepto lo que Dios me mande« (Ich akzeptiere, was immer Gott mir auferlegt) ist eine weit verbreitete, über viele Generationen hinweg erhalten gebliebene Redewendung, die die Einstellung, aber auch die Resignation breiter Bevölkerungsschichten deutlich macht. Heute ist diese Einstellung nur noch in den unteren Gesellschaftsschichten anzutreffen. In den mittleren und oberen Bevölkerungsklassen ist es aufgrund der besseren Ausbildung zu einem deutlichen Gesinnungswandel gekommen.

Das gesellschaftliche Miteinander ist durch Harmonie gekennzeichnet. Puertoricaner sind immer höflich und freundlich und hassen es »Nein« sagen zu müssen. Direkte Konfrontation wird möglichst vermieden, statt dessen sollen die Dinge *a la buena*, auf gute Weise, abgewickelt werden.

Wie alle anderen lateinamerikanischen Gesellschaften, so ist auch die puertoricanische unbestritten von der männlichen Dominanz geprägt. Gewalttätige und kraftvolle Auseinandersetzungen, übermäßiger Alkoholgenuß, Wetten sowie sexuelle Leistungen – inner- und außerhalb der Ehe – werden in der traditionellen Männergesellschaft positiv gewertet. Besonders der sexuellen Aktivität wird bei der Etablierung des angestrebten Macho-Images eine herausragende Bedeutung beigemessen.

Frauen dagegen finden sich am unteren Ende der gesellschaftlichen Skala. Sie werden während ihrer Kindheit durch die Eltern auf ihre vorbestimmte Rolle in der Gesellschaft vorbereitet. Während man dem Erscheinungsbild der Jungen kaum Beachtung schenkt, tragen die Mädchen schon im Babyalter Ohrschmuck und werden hübsch gekleidet. Mit zehn Jahren sind sie geschminkt und haben lackierte Fingernägel. Mit 15 Jahren kommen sie in das heiratsfähige Alter, was in großen Familienfesten ausgiebig gefeiert wird. Allerdings ist die allgemeine Entwicklung, erst in reiferen Jahren zu heiraten, auch an Puerto Ricos Damenwelt nicht spurlos vorübergegangen. Die Eltern aber achten weiterhin darauf, daß ihre Töchter Männer ehelichen, die den gesellschaftlichen Normen entsprechen.

In der ehelichen Beziehung selbst spielen die Frauen eine untergeordnete Rolle. Die gesamte Entscheidungsgewalt liegt beim Mann: Die Ehemänner diktieren, die Frauen haben zu gehorchen! Erwartet wird auch, daß sich die Ehefrau 100 %ig auf ihren Gatten konzentriert. Selbst harmlose Freundschaften zwischen verheirateten Frauen und anderen Männern werden in der puertoricanischen Gesellschaft kaum akzeptiert.

Diese Verhaltensweisen und Einstellungen unterliegen allerdings derzeit einem Wandel, hervorgerufen sowohl durch den US-amerikanischen Einfluß als auch durch die Entwicklung Puerto Ricos vom Agrar- zum Industrieland. Insbesondere bei jüngeren Menschen und in den städtischen Ballungsgebieten verändert sich die Rolle der Frau in Ehe und Gesellschaft insoweit, als sie mehr und mehr aus dem Schatten des Mannes heraustritt. Ein Indiz dafür, daß sich viele Frauen heute die männliche Dominanz nicht mehr gefallen lassen ist, daß Puerto Rico die höchste Scheidungsrate der Welt hat.

Religion

Religiöse Freiheit für alle Glaubensgruppen ist durch die Verfassung garantiert. Die weitaus überwiegende Zahl der Puetoricaner (ca. 70 %) ist katholisch; zurückzuführen ist dies auf die spanische Kolonialzeit. Der erste katholische Priester, Juan Fernández de Arévalo aus dem spanischen Plasencia, traf schon 1512 auf Puerto Rico ein und errichtete eine Kirche in Caparra. Mit dem weiteren Vordringen der Spanier breitete sich auch die katholische Kirche über die Insel aus.

Die Mehrzahl der Puertoricaner ist religiös und besucht regelmäßig die katholischen Messen, die in spanischer, seltener auch in englischer Sprache gefeiert werden. Über die Jahrhunderte hinweg und bedingt durch die große Entfernung von Rom hat sich eine gewisse Eigenständigkeit der katholischen Kirche herausgebildet, die in veränderten, durch afrikanische und indianische Einflüsse geprägten Riten und Glaubensgrundsätzen ihren Ausdruck findet. Das zeigt sich besonders bei den oft über 14 Tage andauernden Festivitäten, die jeder Ort einmal im Jahr zu Ehren seines Schutzpatrones zelebriert. Die bei den Umzügen verwendeten prächtigen Kostüme und Masken – etwa während des Loíza Aldea's Patron Saint Festival im Juli – sind indianischen oder afrikanischen Ursprungs. In San Juan finden entsprechende Veranstaltungen im Januar, in Ponce im Februar statt. Besonders schön und farbenprächtig sind die Umzüge in den kleinen Bergdörfern.

Die Zahl der Protestanten, während der spanischen Kolonialzeit minimal, ist nach der US-Invasion stark angestiegen. Zu der weiteren Verbreitung hat u. a. die Einschätzung der Puertoricaner geführt, daß der Protestantismus in einer modernen Gesellschaft den dogmatischen Glaubensgrundsätzen der katholischen Kirche vorzuziehen sei. Zahllose evangelische Gotteshäuser überziehen heute die kleine Insel. Hier finden englischsprachige Messen für Baptisten, Anglikaner, Lutheraner und Presbyterianer sowie ökumenische Feiern statt.

Relativ gering ist die Zahl der Juden auf Puerto Rico, obwohl sie aufgrund vieler kubanischer Einwanderer in den letzten Jahrzehnten angestiegen ist. Ein jüdisches Kommunikationszentrum befindet sich in Miramar und eine kleine jüdische Gemeinde in Santurce.

Zulauf verzeichnen vor allem die Zeugen Jehovas, die sich bei der Inselbevölkerung großer Beliebtheit erfreuen: 5 % aller Puertoricaner bekennen sich zu ihnen. Andere Sekten sind dagegen von untergeordneter Bedeutung.

Die klassischen Glaubensformen bekommen durch den weit-

Santos, meist aus Holz gefertigte Heiligenfiguren, fehlen in kaum einem Haushalt

verbreiteten Spiritismus eine besondere Note. Noch unter spanischer Herrschaft streng verboten, hat er in diesem Jahrhundert stark an Anhängern gewonnen. Viele Katholiken, die ihren Glauben nach außen vertreten und praktizieren, beschäftigen sich zu Hause mit spiritistischen Riten. Der Hang dazu liegt in der Geschichte Puerto Ricos begründet. Auf die Taíno-Indianer geht beispielsweise der Brauch zurück, die Jípías, die Todesgeister, durch Bereitstellung von Essen zu besänftigen. Die Jípías schlafen tagsüber und treiben nachts ihr Unwesen, wobei sie naturgemäß Hunger bekommen. Finden sie nichts zu essen, dann quälen sie die Menschen mit gräßlichen Alpträumen. Mitunter sieht man auf Kühlschränken Plastikfrüchte liegen, die dazu dienen sollen, hungrige Jípías zu besänftigen.

Einen festen Platz im religiösen Leben hat die Verehrung von Heiligen, den Santos. In den meisten Häusern stehen aus Holz geschnitzte Heiligenfiguren. Diese werden an einem bestimmten Platz zusammen mit dem Familien-Kruzifix gruppiert und dann als ›Heilige Familie‹ bezeichnet. Ihr werden unterschiedliche Gegenstände geopfert; man erwartet davon vor allem Glück und Reichtum. Spieler und Trinker opfern Würfelspiele, Spielkarten und kleine Gläser Rum. Bilder hübscher Frauen werden vor dem Altar aufgestellt, mit der Hoffnung, so den Kontakt zu entsprechenden weiblichen Wesen fördern zu können. Wird man von den Santos nicht erhört, werden die geopferten Gegenstände gegessen, getrunken oder aus dem Haus entfernt. Besonders hingebungsvolle Rituale werden zum Schutz vor Krankheit veranstaltet oder um nach Genesung den Heiligen zu danken.

Regierungssystem und Parteienspektrum

Puerto Rico ist ein mit den USA assoziierter Freistaat. Der Status entspricht dem eines Commonwealth-Staates mit interner Selbstverwaltung: Die Insel gehört zum Zoll- und Währungsgebiet der USA, es gelten US-Gerichtsbarkeit sowie US-Banken- und Postsystem. Während außen- und verteidigungspolitische Fragen in Washington entschieden werden, genießt Puerto Rico weitgehende politische Autonomie bei der Ordnung der inneren Angelegenheiten, eine Tatsache, die sich beispielsweise in der Steuerhoheit der Insel zeigt. Bei US-Wahlen haben die Puertoricaner kein Wahlrecht, im Repräsentantenhaus in Washington sind sie lediglich mit einem stimmrechtslosen Abgeordneten vertreten.

Die Verfassung ist vergleichbar mit der der USA. An der Spitze des politischen Systems steht ein von der Inselbevölkerung auf vier Jahre gewählter Gouverneur. Dieser muß

Regierungssystem und Parteienspektrum

vom Präsidenten der USA bestätigt werden. Der Kongreß – bestehend aus Repräsentantenhaus und Senat – wird ebenfalls direkt von den Puertoricanern gewählt.

Viele Besucher, die nach Puerto Rico kommen, sind zu Recht über diesen ›seltsamen‹ politischen Status verwundert. Denn unweigerlich drängt sich die Frage auf, warum die Insel nicht – wie die meisten anderen ehemaligen Kolonien in Lateinamerika – die Entwicklung zu einem politisch unabhängigen Staat vollzogen hat. Dies ist darauf zurückzuführen, daß die Mehrheit der Puertoricaner den derzeitigen Commonwealth-Status befürwortet. Die ›Entkolonialisierungsbewegung‹, die insbesondere nach dem Zweiten Weltkrieg die meisten karibischen Nachbarstaaten erfaßte, hat auf Puerto Rico nie richtig Fuß gefaßt. Zwar gibt es auch eine Partei, die die politische Unabhängigkeit anstrebt, doch findet sie in der Bevölkerung nur wenig Rückhalt.

Die große Mehrheit der Puertoricaner vertritt aus wirtschaftlichen Gründen den 1952 begründeten Commonwealth-Status, der sowohl bei der Einführung als auch bei Plebisziten in den Jahren 1967, 1982 und 1993 von der Inselbevölkerung befürwortet wurde. Politische Unabhängigkeit wird von vielen mit dem Niedergang der Wirtschaft gleichgesetzt und darum abgelehnt. Nur aufgrund der Anbindung an die USA war eine wirtschaftliche Förderung möglich, und die dazu erforderlichen Investitionen kamen fast ausschließlich aus den USA.

Die politischen Parteien auf Puerto Rico unterscheiden sich vor allem durch ihre Beurteilung der Art der Anbindung an die USA. Die Partido Popular Democratico (Liberale Demokratische Volkspartei, PPD) – im Volksmund ›Die Roten‹ genannt – tritt für den Commonwealth-Status mit begrenzter Autonomie ein. Die Vertreter der Partei mit dem Strohhut-Emblem, die von 1940 bis 1976 ununterbrochen die Insel regierten, sind der Auffassung, daß durch diese Kopplung an die USA die großen wirtschaftlichen und sozialen Problemfelder der Insel am besten bewältigt werden können. Jedoch bemüht sich die PPD auch, die wirtschaftliche Abhängigkeit von den USA zumindest partiell zu verringern. Im Jahr 1984 eroberte die PPD ihre Stimmenmehrheit zurück und regierte während acht Jahren den Inselstaat.

Bei den Wahlen von 1992 gelang es der PNP, der konservativen Partido Nuevo Progresista (Neue Progressive Partei), erneut die absolute Stimmenmehrheit zu erreichen. Seitdem stellt sie mit Dr. Pedro Rosselló wieder den Gouverneur. Die PNP setzt sich für eine vollständige Integration Puerto Ricos in die USA als 51. Bundesstaat ein. Bereits 1967 forderten »die Blauen« unter Rosselló das amerikanische Wahlrecht und Stimmrechte für Vertreter der Insel in

Bildungs- und Gesundheitswesen

Washington. Die erneute Ablehnung des USA-Beitritts bei der Volksabstimmung in 1993 hat zwar keine rechtliche Bindung. Die Entscheidung über eine Aufnahme Puerto Ricos in die USA liegt letztlich beim amerikanischen Kongress. Politische Beobachter werten das Abstimmungsergebnis jedoch als empfindliche Niederlage Rossellós.

Aus der PPD ging im Jahr 1946 die Partido Independentista Puertoriqueño (Unabhängige puertoricanische Partei, PIP) hervor. Ihre Popularität ist in der Bevölkerung allerdings stetig zurückgegangen. Während sie 1952 noch knapp ein Fünftel aller Stimmen auf sich verbuchen konnte, erreichte sie bei den letzten Wahlen nur noch 3,5 %. Damit dürfte die Unabhängigkeitsbewegung auf der Insel auf absehbare Zeit kaum politisch ins Gewicht fallen.

Schließlich existiert eine kommunistische Partei auf der Insel. Die Puerto Rican Communist Party wurde 1934 in Ponce gegründet und zehn Jahre später schon wieder aufgelöst. 1946 wurde sie erneut ins Leben gerufen und arbeitete fortan als linientreue Moskauer Außenstelle bis zum politischen Umbruch in der ehemaligen UdSSR. Großen Anklang in der Bevölkerung hat sie nie gefunden, im Parlament ist sie nicht vertreten.

Die Puertoricaner nehmen großen Anteil am politischen Geschehen. Dies zeigt sich auch an der hohen Wahlbeteiligung, die immer deutlich über 80 % liegt, und an den vielen politischen Diskussionen, die die Puertoricaner zu jeder Gelegenheit führen.

Bildungs- und Gesundheitswesen

Wesentliche Voraussetzung für die erfolgreiche Industrialisierung eines Landes ist die Befähigung der Menschen durch Aus- und Weiterbildung. Bedingt durch die Abkehr von der einstmals dominierenden Landwirtschaft und durch die Schaffung von qualifizierten Beschäftigungsmöglichkeiten in der verarbeitenden Industrie hat Puerto Rico in diesem Bereich in den letzten

Bildungs- und Gesundheitswesen

Jahrzehnten einen entscheidenden Wandel vollzogen.

In der Zeit vor der amerikanischen Invasion gab es im Prinzip kein funktionierendes Schul- und Bildungssystem, und Analphabetismus war weit verbreitet. Mit der Einführung der allgemeinen Schulpflicht und dem Aufbau eines öffentlichen flächendeckenden Versorgungsnetzes wurde dies anders. Heute besitzt die Insel 21 Colleges und Universitäten. Die beiden größten staatlichen Universitäten lehren in San Juan (Universität von Puerto Rico) und Mayagüez. Aus dem 1912 gegründeten Polytechnischen Institut in San Germán ist die private Inter-American University hervorgegangen.

Mit durchschnittlich 25 Jahren treten die Hochschulabsolventen in das Berufsleben ein. Von offizieller Seite wird nicht ohne Stolz verkündet, daß rund 45 % der 18- bis 24jährigen in Einrichtungen für höhere Bildung registriert sind. Selbst Arbeiter sollen im Durchschnitt eine zwölfjährige Schulausbildung absolvieren. Als Beleg für das gute Ausbildungssystem führen die offiziellen Stellen der Insel immer wieder gerne an, daß Puertoricaner sowohl an der Erfindung des Mikrowellenherdes als auch an der Entwicklung des Space-Shuttle maßgeblich beteiligt waren.

Das Gesundheitswesen ist nach US-Vorbild aufgebaut. Die meisten Puertoricaner genießen relativ günstigen Versicherungsschutz, Unversicherte können sich kostenlos in sog. Public Hospitals behandeln lassen.

In allen Regionen der Insel befinden sich Krankenhäuser und niedergelassene Ärzte. Allein in San Juan gibt es 14 Krankenhäuser sowie Ärzte aller Fachrichtungen. Damit unterscheidet sich Puerto Rico von den anderen karibischen Inseln, wo die Gesundheitsversorgung deutlich schlechter ist. So lassen sich die Bewohner von den Nachbarinseln im Krankheitsfall gerne – sofern sie über die entsprechenden finanziellen Mittel verfügen – auf Puerto Rico medizinisch versorgen. Manche Puertoricaner hegen dennoch starkes Mißtrauen gegen ihr Gesundheitswesen: Sobald es um ernsthafte Erkrankungen geht, fliegen die vermögenden Insulaner direkt nach Miami und begeben sich dort in Behandlung.

Die in den Privatkliniken beschäftigten Ärzte sind im Regelfall in den USA ausgebildet worden, die Mediziner in den staatlichen Krankenhäusern und die niedergelassenen Standeskollegen haben meist auf Puerto Rico studiert. Stolz ist man darauf, daß der weltbekannte Herzspezialist Dr. Raul García Rinaldi, zu dem Patienten aus der ganzen Welt anreisen, in Santurce praktiziert.

Die Lebenserwartung der Puertoricaner ist nicht zuletzt wegen des relativ guten Gesundheitswesens wesentlich erhöht worden. Lag sie 1950 noch bei 46 Jahren, erreicht sie heute, nur 45 Jahre später, 73,8 Jahre.

Kunst und Kunsthandwerk

Bildende Kunst

Literatur

Musik und Tanz

Kunsthandwerk

Maskenverkauf in Ponce

Bildende Kunst

In der Kunst Puerto Ricos zeigt sich die kulturelle Vielfalt und Verschiedenartigkeit der Insel. Europäische, afrikanische und indianische Kunst sind gleichermaßen vertreten und haben sich über die vergangenen Jahrhunderte hinweg gegenseitig beeinflußt. Traditionell weit verbreitet sind Öl- und Wasserfarbenmalerei, Keramiken, Skulpturen und graphische Kunst.

Der erste Maler, der sich über die Grenzen Puerto Ricos hinaus mit seinen Gemälden einen Namen gemacht hat, war José Campeche (1752–1809). Schon während seiner Kindheit beschäftigte er sich intensiv mit Pinsel und Farbe sowie dem Modellieren von Lehmfiguren. Da es auf der Insel zu jener Zeit keine Kunstschule gab, war Campeche auf das Selbststudium angewiesen. Später unterrichtete ihn sein Freund, der Madrider Maler Don Luis Paret. Campeche setzt sich in seinen Gemälden vor allem mit religiösen Themen auseinander (sowohl in der Kirche von Coamo als auch in der Porta Coeli in San Germán sind einige seiner Bilder zu sehen). Aber auch seine Porträts verschiedener Regierungschefs – vor allem das des Gouverneurs Ustauriz – sind bekannt. Diese Bilder und andere Werke (z. B. Doña a Caballo aus dem Jahr 1785) sind im Kunstmuseum von Ponce ausgestellt. Seinen Lebensunterhalt verdiente Campeche als Chormeister, Bilder verkaufte er damals

Francisco Oller, Hacienda Aurora, Kunstmuseum Ponce

Bildende Kunst

kaum. Heute jedoch steht Campeche in dem Ruf, einer der größten Maler Puerto Ricos gewesen zu sein.

Als erster lateinamerikanischer Impressionist hat es der in Bayamón geborene Francisco Oller (1833–1917) vermocht, einen hohen Bekanntheitsgrad zu erlangen. Oller widmete sich vor allem der Landschafts- und Porträtmalerei, sein bekanntestes Bild ist *El Velorio*. Schon mit zwölf Jahren begann er seine Malerkarriere; unter der Anleitung seines ersten Lehrers arbeitete er an der künstlerischen Ausgestaltung verschiedener Kirchen der Insel (z. B. in Coamo). Später ging er nach Madrid und Paris, wo er u. a. mit Thomas Conture, Gustave Courbet, Camille Pissarro und Paul Cézanne zusammentraf. In der Seine-Metropole wurden 1865 einige seiner Bilder im Pariser Salon ausgestellt, in Spanien erhielt Oller für seine Bilder Preise des Königshauses. Nach der Rückreise in seine Heimat gründete er in San Juan die ersten Zeichen- und Malschulen. Bilder von Oller hängen im Kunstmuseum Ponce (z. B. *Hacienda Aurora* aus dem Jahr 1892), in der Universität von Río Piedras, im Museo Francisco Oller in Bayamón und auch im Louvre in Paris.

Nach Campeche und Oller haben vor allem drei Maler einen gewissen Bekanntheitsgrad erreicht: Der in Ponce geborene Impressionist Miguel Pou (1880–1968), Ramón Frade (1875–1954), der sich in seinen Bildern mit der puertoricanischen Lebensweise auseinandersetzt, und schließlich Oscar Calón Delgado (1889–1967). Letzterer hat – ebenso wie Pou – puertoricanische Landschaftsszenen in den Mittelpunkt seines Wirkens gerückt.

Nach dem Zweiten Weltkrieg erlebte die puertoricanische Malerei eine Renaissance. Viele junge Künstler, die in den USA ausgebildet worden waren, setzten sich in ihren Bildern mit den aktuellen Themen des gesellschaftlichen Wandels auf Puerto Rico auseinander, wie Armut, Arbeitslosigkeit und Emigration.

A. de la Vega, Maternidad

Bekannte Künstler der Gegenwart sind Carlos Osorio, Julio Rosado del Valle, Carlos Irizarry, Rafaél Turfino, Lorenzo Homar oder Carlos Raquel Riviera. Beispiele der zeitgenössischen Malerei zeigen etwa die Galerien Casa Candina (14 Candina, Condado) und Coabey (101 San José, Viejo San Juan). Der größte und wohl auch bekannteste Ausstellungsort der Insel ist das Kunstmuseum in Ponce (Museo de Arte, Avenidas Las Américas).

Literatur

Das erste Gedicht über Puerto Rico wurde 1589 geschrieben: Der spanische Poet Juan de Castellanos, Autor des Buches *Elegías de Varones Ilustres de Indias,* hielt sich zwischen 1536 und 1540 auf der Karibikinsel auf und war von ihr so angetan, daß er sich in dem Gedicht *Varones Ilustres de Indias* (Große Männer der Indischen Inseln) mit Land und Leuten auseinandersetzte.

Dem spanischen Dichter Juan Rodríguez Calderón ist vor allem eine größere Verbreitung von Büchern auf Puerto Rico zu verdanken. 1806 führte er die erste Druckpresse ein und verlegte zwei Gedichtbände *(Poesías* und *Ocios de juventud).*

José Gualberto Padillo (1829–1896) war ein Poet, der sich mit seinen Werken den Beinamen ›El Caribe‹ verschafft hatte. Nach seiner Rückkehr von Studien in Spanien verschrieb er sich mit seiner Arbeit den Armen und Unterdrückten. Seine Feder war stets spitz, seine Texte oft satirisch, was ihm den Unmut der Herrschenden einbrachte. Wegen seiner Teilnahme an der Revolte Grito de Lares (s. S. 192 f.) im Jahr 1868 wurde er verhaftet, wenige Jahre später aber wieder freigelassen.

Ein wichtiger Vertreter der romantischen Literatur ist der aus Humacao stammende José Gautier Benítez (1848–1880). Unter Tuberkulose leidend, schrieb er kurz vor seinem frühen Tod seine gefühlvollsten Gedichte, unter ihnen die *Canto a Puerto Rico* (Ode an Puerto Rico, s. S. 61), die ihm großen Ruhm einbrachte.

Eugenio Maria de Hostos gilt als Puerto Ricos größter Dichter und (politischer) Denker des 19. Jh., sogar ein Feiertag wurde ihm zu Ehren eingeführt. 1839 in Mayagüez geboren, widmete er sein Leben dem Kampf für die Freiheit Lateinamerikas und der Ausbildung der spanisch sprechenden Bevölkerung Puerto Ricos. Er gründete viele Schulen und vermittelte seine politischen Ideale in zahllosen Schriften und Reden. Zwischen 1895 und 1898 unterstützte Hostos aktiv die kubanische Revolution in der Hoffnung, auf diesem Wege auch die Freiheit für Puerto Rico erreichen zu können. Er starb am 11. August 1903 in Santo Domingo.

Musik und Tanz

Die puertoricanische Musikgeschichte beginnt mit den Taíno-Indianern. Bekannt ist heute, daß sie schon auf der sog. *guicharo* – einem hohlen, eingekerbten Kürbis – mit einer Drahtgabel Klänge erzeugten und damit zum Tanz aufspielten. Besonders der *areytos,* ein indianischer, zeremonieller Tanz, der auf allen großen Antilleninseln verbreitet war, hat auf die weitere Entwicklung der puertoricanischen Musik Einfluß ausgeübt.

Neben den Indianern haben vor allem die Spanier das Musikgeschehen auf der Insel geprägt. Aus der spanischen Gitarre entstanden vier verschiedene Instrumente: *tiple, cuatro, bordonua* und *requinto.* Sie unterscheiden sich in Größe, Grundton und Anzahl der Saiten. Am beliebtesten ist die zehnsaitige Cuatro. Weitere Instrumente sind die *maracas,* runde Kürbisse mit kleinen Bohnen oder Kieselsteinen gefüllt, und der *tambor,* ein hohler Baumstamm mit aufgestecktem Tierkopf. Ähnlich wie die Minnesänger in Europa reisten früher Musiker mit diesen Instrumenten von Stadt zu Stadt über die Insel.

Aufgrund ihrer unterschiedlichen Herkunft weist die puertoricanische Volksmusik heute verschiedene Ausprägungen auf. Die lebendigste und beliebteste Richtung nennt sich *seiz*. Die in einem Lied erzählte Geschichte, die sog. *decima,* wird bei wechselndem Rhythmus in zehnzeiligen Strophen wiedergegeben.

Die Wurzeln der puertoricanischen Tanzmusik liegen im weit entfernten Afrika. Die schwarzen Sklaven führten ihre musikalischen Traditionen in der neuen Heimat fort. Und so entstand der afro-karibische Tanz *calenda,* der im wesentlichen durch den afrikanischen Bantu-Stil geprägt ist. Im Jahr 1724 wurde er erstmals von Père Jean Baptiste Labat beschrieben: »Männer und Frauen stehen sich in Linien aufgereiht gegenüber. Leicht springend, tanzen die Männer auf die Frauen zu, die ihrerseits nur das Becken und das Gesäß bewegen. Beim Zusammentreffen der Paare stoßen Bäuche und Becken aufeinander. Anschließend weichen die Tänzer in rhythmischen Bewegungen wieder zurück in ihre Ursprungsstellung, bis der Klang eines bestimmten Instrumentes oder ein Aufruf sie zur Wiederholung ihrer Schritte auffordert. Dann stoßen sie dreimal mit ihren Leibern aufeinander, trennen sich wieder und wirbeln herum, um das gleiche mit äußerst unzüchtigen Bewegungen nochmals zu wiederholen. Von Zeit zu Zeit tanzen sie Arm in Arm und küssen sich...« Der *calenda* übte einen derartigen Einfluß aus, daß er sogar zu Weihnachten von weißen Nonnen in den Kirchen zu Ehren Christi getanzt wurde. So steht es jedenfalls in den Überlieferungen. Männer durften an diesen ›frommen‹ Tänzen nicht teilnehmen.

Musik und Tanz

Shall we Salsa?

Salsa ist kein eigenständiger Tanz, sondern eine Stilrichtung des Mambo. Mit dem Wort »Mambo«, das aus dem religiösen Bereich stammt und soviel bedeutet wie heilige Handlung, Versammlung, Gespräch, wird eine afro-kubanische Musikmischung bezeichnet. Für die Menschen vom schwarzen Kontinent waren Trommeln heilige Geräte, mittels derer man untereinander und mit den Göttern kommunizieren konnte: Jeder Trommler schlug einen eigenen Rhythmus in verschiedenen Tonlagen und übermittelte so seine Botschaft. Diese Tradition setzt sich auch im modernen Mambo fort; Überschneidungen und Verbindungen unterschiedlicher Rhythmen sind ein wesentliches Stilelement.

Der moderne Mambo entstand nach dem Zweiten Weltkrieg, als kubanische Musiker in die USA einwanderten. So kam es zu einer Verflechtung des nordamerikanischen Jazz mit den Trommelrhythmen der Karibik. Der dazugehörige Tanz ist durch kubanische Schritte und die sog. Latin Hip-Technik geprägt, bei der der Brustkorb entgegengesetzt zur Hüfte bewegt wird.

Auch das Wort »Salsa« stammt ursprünglich aus Kuba und bedeutet »heiß« im Sinne von »scharf, würzig«. Zu dieser ›scharfen‹ Musik bewegen sich die Salseros, die Salsa-Tänzer, mit schnellen Drehungen und lebhaften Armbewegungen. Hier liegt der feine Unterschied zum klassischen Mambo, der nicht ganz so explosiv getanzt wird.

Ein gefeierter Veteran der Salsa-Musik ist Tito Puente. Von ihm stammt der später durch Carlos Santana berühmt gewordene Hit *Oye como va*. Puente trat schon in den 50er Jahren in New Yorker Clubs auf und begeisterte die Musik- und Tanzszene. Daran hat sich bis heute nichts geändert. Seine Band *Puente's Latin Jazz Ensemble* reißt das Publikum mit weicher Salsa-Musik noch immer zu Beifallsstürmen hin.

Inzwischen ist Salsa nicht mehr nur die Musik der Puertoricaner und Kubaner. Seit 1975 hat sich Salsa wie ein Fieber über viele Länder der Erde ausgebreitet und zahlreiche Anhänger gefunden. Die Salsa-Szene auf Puerto Rico wird durch die – von Rafael Ithier geleitete – El Gran Combo geprägt. Weitere bekannte Interpreten sind Gilberto Santa Rosa, José »Cheo« Feliciano, Charlie und Eddie Palmieri, Willie Colón und Ray Barretto.

Erotisch, spannungsgeladen, temperamentvoll und doch spielerisch – wer nach Puerto Rico reist, sollte sich psychisch und physisch auf die Frage *Shall we salsa?* gut vorbereiten.

Musik und Tanz

Bis heute sind wesentliche musikalische und tänzerische Elemente des Afro erhalten geblieben: Mit *bomba* bezeichnet man die Tanzmusik-Richtung des afrikanischen Beat, die sich zunächst unter einfachen Arbeitern und der Landbevölkerung durchsetzte. Das monotone und triste Leben der Menschen geriet in Vergessenheit, wenn an den Wochenenden die Kapellen zum Bomba aufspielten. Die ethnischen Wurzeln der Tanzmusik kommen in den unterschiedlichen Rhythmen zum Vorschein: *cunya, yuba, cuende, sica* und *cocobale* sind afrikanischen Ursprunges; *danua, lero* und *holande* zeigen schon den Einfluß dänischer, französischer und niederländischer Immigranten.

Auch der Mambo aus Kuba und die Merengue aus der Dominikanischen Republik sind durch afrikanische Tanzelemente geprägt. Kennzeichnend sind erotisch anmutende Bewegungsabläufe und ein enger Körperkontakt. Beide Tänze sind in den vergangenen Jahren auf Puerto Rico stark in Mode gekommen.

Das europäische Kulturerbe in Sachen Musik und Tanz findet seinen Ausdruck in der *danza*. Die melancholische Danza-Musik begründete im 19. Jh. der Komponist Manuel G. Tavárez (1843–1883). Sie wurde von Juan Morel Campos (1857–1896) weiterentwickelt. Die Danza erinnert an das einst an den europäischen Herrscherhöfen sehr beliebte Menuett. Im Laufe der Zeit hat sich aber die Musikrichtung gewandelt, eine Ähnlichkeit mit dem europäischen Vorbild ist kaum mehr nachvollziehbar. Der beliebteste Komponist moderner Danza-Musik war wohl Rafael Hernández, der Hits wie *El Cumbanchero* und *Lamento Borincano* geschrieben hat. Auch sein Tod im Jahr 1966 hat nichts daran geändert, daß er als ein Idol auf der ganzen Insel verehrt wird.

Die Verbreitung der klassischen Musik auf der Karibikinsel wurde maßgeblich gefördert durch den Cellisten Pablo Casals, der im Alter von 81 Jahren nach Puerto Rico kam und dort die jährlich stattfindenden Casals-Festivals ins Leben rief (s. S. 93 ff).

Große internationale Anerkennung hat auch ein Freund Casals, der puertoricanische Pianist Jesus María Sanroma (1902–1984), geerntet. Operntenor Antonio Paoli (1872–1946), Sohn eines korsischen Einwanderers und einer Puertoricanerin, gab sein Debut an der Grand Opera in Paris und sang an europäischen Königshöfen, was ihm die Bezeichnung »Tenor der Könige und König der Tenöre« einbrachte. 1922 kehrte er in seine karibische Heimat zurück und gab fortan Musikunterricht. Er starb am 24. Oktober 1946 in Santurce. Andere bekannte puertoricanische Opernsänger sind Pablo Elvira und Justino Díaz.

In breiten Bevölkerungsschichten wird heute jedoch nur eins gehört: Salsa! Nahezu aus jedem Autoradio und jeder Musikbox plärrt diese Musik, und das fast rund um die Uhr.

Kunsthandwerk

Zu dem ältesten und am weitesten verbreiteten Kunsthandwerk zählt die Herstellung der sog. *santos,* 20–50 cm große, oft farbige Heiligenfiguren aus Holz, Ton, Gold oder Stein (s. S. 47 f.). Die Schutzheiligen finden sich in nahezu jedem Haus der Insel und werden von den Bewohnern verehrt. Die ältesten Santos stammen aus dem 16. Jh.

Santeros nennt man die Kunsthandwerker, die die Heiligenfiguren mit selbstgefertigten Werkzeugen in einem oft unverwechselbaren Familienstil herstellen. Das Handwerk wird innerhalb der Familien vom Vater auf den Sohn übertragen. Gefertigt werden Büsten, ganze Figuren oder auch Gruppenbilder. Sehr beliebt sind heilige Jungfrauen und männliche Bibelfiguren, bei den Gruppenfiguren dominieren die Heiligen Drei Könige. Häufig angebetet wird auch die *mano pederosa,* die Darstellung einer kraftvollen Hand.

Der puertoricanische Künstler Angel Botello hat zwischen 1950 und 1960 über 10 000 dieser Santos gesammelt. Eine Auswahl von ihnen steht auch heute noch zum Verkauf in der Galería Botello. Zahlreiche weitere Antiquitäten- und Souvenirläden in Viejo San Juan bieten *santos* an, doch selbst für die Heiligenfiguren neueren Datums muß man noch recht tief in die Tasche greifen, möchte man nicht Kunstwerke minderer Qualität erwerben.

Aus Spanien wurde das 500 Jahre alte *mundillo*-Handwerk eingeführt. Die handgeklöppelten Spitzen werden zu Tischdecken, Kragen und Kleidern verarbeitet. Es gibt *entrodos* und *puntillas,* letztere haben verzierte Ränder. Zentrum des Mundillo-Handwerks ist Moca. Jährlich findet Ende April das Puerto Rico Weaving Festival in Isabela statt, auf dem eine breite Auswahl der Mundillo-Kunst gezeigt wird.

Aus heimischen Hölzern und nach alten handwerklichen Regeln werden fünf- bis zehnsaitige Gitarren *(cuatros)* gefertigt. Bis heute haben die Instrumente nichts an Popularität eingebüßt. Musikfreunde können den Handwerkern in Ciales und Ceiba direkt bei der Arbeit zuschauen. Die zahlreichen Masken, die aus Holz, Pappmaché oder Keramik hergestellt werden, erinnern an Kultur und Bräuche der einstigen Inselbewohner.

Kunst und Kunsthandwerk finden sich reichlich in den vielen Galerien der Altstadt von San Juan. Hier erhält man Korbwaren, Keramik, Cuatros, die traditionellen Guayabera-Herrenhemden und natürlich auch Santos. Den besten Eindruck vom kunsthandwerklichen Geschehen vermitteln allerdings die überall auf der Insel verteilten kleinen Werkstätten.

Unterwegs auf Puerto Rico

»Borinquen! Name eines angenehmen
Gedankens, wie die Erinnerung an
eine tiefe Liebe,
Schöner Garten, Amerikas Schmuck,
bist Du der Garten Amerikas,
der Welt.«

José Gautier Benítez
(Erster Vers des
Canto a Puerto Rico)

San Juan

Die Altstadt

Puerta de Tierra,
Tor zum Land

Strandleben in Condado
und Isla Verde

Das Vermächtnis der
Seebären und der ideale
Aussichtspunkt – Miramar

Hato Rey –
Die karibische Wallstreet
und Shopping
in Río Piedras

Die größte Rumfabrik
der Welt

San Juan, im Vordergrund El Morro, im Westen der
Friedhof und Viejo San Juan

San Juan

Die kulturelle und wirtschaftliche Metropole der Insel kann auf ein umfangreiches spanisches Erbe zurückblikken. Gewaltige Festungen, Stadtmauern und eine Altstadt mit lebendigen Straßen und lauschigen Winkeln bilden das Herz der Stadt, deren restliche Teile sich die Moderne erobert hat. Der große Hafen für Kreuzfahrtschiffe, Boutiquen, Kneipen und Restaurants laden zum Flanieren und Verweilen ein.

San Juan ist Ausgangspunkt fast aller Erkundungsreisen durch Puerto Rico. Die Altstadt Viejo San Juan ist ein unbedingtes ›Muß‹ für jeden Touristen. Mindestens einen halben, wenn nicht einen ganzen Tag sollte man hier verbringen. Zwar liegen alle Sehenswürdigkeiten dicht beieinander, so daß nur zwei bis drei Stunden für einen Rundgang erforderlich sind. Möchte man sich aber intensiver mit Viejo San Juan auseinandersetzen und z. B. ein Museum besuchen, benötigt man mehr Zeit, und sei es für ein *helado* (Eis, meistens Kokosnuß und Ananas) oder für ein Erfrischungsgetränk wie die *piragua*. Und wer nach der Besichtigungstour noch fit ist, der sollte sich das reizvolle Nachtleben nicht entgehen lassen.

In den anderen Stadtteilen San Juans wie Puerta de Tierra, Río Piedras und Hato Rey befinden sich weitere Sehenswürdigkeiten, etwa das Capitol oder die Universität von Puerto Rico, zu denen ein kurzer Abstecher sicherlich lohnenswert ist. Hauptattraktion aber bleibt die Altstadt, hier liegen die schönsten Ziele.

Das an der nördlichen Küste nur knapp über dem Meeresspiegel gelegene San Juan ist die wirtschaftliche, kulturelle und politische Metropole Puerto Ricos. Während die Stadt selbst 450 000 Einwohner hat, leben im Agglomerationsgebiet San Juans rund 1,25 Mio. Menschen, ein Drittel der gesamten Inselbevölkerung. Diese Bevölkerungskonzentration ist zurückzuführen auf die Industrialisierung, die aufgrund der vorhandenen Infrastruktur anfangs schwerpunktmäßig in San Juan einsetzte und eine erhebliche Zuwanderung der ländlichen Bevölkerung hervorgerufen hat. Viele Menschen kamen mit der Hoffnung auf ein besseres

Leben in die Stadt. Ein von der Regierung daraufhin eingeleitetes Dezentralisierungsprogramm hat bis heute nur wenig Wirkung gezeigt.

Das Stadtbild ist sowohl durch moderne Hochhausbauten im typisch amerikanischen Stil als auch durch die spanische Architektur der Kolonialzeit geprägt. In der Altstadt erinnern Kopfsteinpflaster, alte Straßenlaternen und Häuser mit gußeisernen Balkongittern an das Erbe der Spanier. Umfangreiche Renovierungs- und Restaurierungsarbeiten in den vergangenen Jahren haben Viejo San Juan in neuem Glanz erstrahlen lassen. Anlaß dieser Arbeiten war das anläßlich des 500. Jahrestages der Entdeckung Amerikas veranstaltete große Kolumbusfest im Jahr 1992.

Zahllose Autos verstopfen die engen Gassen der Altstadt von morgens bis spät in die Nacht. Motorlärm und Abgase gehören leider ebenso zu Viejo San Juan wie pompöse Villen und monströse Forts.

Viejo San Juan

Auf einer schmalen Landzunge, im Norden vom Atlantischen Ozean, im Süden und Westen von der Hafenbucht umgeben, liegt die 1521 gegründete Altstadt von San Juan. Auf der östlichen Seite wird die Halbinsel durch die weiß getünchte Brücke San Antonio mit dem Hinterland verbunden.

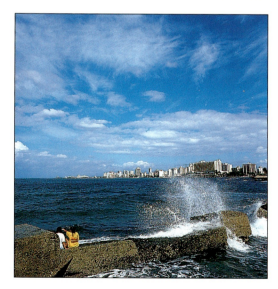

Die Skyline
von San Juan

San Juan, Altstadt

1 Plaza de Colón
2 Teatro Tapia
3 Castillo San Cristóbal
4 Plaza de Armas
5 Alcaldía
6 Real Intendencia
7 Catedral
8 Convento de las Carmelitas
9 Palacio Episcopal
10 Iglesia de San José
11 Museo Pablo Casals
12 Casa de los Contrafuertes
13 Convento de Santo Domingo
14 Museo de Arte y Historia
15 Plaza del V Centenario
16 Cuartel de Ballajá
17 Castillo de San Felipe del Morro
18 Casa Blanca
19 Casa Rosada
20 Plazuela de la Rogativa
21 Puerta de San Juan
22 Museo Felisa Rincón
23 La Fortaleza
24 Capilla del Santo Cristo de la Salud
25 Casa del Libro
26 Museo de Arte Puertoriqueña
27 Museo del Indio
28 Museo del Mar
29 Casa del Callejón

Beherrscht wird die Altstadt von alten, massiven Verteidigungsbauten. Dies ist darauf zurückzuführen, daß die Spanier den Stützpunkt San Juan als ein Verteidigungszentrum erster Priorität betrachteten und entsprechend sichern ließen. In spanischem Auftrag planten die beiden irischen Baumeister Alejandro O'Reilly und Thomas O'Doly den Ausbau San Juans zu einer der am besten gesicherten Städte Amerikas. Festung und Stadtmauern wurden mit rund 450 Kanonen ausgestattet, die ihre Vollkugeln 800 m weit auf das Meer hinausspeien konnten. Deshalb galt die Stadt bei Freund und

Viejo San Juan

Feind gleichermaßen als uneinnehmbar.

Ausgangspunkt für Altstadterkundungen ist die **Plaza de Colón** (1), in deren Mitte eine Säule mit einer Kolumbusstatue aus dem Jahr 1893 steht. Sie wurde anläßlich des 400. Jahrestages der Entdeckung der Insel durch Christoph Kolumbus errichtet. An der Südseite des Platzes befindet sich das 1832 erbaute **Teatro Tapia** (2), benannt nach dem bekannten puertoricanischen Schauspieler Alejandro Tapia y Rivera (1826–1882). Es wurde 1976 von der Stadt San Juan nach alten Plänen restauriert und stellt heute ein bedeutendes Zentrum für

Schauspiel, Tanz sowie andere kulturelle und gesellschaftliche Ereignisse in Puerto Rico dar. Die Nordseite des Platzes begrenzt der Busbahnhof.

Das **Casino** an der Plaza de Colón war früher abendlicher Treffpunkt der puertoricanischen High Society. Es wurde umbenannt in Manuel Pavia Fernández Government Reception Center und dient der Regierung heute als ›gute Stube‹ für Staatsempfänge. Die Inneneinrichtung ist dem Louis-XIV-Stil nachempfunden, der überall sichtbare Marmor, etwa im großen Ballsaal, ist allerdings nur teilweise echt. In der Bauphase während des Ersten Weltkrieges waren auch auf Puerto Rico die finanziellen Mittel knapp (Besichtigung nur nach vorheriger Absprache, ✆ 7 22-21 21).

Rund um den Platz drängen sich Cafés und Bars. Im Café Berlin, das dem deutschen Bäcker Ernst Hükkelhofen gehört, werden nicht nur ›deutsche‹ Torten und Brote angeboten, hier sind vor allem auch Bio- und Ökofreunde gut aufgehoben.

Von der Plaza aus ist schon das etwas nördlich gelegene **Castillo San Cristóbal** (3) auszumachen, dessen Haupteingang nur wenige Schritte entfernt liegt. Die bereits 1634 begonnene und zwischen 1766 und 1783 fertiggestellte Verteidigungsanlage hat eine Ausdehnung von über 100 000 m^2 und entspricht damit der Fläche von etwa zehn Fußballfeldern. Die Festung besteht aus fünf in sich abgeschlossenen Einheiten, die durch Tunnel miteinander verbunden sind.

San Cristóbal wurde errichtet, um die Stadt an der östlichen Flanke zu sichern. Die Notwendigkeit für diesen Verteidigungsbau zeigte sich für die Spanier bereits im Jahr 1598. Damals stürmten die Engländer San Juan – unerwartet von der Landseite kommend. Auch 1625, als niederländische Truppen die Stadt besetzten und niederbrannten, war dies im wesentlichen auf das Fehlen eines entsprechenden Schutzwalles gegen Landangriffe zurückzuführen. Schon während der Bauphase konnte das Castillo San Cristóbal seiner Funktion gerecht werden: 1679 verhinderte die schwere Artillerie, die das Fort verteidigte, das Eindringen der angreifenden englischen Truppen in die Stadt. Die ca. 50 m über dem Meeresspiegel liegende Festung bietet einen herrlichen Ausblick auf den Atlantischen Ozean und die Altstadt von San Juan (9–17 Uhr; regelmäßige Führungen; Eintritt frei).

Als zentralen Platz der Stadt schufen die Spanier die Plaza de Armas, westlich vom Castillo San Cristóbal gelegen. Man folgt der am Meer entlanglaufenden Calle Norzagaray bis zur Calle San Justo, biegt hier links ab und geht bis zur Calle San Francisco. Jetzt rechts, und nach wenigen Schritten befindet man sich direkt auf der **Plaza de Armas** (4). Die Pflastersteine in den Straßen sind übrigens von den Kanarischen Inseln nach Puerto Rico gebracht worden. Um dieses

Viejo San Juan

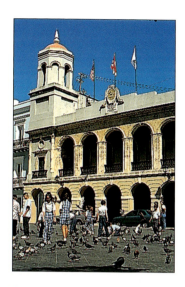

Die Plaza de Armas mit der Alcaldía

aufwendige und teure Unterfangen zu finanzieren, wurde im Jahr 1776 eine zusätzliche Steuer von den Bewohnern San Juans erhoben.

Heute bestimmen Supermärkte in schmucklosen Gebäuden und Fast-Food-Restaurants das Bild rund um die Plaza, die historischen Bauten kommen kaum noch zur Geltung. Die vier Statuen am Springbrunnen in der Mitte des Platzes sind über 100 Jahre alt und stellen Menschen in den vier Jahreszeiten dar. Am Rand der Plaza liegt das Rathaus, die **Alcaldía** (5), dessen Grundstein im Jahr 1604 auf Anordnung des damaligen Gouverneurs Ochoa de Castro gelegt wurde. Die Fertigstellung des Baus verzögerte sich jedoch immer wieder, da die notwendigen finanziellen Mittel nicht verfügbar waren. Im 18. Jh. wurde das Gebäude umgebaut. Das Gefängnis, bis zu diesem Zeitpunkt ebenfalls im Rathaus untergebracht, wurde nun in ein separates Gebäude ausgelagert. Vorbild für diesen Bau mit den flankierenden Türmen, den Arkaden und der alten Uhr aus dem Jahr 1889 war das Rathaus in Madrid.

An der Westseite der Plaza de Armas liegt die im neoklassischen Stil erbaute **Real Intendencia** (6), die als eine der perfektesten Arbeiten der puertoricanischen Architektur des 19. Jh. gilt. In dem 1851 errichteten Gebäude war bis 1898 das königlich spanische Schatzamt untergebracht, heute residiert hier das Auswärtige Amt Puerto Ricos (Departamento de Estado, Mo–Fr 8–12 Uhr und 13–16.30 Uhr).

Nur wenige Schritte entfernt von der Plaza de Armas in nordwestlicher Richtung steht in der Calle Cristo die spätgotische **Catedral** (7), in der einst die Padres die Ausrottung der Indianer ›segneten‹. Mit dem Bau wurde 1540 begonnen, nachdem ein Hurrikan die vorher hier stehende Kirche zerstört hatte. Aber auch diese stabiler gebaute Kirche wurde durch Wirbelstürme immer wieder stark in Mitleidenschaft gezogen. Die heute sichtbare Kathedrale ist im wesentlichen das Ergebnis umfangreicher Reparatur- und Erweiterungsbauten im frühen 19. Jh. Im Jahr

San Juan

In der Kathedrale von San Juan

1913 wurden die sterblichen Überreste des Conquistador Juan Ponce de León in die Kathedrale überführt (tgl. 8.30–16 Uhr, Messen Mo–Fr 7 Uhr, Sa–So 9 und 11 Uhr).

Gegenüber dem Gotteshaus befindet sich der **Convento de las Carmelitas** (8), ein ehemaliges Kloster aus dem 17. Jh. Die schweren Türen, deren Sinn einst darin lag, das Leben hinter den Mauern vor der Außenwelt zu verschließen, sind heute offen für zahlreiche Gäste: El Convento (✆ 7 23-90 20, 100 Calle Cristo) galt einst als schönste und stilvollste Herberge der ganzen Insel. Auch wenn man nicht in einer der alten Mönchszellen übernachtet, so sollte man im großen Atrium des kürzlich komplett renovierten Hotels einen Erfrischungsdrink nehmen.

Vor dem El Convento liegt die Plazoleta Las Monjas mit dem alten, knorrigen ›Baum der Freundschaft‹. Als Zeichen ihrer gegenseitigen Verbundenheit haben alle karibischen Staaten Erdreich nach Puerto Rico gebracht und gemeinsam diesen Baum eingepflanzt.

Im Seminario Conciliar de San Ildefonso, Calle Cristo, war früher ein Jesuitenkolleg untergebracht. An der nahen Straßenkreuzung Calle Cristo/Calle San Sebastian liegt der **Palacio Episcopal** (9; Bischofspalais), der – nach der vollständigen Zerstörung durch Niederländer 1625 – im Jahr 1733 wiederaufgebaut wurde.

Nordwestlich, in Richtung El Morro, befindet sich die **Plaza de**

San José, ein beliebter Treffpunkt von Jung und Alt, nicht zuletzt, weil hier zahlreiche Restaurants und Bars nebeneinander aufgereiht sind. Die aus dem Jahr 1797 stammende Statue von Juan Ponce de León, die aus eingeschmolzenen britischen Kanonenkugeln angefertigt worden ist, steht in der Mitte der Plaza, direkt vor der **Iglesia de San José** (10). Die gotische Kirche stammt aus dem Jahr 1532. Ursprünglich von den Dominikanern als Klosterkapelle genutzt, wurde sie später zur Familienkirche der Nachfahren von Juan Ponce de León. Neben Bildern von José Campeche und Francisco Oller ist im Kircheninnenraum die Darstellung der Kreuzigung Christi aus dem 16. Jh. bemerkenswert (Mo–Sa 8.30–15.30 Uhr, Messen: So 12 und 17 Uhr).

An die Kirche angebaut ist ein kleines, hübsches Gebäude, welches das **Museo Pablo Casals** (11; 101, San Sebastian, ✆ 7 23-91 85) beherbergt. Hier erinnern persönliche Dinge, sein Cello und sein Klavier, Originalmanuskripte, Fotografien und eine Video-Bibliothek seiner Konzerte an den weltbekannten Cellisten. Auf Wunsch werden die Konzerte vorgespielt (Di–Sa 9.30–17.30 Uhr, ✆ 7 23-91 28.

Die **Casa de los Contrafuertes** (12) direkt neben dem Museo Casals zählt zu den ältesten Häusern der Insel, das genaue Datum der Fertigstellung ist allerdings nicht bekannt. Untergebracht sind in diesem Gebäude zwei Museen: Im Erdgeschoß werden in einer nachgebauten Apotheke aus dem 19. Jh. eine Sammlung historischer Dokumente sowie altes Porzellan und Glas zur Aufbewahrung von Pasten und Pulver ausgestellt. Im ersten Stock findet sich das 1988 eingerichtete Museo del Grabado Latinoamerícano, das lateinamerikanische Grafikmuseum (Mi–So 9–16.30 Uhr, Eintritt frei).

Der Zugang zum **Convento de Santo Domingo** (13), neben der Iglesia de San José gelegen, ist nur über 98 Calle Norzagaray möglich. Durch einen Torbogen schreitet man in den Innenhof des 1523 von den Brüdern des Dominikanerordens errichteten Gebäudes. Als 1838 alle Missionen auf Puerto Rico geschlossen wurden, mußten auch diese Ordensleute ihr Haus verlassen. Von 1898 bis 1966 nutzte das ›Antillen-Kommando‹ der US-Streitkräfte den ehemaligen Convent. Heute nimmt das Gebäude mehrere Funktionen war: Es dient sowohl als Zentrale des puertoricanischen Kulturinstitutes als auch als Museum für kirchliche Kunst (Mi–So 9–12 Uhr und 13–16.30 Uhr).

Direkt neben dem Convento Santo Domingo liegt das gelbweißgestrichene Gebäude des **Museo de Arte y Historia** (14; San Juan Museum für Kunst und Geschichte, Ecke Calle Norzagaray/ Calle Mac-Arthur). Hurrikan Hugo hat 1989 so schwere Schäden an dem Haus angerichtet, daß es von Grund auf renoviert werden muß-

La Perla

Geschlossene Gesellschaft der Armen

Ein buntes, anziehendes und zugleich eigenartiges Bild bietet sich dem Betrachter, der sich in die Nähe des Armenviertels von San Juan wagt. Gleich hinter dem Friedhof Magdalena de Pranis, auf dem die Inselberühmtheiten des vergangenen Jahrhunderts ruhen, zwischen El Morro und San Cristóbal, liegt La Perla.

Entlang dem schmalen Küstenstreifen stehen dicht gedrängt und ineinander verschachtelt wacklige, bunt gestrichene Hütten und Häuser mit Teerpappdächern. Betrachtet man das Viertel von der oberhalb gelegenen Calle Norzagaray – so wie das die Beamten der hier gelegenen Polizeistation täglich pflichtbewußt tun – fällt es leicht, die Armut zu vergessen und das bunte Treiben ›dort unten‹ romantisch zu finden. Sonnenverbrannte, in leuchtenden Farben gekleidete Kinder toben entlang der engen Gassen, laute Musik ertönt aus den kleinen Bars, in welchen sich die Arbeitslosen ihre Zeit vertreiben – und im Hintergrund glitzert der tiefblaue Atlantik. Das also ist La Perla, unsterblich geworden durch die Studie *La Vida* von Oskar Lewis über das Leben und die zwischenmenschlichen Beziehungen in den Slums. Und Brooke Shields drehte vor dieser Kulisse 1987 Szenen ihres Films *Brenda Star*. Ein edles und exklusives Armenviertel?

Die Stadtverwaltung von San Juan würde lieber heute als morgen diese ›Filmkulisse‹ den Touristen zugänglich machen; nach ihren Plä-

te. (Mo–Fr 9–12 und 13–16 Uhr, Sa–So 10–12 und 13–16 Uhr. ✆ 7 24–71 71).

Wenige Schritte entfernt liegt die **Plaza del V Centenario** (15), auf der 1992 anläßlich des 500. Jahrestages der Entdeckung Amerikas die Säule Telurico errichtet wurde. Das Kunstwerk aus spanischen und indianischen Tonscherben symbolisiert die Vereinigung beider Kulturen auf Puerto Rico. Umgeben wird die Säule von einem Mosaik, das die acht Punkte des Kompasses zeigt, den Kolumbus bei seiner Entdeckung der neuen Welt benutzte.

Über den Platz erreicht man das **Cuartel de Ballajá** (16), in dessen Mauern die auf Puerto Rico stationierten spanischen Truppen mit ihren Familien lebten. In dem frisch restaurierten Gebäude ist heute das völkerkundliche Museo de las Americas untergebracht. Die Ausstellung dokumentiert die indianische Lebensweise und zeigt tradi-

nen sollen die bunten Baracken in Kneipen und Boutiquen verwandelt werden. Aber die Bewohner möchten nicht raus. La Perla ist seit fast 100 Jahren das Zuhause ihrer Familien – und das zu Recht: Eine vermögende Spanierin schenkte damals das große Grundstück den Obdachlosen, um deren Not zu lindern. Nach der Besetzung der Insel durch die Amerikaner hatten diese sämtliche Armenhäuser geschlossen.

Trotz aller Schönheit werden selbst mutige Puertoricaner jeden neugierigen Touristen davor warnen, La Perla zu besuchen. Selbst am hellichten Tage sieht man manchmal Bewohner mit Gewehren und Pistolen auf den Straßen hantieren. Folgt man dennoch nicht diesem Ratschlag, dann wird man meist nach wenigen Metern freundlich, aber bestimmt angesprochen und aufgefordert, das Viertel zu verlassen. Man möchte eben unter sich bleiben.

tionelles Kunsthandwerk (Di–Fr 10–16 Uhr, Sa–So 11–17 Uhr, Eintritt frei, ✆ 7 42-50 52).

Im äußersten nordwestlichen Zipfel der Landzunge liegt – die Hafenbucht beherrschend – die mächtige Festungsanlage **Castillo de San Felipe del Morro** (17; täglich 9–17 Uhr, Eintritt frei, kostenlose Führungen von 9–16 Uhr, ✆ 7 29-69 60). Unmittelbar vor der von der UNESCO zum Weltkulturdenkmal erklärten Anlage erstreckt sich der Campo; diese große Freifläche wurde von den Spaniern als Paradeplatz benutzt. Die Größe des Verteidigungsbaus zeigt, welch enorme strategische Bedeutung die Spanier der Insel Puerto Rico beigemessen hatten. Die einzig vergleichbare Anlage dieser Größenordnung in Amerika findet sich in Cartagena in Kolumbien.

Mit dem Bau des Castillo wurde 1539 begonnen. Den Großteil der Anlage stellte man zwischen 1589 und 1650 fertig, einen endgültigen Abschluß fanden die Bauarbeiten aber erst im Jahr 1787. Von El Morro aus konnte die Hafeneinfahrt ausgezeichnet überwacht und bei Bedarf mit Hilfe der Kanonen verteidigt werden. Die immer wiederkehrenden Angriffe auf die Stadt konnten so erfolgreich zurückgeschlagen werden. Nur einmal, im Jahr 1598, fielen Festung samt Stadt durch einen Seeangriff in Feindeshand: Der Graf von Cumberland traf auf eine nur schwache Gegenwehr, da die Verteidiger durch eine Ruhrepidemie stark geschwächt waren. Trotz der zahlreichen Angriffe auf El Morro wurde die Festung nie schwerwiegend beschädigt. Erst ein Gewittersturm, der im Jahr 1626 die Insel heimsuchte, zog auch die Festungsanlage in Mitleidenschaft. Ein Blitz traf das Pulvermagazin und verursachte eine gewaltige Explosion, die die Einrichtungen der Anlage – u. a. die Soldatenunterkünfte – zerstörte.

Die sechsstöckige Bastion, miteinander verbunden durch ein Labyrinth unterirdischer Gänge, ragt mehr als 40 m über dem Meeresspiegel empor. Für das Leben in der Festung waren alle notwendigen Einrichtungen vorhanden, wie auch heute noch sichtbar ist: Unterkünfte für die Soldaten, Zisternen, Vorratskammern, Verliese, eine Kapelle, Waffenlager und Büros für die Verwaltung.

Von El Morro aus umzieht eine bis zu 15 m hohe, breite Befestigungsmauer aus Sandstein die Altstadt. In Abständen finden sich kleine Bastionen mit Schießschächten. Der Zugang zur Stadt war ursprünglich durch vier Tore möglich: San Juan, San Justo, Puerta de España und Puerta de Tierra, später wurden zwei weitere Tore, die von San José und Santa Rosa, in die Mauer eingelassen. Reisende, die auf dem Seeweg nach Puerto Rico kamen, betraten die Stadt durch die Puerta San Juan. Mit der Errichtung der bis heute gut erhaltenen Mauern wurde 1630 auf Anordnung des Gouverneurs Enríquez de Sotomayor begonnen, fertiggestellt wurden sie 1641. Schwere Beschädigungen verursachte ein Erdbeben am 2. Mai 1787; damals brach das Mauerwerk zwischen El Morro und La Fortaleza vollständig zusammen.

Um die westliche Seite des Hafens zu sichern, wurde gegenüber El Morro das kleine Fort **El Cañuelo** auf der Isla de Cabras errichtet. Geht man von El Morro in südöstliche Richtung wieder zurück in die Stadt, trifft man am Rande des Festungsgeländes auf die **Casa Blanca** (18; Calle San Sebastian 1). Dieses Haus war ehemals Wohnsitz der Familie von Juan Ponce de León. Der Gouverneur selbst hat jedoch nie in diesem Haus gelebt. Im Jahr 1521, als mit dem von ihm geplanten Bau der Residenz begonnen wurde, starb Ponce de León an den Folgen einer Verletzung, die ihm in Florida durch einen Indianerpfeil zugefügt worden war.

Viejo San Juan

Die erste Casa Blanca wurde kurz nach Fertigstellung durch einen Hurrikan vollständig zerstört. 1523 begann Ponces Schwiegersohn mit dem Bau des noch heute erhaltenen Hauses. Es diente bis 1773 als Wohnsitz der Familie, dann wurde es verkauft und fortan als Sitz der Militärkommandantur genutzt. Derzeit ist hier ein Museum untergebracht, das Ausstellungsstücke aus dem 16. und 17. Jh. zeigt und einen guten Einblick in die Lebensweisen der frühen Bewohner Puerto Ricos vermittelt (tgl. 9–12 Uhr und 13–16.30 Uhr, Eintritt US-$ 2, ☎ 7 24-41 02). Gegenüber der Casa Blanca, unterhalb der Stadtmauer, steht die **Casa Rosada** (19). Das liebliche, rosafarbene Gebäude wurde 1812 von der spanischen Armee gebaut und dient heute als Künstlerzentrum.

Die **Plazuela de la Rogativa** (20) an der Caleta de las Monjas beherrscht die Statue eines Kirchenmannes, dem drei Frauen folgen. Laut einer Überlieferung aus dem 18. Jh. stellten englische Truppen auf dem Vormarsch in die Stadt ungewöhnliche nächtliche Aktivitäten fest und schlossen daraus, daß weitere Einheiten der spanischen Streitkräfte eingetroffen seien, um die Verteidigung von San Juan zu stärken. Die Angreifer zogen sich

Eine historische Begebenheit erzählt diese Skulptur auf der Plazuela de la Rogativa

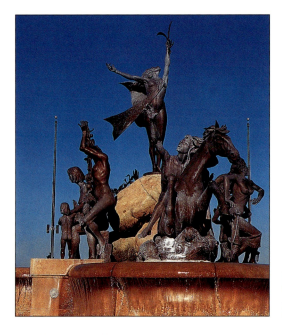

Fontäne von Luis Sanguino am Paseo de la Princesa

zurück. Tatsächlich aber gingen die Anzeichen der Verstärkung auf eine *rogativa* (religiöse Prozession) der puertoricanischen Frauen zurück, die mit Lampen ›bewaffnet‹ singend ihrem Bischof durch die Straßen der Stadt folgten. Die Statue erinnert an diese Geschichte.

An den Platz schließt fast unmittelbar das Stadttor **Puerta de San Juan** (21) aus dem Jahr 1635 an. Hier legten in den vergangenen Jahrhunderten die Schiffe an, und Matrosen aus aller Welt durchschritten das große Tor mit dem Stadtwappen auf ihrem Weg in das lang ersehnte und verheißungsvolle Vergnügen der Stadt.

Das **Museo Felisa Rincón de Gautier** (22; 51 San Juan) ist benannt nach einer dynamischen Bürgermeisterin von San Juan, die zwischen 1946 und 1968 die Geschicke der Stadt lenkte. Das Haus im Kolonialstil stellt Besitzstücke – Möbel, Gedenktafeln, Fotos und Briefe – der großen alten Dame aus, die heute immer noch am gesellschaftlichen Leben in San Juan teilnimmt (Mo–Fr 9–13.45 Uhr; Sa–So 12.30–16 Uhr).

Die älteste Festung der Stadt ist die Anlage **La Fortaleza** (23). Im Jahr 1540 errichtet, diente sie zunächst primär dem Schutz der Stadt vor angreifenden Indianern. Später

Viejo San Juan

wurde sie zur Residenz des Gouverneurs ausgebaut und ist es bis heute geblieben (Mo–Fr 9–16 Uhr, Führungen stündlich, Eintritt frei).

Nicht weit entfernt, direkt neben dem Parque de las Palomas am Ende de Calle Cristo, in dem die Puertoricaner gerne die vielen Tauben der Stadt füttern, befindet sich die kleine **Capilla del Santo Cristo de la Salud** (24). Sie wurde zwischen 1753 und 1780 auf der Stadtmauer errichtet als Erinnerung an ein Unglück, das hier geschehen sein soll: Bei den früher zu festlichen Anlässen üblichen Pferderennen quer durch die Stadt mußten die Reiter an dieser Stelle eine scharfe Linkskurve vollziehen. Einem dieser jungen Reiter, Baltasar Montañez, gelang es nicht; er stürzte mit seinem Pferd über die Stadtmauer in die Tiefe. Was mit dem Reiter geschah, ist unklar, da sich die historischen Überlieferungen widersprechen; die einen berichten von einem Wunder, andere von einer Tragödie. Ein Augenzeuge des Unfalls gelobte, an der exakten Unglücksstelle eine Kapelle zu bauen. Wie dem auch sei, die Kapelle als Erinnerung an den glimpflichen oder weniger glücklichen Ausgang steht und soll vor weiteren Unglücken schützen.

Von der Kapelle aus schaut man auf das direkt unterhalb gelegene **La Princesa**. In dem grauen Gebäude, das bis 1976 als Gefängnis genutzt wurde, hat heute die Puerto Rico Tourism Company ihren Sitz (✆ 7 21-18 62). In den aufwendig

Die reich verzierte Fassade des Zollamts

renovierten Räumen finden regelmäßig Kunstausstellungen statt (Mo–Fr 9–12 und 13–16 Uhr, Eintritt frei, ✆ 7 21-24 00). Vor dem Gebäude erstreckt sich der 1993 fertiggestellte Paseo de la Princesa, der im Westen von einer großen Fontäne begrenzt wird. Die von dem spanischen Künstler Luis Sanguino gestaltete Bronze-Skulptur zeigt die indianischen, afrikanischen und spanischen Wurzeln Puerto Ricos als menschliche Gestalten.

Etwas weiter entfernt liegt in Richtung Bucht die stattliche Aduana, die hinter ihren pompösen

Mauern die Zollverwaltung beherbergt. Unmittelbar vor diesem Gebäude eröffnet sich die kleine Plaza Hostos, in deren Mitte unter alten Bäumen eine Bronzestatue mit dem Abbild des Politikers Eugenio Maria de Hostos steht. Beliebt ist der Platz vor allem bei alten Männern, die ihre Zeit hier gerne mit dem Domino-Spiel verbringen. Wendet man sich wieder zurück in Richtung Altstadt-Zentrum, dann laden zunächst vor der malerischen Kulisse der Capilla die Straßencafés zur Piña-Colada-Pause ein.

Schräg gegenüber der Capilla del Santo Cristo (Ecke Calle Cristo/Calle Tetuán) findet man die **Casa del Libro** (25), das Haus des Buches. In diesem Gebäude, ebenfalls aus dem 18. Jh., werden alte Manuskripte, Bücher und Dokumente aus der Gründungszeit San Juans sowie moderne Grafikarbeiten ausgestellt (Di–Sa 11–16.30 Uhr, Eintritt frei, ✆ 7 23-03 54).

Direkt nebenan in der Calle Cristo 253 steht das **Museo de Arte Puertoriqueña** (26; Fine Arts Museum), untergebracht in einem alten spanischen Palast. Es zeigt Exponate der puertoricanischen Kunst aus den letzten drei Jahrhunderten (Di–So 9.30–12 und 13–16.30 Uhr, Eintritt frei, ✆ 7 23-23 20).

Rund 20 m von der Capilla del Santo Cristo de la Salud entfernt befindet sich ein grün gestrichenes Häuschen in der Calle Tetuán (neben dem Gebäude mit der Hausnummer 103). Laut dem Guiness-Buch der Rekorde ist dies mit einer Breite von 1,50 m das schmalste der Welt. Es ist eingeklemmt zwischen den Nachbarhäusern, und man muß schon genau hinschauen, um es überhaupt zu entdecken.

Indianische Inselkultur wird im **Museo del Indio** (27, Casa de los Dos Zaguanes, Calle San José 109) ausgestellt. Neben Arbeiten aus Knochen, Muscheln und Holz sind auch Stein- und Keramikarbeiten verschiedener karibischer Indianerstämme zu sehen (Di–Mi und Fr–So 8.30–17.30 Uhr; Eintritt frei, ✆ 7 24-59 49).

Das Schiffsmuseum **Museo del Mar** (28) liegt direkt am Hafen, Pier One. Gezeigt wird eine Sammlung alter nautischer Instrumente, Schiffsmodelle, Seekarten, Gedenktafeln und Fotos aus der Kolonialzeit (Mo–Fr und So 8–16 Uhr, Eintritt frei, ✆ 7 25-25 32).

Im spanischen Kolonialhaus **Casa del Callejón** (29) aus dem 18. Jh., an der Ecke Calle Fortaleza/La Capilla gelegen, ist das Museo de la Arquitectura Colonial untergebracht, das Modelle der Festungen und Pläne sowie Dokumente der Kolonialzeit zeigt (Mi–So 9–16.30 Uhr, ✆ 7 24-59 49).

ℹ Information: Wie für einen Kitschfilm errichtet wirkt die rosafarbene La Casita Touristeninformation (✆ 7 22-17 09) in Viejo San Juan, neben Pier One an der Hafenbucht gelegen. In dem von Springbrunnen und Palmen eingerahmten Häuschen sind tgl. 9–17 Uhr Informationen abrufbar.

Viejo San Juan

Unterkunft: Das *Hotel El Convento*, das 1996 restauriert wurde, ist sicherlich eine der schönsten Herbergen in der Altstadt (Cristo 100, ✆ 7 23-90 20). Ebenfalls zu empfehlen sind die *Casa San José*, ein neues, stilvoll eingerichtetes Hotel (San José 159, ✆ 7 23-12 12, ab 170 US-$) und die *Galería San Juan* (Norzagaray 204, ✆ 7 22-18 08, ab 150 US-$), mit wunderschöner Dachterrasse (Meerblick).

Restaurants/Cafés: Besonders schön und anschaulich ist ein Besuch der Altstadt an einem ›kreuzfahrerfreien‹ Tag. Wenn sich dann nach 18 Uhr die Straßen leeren und die Händler dicke Vorhängeschlösser an ihre Türen hängen, sollte man seine Schritte zum Beispiel in die Calle Cristo lenken, um im Ristorante *Ambrosia* bei Linda ein Glas Wein zu trinken. Der Zauber längst vergangener Zeiten wird spürbar und läßt so manchen Besucher sich melancholisch und sehnsuchtsvoll alter Geschichten erinnern.

Obere Preisklasse: Die Szene stürmt das Restaurant *Amadeus*, direkt neben der Plaza San José gelegen (San Sebastián 106, ✆ 7 22-86 35, Di–So 12–2 Uhr, Reservierung erwünscht), das seit 1992 in frischem Rosa und Weiß erstrahlt. Geboten wird hier leichte Neue Küche mit puertoricanischen Anklängen. Im *La Chaumière* (Calle Tetuan 367, ✆ 7 22-33 30, So geschlossen, Reservierung!) kann man französische Spezialitäten genießen. Das Ambiente erinnert an ein typisches französisches Restaurant der gehobenen Klasse. Wer Lust auf exzellente japanische Küche hat, sollte das *Yukiku* (Calle Recinto Sur 311, ✆ 7 21-06 53) besuchen – seine Sushis gelten als die besten der Karibik.

Mittlere Preisklasse: Das *Mallorquina* (San Justo 207, ✆ 7 22-32 61), Reservierung nur abends nötig, So geschlossen) ist das älteste durchgängig bewirtschaftete Restaurant der Karibik. Geboten wird gute puertoricanische Küche. Ein Besuch lohnt sich – und wenn man nur ein Bier an der schönen, alten, hölzernen Bar trinkt. Ungewöhnliches wird im *Butterfly Peoples Café* geboten (Fortaleza 152, ✆ 7 23-24 32, So geschlossen). Gespeist wird in dem gemütlichen Restaurant im zweiten Stock inmitten einer großen Schmetterlingssammlung (internationale Küche). Im Café *Amandas* (Calle Norzagaray 424, ✆ 7 22-16 82) kann man gute mexikanische Küche genießen. Die Terrasse mit Blick aufs Meer und San Cristóbal ist auch beliebter Treffpunkt von durstigen Stadtlatinos, die nach Büroschluß hier einen Drink genießen. Wer gerne amerikanisch inspiriertes Fast-Food mag, ist im *El Patio de Sam* gut aufgehoben (Calle San Sebastián 102, ✆ 7 23-11 49).

Untere Preisklasse: Empfehlenswert ist ein Besuch im *La Bombonera*, Restaurant und Café zugleich (Calle San Francisco 259, ✆ 7 22-06 58). Das Gebäck im Eingangsbereich duftet verlockend. Eine lange Bar beherrscht den Gastraum, die Atmosphäre ist landestypisch und das Essen ausgezeichnet. Zum Relaxen laden die bequemen Schaukelstühle und Korbsessel inmitten eines Pflanzenmeeres im *Bistro Violeta* (Fortaleza 56, ✆ 7 23-68 04) ein. Für viele ist das Violeta das schönste Lokal der ganzen Stadt. In der gleichen Straße befindet sich das *Bistro Gambaro* (Fortaleza 320, ✆ 7 24-45 92), das gute und preiswerte puertoricanische Küche bietet. Mexikanische Snacks bietet das *Maria's* (Calle Cristo 204, ✆ 7 24-98 50), auch berühmt für seine tropischen Drinks.

Einkaufen: Zahlreiche Galerien, kleine Restaurants, Boutiquen, Juweliere und Souvenirshops lassen die

San Juan

Touristen zu den Eroberern der Altstadt werden. Die Hauptgeschäftsstraße ist die Calle Fortaleza, hübscher und exklusiver ist allerdings die Calle Cristo, in der sich auch eine kleine, stilvolle Einkaufspassage (202 Cristo) mit hübschen Shops befindet.

Nachtleben: In den zahlreichen Kneipen und Bars der Altstadt unterhalten lateinamerikanische und spanische Gitarrenspieler live, oder es treten Salsa-, Merengue-, Rumba-, Jazz- und Raggae-Bands auf. Oft dehnt sich das lebhafte Treiben bis in die engen Kopfsteinpflastergassen aus. Zu empfehlen sind unter anderen die *Don Pablo Bar-Galería* (Cristo 103), samstags Live-Musik; das *Maria's* (Cristo 204) und *Tiffany's Salon* (Cristo 213). Für weitere nächtliche Aktivitäten bieten sich Tanzlokale und Discotheken an, z. B. in den großen Hotels von Condado, Isla Verde und Santurce.

Rundfahrten: Wer Viejo San Juan nicht zu Fuß erkunden möchte, der kann kostenlos mit kleinen, offenen Bussen durch die Altstadt fahren. Haltestellen befinden sich überall in der Altstadt.

Post: U.S. General Post Office, San Juan Airport Station, ✆ 7 67-28 90.

Puerta de Tierra

Der Stadtteil Puerta de Tierra schließt östlich an die Altstadt von San Juan an. Der Name bedeutet »Tor zum Land« und ist darauf zurückzuführen, daß dieses Gebiet früher außerhalb der Stadtmauern von San Juan lag. Anfänglich lebten hier überwiegend in die Freiheit entlassene Sklaven.

Prägend für dieses Viertel sind die vielen Verwaltungseinrichtungen und die Gebäude der US-Marines. In Strandnähe stehen auch schon die ersten großen Luxushotels (z. B. das Caribe Hilton), Vorboten einer ganzen Kette, die sich nach Condado und Isla Verde hin fortsetzt.

Das **Fort San Jerónimo** (30) liegt an der Ostspitze von Puerta de Tierra. In der kleinen Festungsanlage aus dem Jahr 1788, die in das Meer hineingebaut wurde, ist ein Militärmuseum untergebracht. Dort sind alte Waffen, Uniformen aus verschiedenen Zeiten, Schiffsmodelle, Navigationshilfsmittel, Seekarten und andere Dokumente zu sehen (Mi–So 9–12 Uhr und 13–16.30 Uhr, Eintritt frei, ✆ 7 24-59 49).

An der Avenida Ponce de León, der Hauptverkehrsstraße des Viertels, liegt die in den zwanziger Jahren dieses Jahrhunderts angelegte Grünfläche **Parque Muñoz Rivera**. Sonntags treffen sich hier die in der Umgebung wohnenden puertoricanischen Familien, um an den

Puerta de Tierra

San Juan, Puerta de Tierra 30 Fort San Géronimo 31 Collegio San Augustin 32 Hogar Nuestra Señora de la Providencia 33 Escuela José Celso Barbosa 34 Primavera Iglesia Bautista de San Juan 35 El Capitolio 36 Casa de España 37 Bibliothek

zahlreichen Stränden mit T-Shirts, Schmuck, Handarbeiten, Getränken und Landesspezialitäten vorbeizubummeln. Etwas abseits des Weges steht der eigentlich als Theater dienende Pabellón de la Paz. Doch an den Nachmittagen sieht es eher aus wie im Spielzeugladen. Fahrräder, Skates, Elektro-Autos und ferngesteuerte Rennwagen jagen, gelenkt von Kindern, durch die große Halle. Das Carte Suprema, das höchste Gericht Puerto Ricos, liegt am östlichen Rand der Parkanlage.

Vom Park aus lohnt sich ein Spaziergang durch die Avenida Ponce de León bis nach Viejo San Juan (ca. 35 Minuten). In aller Ruhe lassen sich die herrschaftlichen Gebäude aus vergangenen Zeiten zu beiden Seiten der Avenida betrachten. Man kommt vorbei am großen **Collegio San Augustin** (31), an der rosagetünchten **Hogar Nuestra Señora de la Providencia** (32; Mo–Sa 9–11 und 15–17 Uhr) und an der nach dem puertoricanischen Politiker benannten Schule **José Celso Barbosa** (33).

Bereits in Sichtweite des Capitols liegt links der Avenida die hübsche Kirche **Primavera Iglesia Bautista de San Juan** (34). Sie wurde im Kolonialstil erbaut, renoviert und in den Farben altrosa und dunkelrot gestrichen. Besonders ansprechend ist der kleine Innenhof mit liebevoll herangezogenen Pflanzen. Schräg gegenüber vermutet man ein altem spanischen Adel gehörendes Schloß. Was sich allerdings in hellen Orange- und Rosatönen, aufwendig verziert wie Zukkerbäckereien, dem Betrachter zeigt, ist die medizinische Fakultät der Universität von San Juan.

Dominiert wird Puerta de Tierra vom puertoricanischen Parlamentsgebäude, **El Capitolio** (35),

San Juan

Die Casa de España ist Treffpunkt der spanischen Gemeinde von San Juan

ebenfalls an der Avenida Ponce de León gelegen, nur wenige Schritte von der medizinischen Fakultät entfernt. Der Grundstein für das von dem einheimischen Architekten Rafael Carmoega geplante Bauwerk wurde im Jahr 1925 gelegt. In dem weißen Gebäude mit dem mächtigen Kuppelbau, das an das – allerdings weitaus größere – Capitol in der amerikanischen Hauptstadt Washington erinnert, ist eine Urne mit einer Abschrift der Verfassung aus dem Jahr 1952 ausgestellt (Mo–Fr 8.30–17 Uhr, Führungen nach vorheriger Vereinbarung, ✆ 7 21-73 05, 7 21-73 10). In unmittelbarer Nähe des Capitols befinden sich auch die Verwaltungseinrichtungen und zentralen Behörden der Regierung.

Aufmerksamkeit erregt die **Casa de España** (36), die sich zwischen El Capitolio und Plaza de Colón befindet. Vor einem halben Jahrhundert haben sich auf der Insel lebende Spanier in einer Interessengemeinschaft zusammengetan und mit eigenen Mitteln dieses Haus finanziert. Heute finden unter dem mit blauweißen Schindeln gedeckten Dach Konferenzen, Miß-Wahlen, Hochzeiten und andere Festivitäten der spanischen Gemeinde

Puerta de Tierra/Condado

statt. Sehenswert ist der Innenhof mit seinen gekachelten Wänden und einer großen Freitreppe, die zu den Sälen im ersten Stock führt. Schöne Holzbänke laden zum Verweilen in der schattigen Kühle ein (tgl. ab 7 Uhr geöffnet, geschlossen wird sie irgendwann zwischen 14 und 16 Uhr).

Als letztes großes Bauwerk auf der Insel errichteten die Spanier das **Nationalarchiv und die Bibliothek San Juan** (37; Ponce de León 500). Im Jahr 1877 zunächst als Hospital erbaut, diente es später als Gefängnis, bevor es in diesem Jahrhundert als Zigarren- und Rumfabrik genutzt wurde. Neben Archiven und Lesesälen ist zu Ehren von Eugenio Maria de Hostos ein Raum eingerichtet worden, in dem Originalmöbel und Erinnerungsstücke des großen Literaten aus dem 19. Jh. ausgestellt sind (Mo–Fr 8–16.30 Uhr).

Unterkunft: *Caribe Hilton,* ✆ 7 21-03 03), Calle Los Rosales, EZ ab 240 US-$, DZ ab 275 US-$; *Radisson Normandie Hotel* (✆ 7 29-29 29), Ave. Muñoz Rivera, EZ ab 180 US-$, DZ ab 200 US-$. Das Radisson gefällt durch seine ausgefallene Bauweise und innenarchitektonische Gestaltung. Beide Hotels liegen direkt am Meer.

Restaurants/Cafés: *La Tasca* (✆ 7 22-24 10, 54 Muñoz Rivera Ave.), Fischspezialitäten; *Batey del Pescador* (✆ 7 21-03 03, Caribe Hilton Hotel), eines der besten Fischlokale der Insel; *Cathay* (✆ 7 22-66 95, 410 Ponce de León), chinesische Küche.

Condado

Von Puerta de Tierra aus gelangt man über die 1910 fertiggestellte, breite Puente los dos Hermanos nach Condado. Die Skyline des Viertels erinnert an Miami Beach, auch der Ort selbst ähnelt einer amerikanischen Vergnügungsstätte. In zahlreichen First-Class-Hotels – auf der schmalen Landzunge zwischen dem Atlantik und der Laguna de Condado gebaut – amüsieren sich vorwiegend Amerikaner und reiche Kubaner in Restaurants, Nightclubs und Casinos. Im luxuriösen Condado Plaza oder im Ambassador Plaza beginnt am Abend ein faszinierendes Nachtleben. Die den Hotels angeschlossenen Casinos setzen mit Roulette, Baccarat und Black Jack über 500 Mio. US-$ im Jahr um. Im Morgengrauen begibt ›man‹ sich dann entweder in die eigene Luxussuite an der Ave. Dr. Ashford (z. B. das Gebäude Ave. Dr. Ashford 1000, hier stehen Appartements ab 500 000 US-$ zum Verkauf) zum Schönheitsschlaf oder direkt zur im nahegelegenen Hafen festgemachten Yacht, um ein Champagnerfrühstück einzunehmen.

Früher ging man anschließend zum Shopping in die Ave. Dr. Ashford und Ave. Magdalena. Hier reihte sich ein Designerladen an

San Juan, Übersicht ▷

San Juan

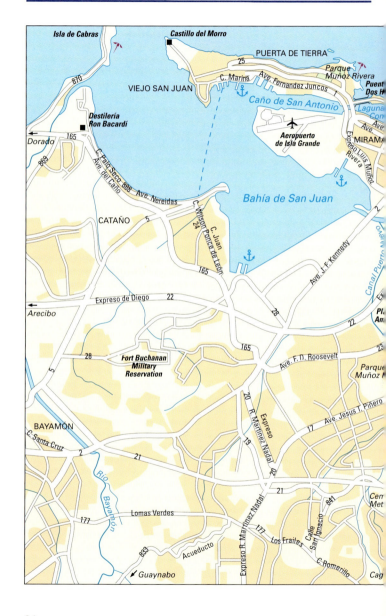

Condado

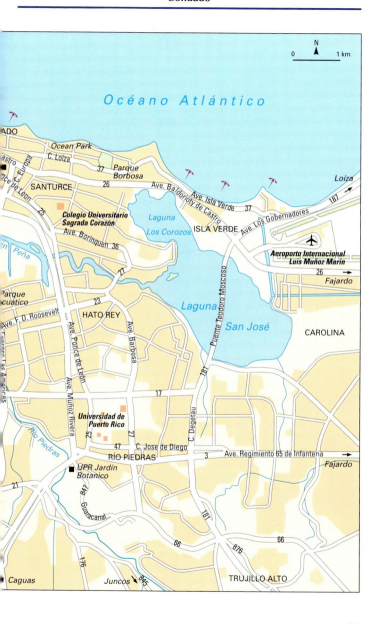

San Juan

den nächsten. Mittlerweile hat sich dieses Bild ein wenig gewandelt. Viele der teuren Läden sind verschwunden, als Folge der US-amerikanischen Wirtschaftskrise, die auch auf Puerto Rico ihre Spuren hinterlassen hat. Heute sind an deren Stelle viele Souvenirläden, Fast-Food-Ketten und Geschäfte getreten, in denen auch ›Normalsterbliche‹ gut einkaufen können.

Wer tagsüber einen Spaziergang durch ›Littel Miami‹ macht, findet zwischen Hochhäusern und Hotels unvermutet schöne Jugendstilvillen mit wunderbaren tropischen Gärten. Sie sind die letzten Zeugen der Vergangenheit, als Condado noch exklusives Wohnviertel des puertoricanischen und spanischen Geldadels war.

Wer nachts auf der Vergnügungswelle mitschwimmen möchte, sollte allerdings nur im Auto vorfahren. Vor allem am Stand kommt es häufiger zu Raubüberfällen. Und wenn man auf der Ave. Dr. Ashford von einer jungen, hübschen Dame angesprochen wird, so sollte man zur rechten Einschätzung des Kontaktes wissen, daß auf dieser Straße viele Prostituierte ›lustwandeln‹.

Der nicht zu übersehende **Sala de Convenciones** an der Ave. Dr. Ashford ist das größte Veranstaltungszentrum in der ganzen Karibik. Die Räumlichkeiten bieten Platz für über 4000 Besucher. Hier finden u. a. das LeLoLai-Festival und einige Konzerte aus dem Programm des Casals-Festival statt.

Information: Im Sala de Convenciones befindet sich eine Auskunftsstelle für Touristen; das Condado Tourism Information Center (✆ 7 22-15 13) ist an Wochentagen von 9–17 Uhr geöffnet.

Unterkunft: Luxushotels: *Ambassador Plaza* (✆ 7 21-73 00, 1369 Ashford), zwischen 180 und 270 US-$; *Condado Plaza* (✆ 7 21-10 00, 999 Ashford), ab 310 US-$; sehr zu empfehlen ist das *San Juan Mariott* (Ashford Ave. 1309, ✆ 7 22-70 00), ab 265 US-$.
Mittelklasse: *Condado Lagoon Hotel* (Clemenceau 6, ✆ 7 21-01 70), ab 80 US-$; *El Canario by the Lagoon Hotel* (Clemenceau 4, ✆ 7 22-50 58), ab 85 US-$; *El Canario Inn* (Ashford Ave. 1317, ✆ 7 22-38 61) ab 75 US-$.
Einfache Hotels/Guest Houses: *Arcade Inn* (✆ 7 25-06 68, 8 Taft), ab 45 US-$; *Casablanca* (✆ 7 22-71 39, 57 Caribe), zwischen 35 und 45 US-$; *Embassy* (✆ 7 25-82 84, 1126 Seaview), ab 45 US-$; zu empfehlen ist auch das *Ocean Walk Guest House* (Calle Atlantic 1, ✆ 7 28-08 55), das in einem alten spanischen Haus eingerichtet wurde.

Restaurants: Im *Condado Plaza Hotel* (999 Ashford Ave., ✆ 6 24-04 20) treffen sich nicht nur nachts die Spieler; tagsüber und abends haben die Gourmets die Qual der Wahl: Sechs verschiedene Restaurants laden zur ›Völlerei‹ ein. Besonders empfehlenswert sind das *Lotus Flower,* eines der besten Chinarestaurants der Insel, und das *Sweeny,* ein exzellentes Fischrestaurant. Das *Los Faisanes* (Av. Magdalena 1108, ✆ 7 25-28 01) ist eines der elegantesten Restaurants von San Juan und bietet französisch und italienisch inspirierte Küche. In einem hübschen Haus ist das Restaurant *Ramico's* unter-

Abend in Condado

gebracht (Av. Magdalena 1106, ✆ 7 21-90 49). Hier kann man ›Neue Kreolische Küche‹ probieren. Zu empfehlen ist auch das Restaurant *Compostela* (Av. Condado 106, ✆ 7 24-60 88), in dem spanisch gekocht wird. Familiär geht es im Restaurant *Oasis* zu (Ashford Ave. 1043, ✆ 7 24-20 05). Die cubanischen Speisen sind gut, die Portionen reichlich und die Preise erstaunlich niedrig.

Discotheken: Mehr als 400 Tänzer haben im *Sirena's* im Condedo Beach Trio Hotel Platz (✆ 7 21-60 90). Vor allem bei jungen Leuten beliebt ist das *Peggy Sue* (Roberto H. Todd Ave., ✆ 7 22-47 50), Fr und Sa live-Musik. Der *Laguna Night Club* (Barranquitas 53, ✆ 7 25-42 49) ist einer der bekanntesten Homosexuellentreffs in San Juan. Di, Do–Sa finden Revues statt.

Isla Verde

Trotz der zahlreichen Starts und Landungen auf dem internationalen Flughafen von San Juan hat sich in unmittelbarer Nähe in Isla Verde ein weiteres Luxushotel-Zentrum entwickelt. Der Lärm der Flugzeuge scheint die Gäste nicht zu stören. Die Hotels liegen wie Perlen an einer Kette aufgereiht direkt am Strand. Von den hier wohnenden

San Juan

Touristen nutzt nur eine recht geringe Anzahl den direkt vor den Hotelzimmern liegenden, mit Palmen und indischen Mandelbäumen gesäumten Strand; die meisten vergnügen sich an den prächtigen Swimmingpools der Hotels.

Der Strand zwischen Isla Verde und Condado, Ocean Park genannt, ist aber auf jeden Fall ein Eldorado für Surfer. Diese zeigen bei starkem Wind nicht nur ihr Können, sondern auch die aktuellste Surfermode. Bei den sportlich Aktiven handelt es sich meist um Besucher aus Nordamerika und Europa, die Puertoricaner selbst scheinen dagegen größeren Gefallen an den motorgetriebenen Jet-Skis gefunden zu haben, mit denen sie an den Wochenenden stolz vorfahren.

Im **Club Gallístico** in Isla Verde – der größten Anlage dieser Art mit 1000 Sitzplätzen – finden Hahnenkämpfe Sa von 13–19 Uhr statt. Oder man trifft sich im Holzverschlag der Kampfarena Canta Gallo in der Nähe der Calle Esquilin. Puertoricaner sagen allerdings, daß dieser Ort nur für »very local people« geeignet sei. Informationen zum Hahnenkampf in San Juan und Umgebung sind erhältlich im Club Gallístico, Isla Verde (✆ 7 91-60 05, 7 91-15 57), im Club Gallístico, Trujillo Alto (✆ 7 60-88 15) oder in der Gallera Las Palmas (✆ 7 40-42 75, Balneario Hato Tejas, Bayamon, Route 2, km 13,8).

Unterkunft: Luxushotels: *El San Juan Hotel & Casino* (✆ 7 91-10 00, Isla Verde, Route 37), Zimmer ab 300 US-$, geschmackvolle, luxuriöse Ausstattung, exzellenter Service; *Sands* (✆ 7 91-61 00, Route 37), ab 300 US-$; *Holiday Inn Crowne Plaza* (✆ 2 53-29 29, Route 187, km 1,5), ab 200 US-$, neues, schönes Hotel, direkt am Flughafen gelegen.
Mittlere Preisklasse: *Carib Inn* (✆ 7 91-35 35, Route 187), ab 100 US-$; *Casa de Playa* (✆ 7 28-97 79, 86 Isla Verde), ab 90 US-$.
Einfache Hotels/Guest Houses: *Borinquen Royal* (✆ 7 28-84 00, 58 Isla Verde), 70 US-$; *El Patio* (✆ 7 26-62 98, 87 Tres O., Villamar), 60 US-$; *Playa* (✆ 7 91-11 15, 6 Amapola), ab 80 US-$.

Restaurants: Kubanische Küche bietet das *Metropol* (✆ 7 91-40 46, ✆ 7 91-55 85) schräg gegenüber dem Hotel El San Juan. Das *Marina Restaurante* (✆ 7 28-46 76, 7 28-36 28, 11 Baldorioty Marginal) ist von 12–24 Uhr durchgehend geöffnet. Hier wird guter Fisch zubereitet und zur Happy Hour zwischen 17 und 19 Uhr werden vorzügliche Cocktails gemixt. *Duffy's Inn* (✆ 7 26-14 15, 9 Isla Verde, Happy Hour von 16–19 Uhr) ist ein gemütliches, kleines Restaurant, das Speisen und Getränke zu zivilen Preisen anbietet. Wer dagegen Lust auf elegante Atmosphäre am Abend hat, der sollte in einem der Spitzenrestaurants des El San Juan Hotels dinieren: vielleicht chinesisch, im *Back Street Hong Kong* (✆ 7 91-12 24), italienisch im romantischen *Piccola Fontana* (7 91-12 71) oder exquisite Fischspezialitäten im *Dar Tiffany* (✆ 7 91-72 72) genießen.

Discotheken in Isla Verde: *Amadeus Disco* (✆ 7 91-10 00, Route 37), im El San Juan Hotel; *Copa* (Av. Isla Verde, ✆ 7 91-61 00) im Sands Hotel, Mi–So allabendliche Shows.

Miramar und Santurce

Etwas landeinwärts, zwischen den beiden Lagunen Condado und San José, liegen die Stadtviertel Miramar und Santurce. In Miramar erinnern noch einige alte, aus der Jahrhundertwende stammende Wohnhäuser an bessere Zeiten des Viertels, das heute ein wenig heruntergekommen erscheint. Findet man etwas Zeit für einen Bummel durch die Straßenzüge, entdeckt man aber immer wieder architektonische Kleinode zwischen den sonst wenig einladenden Bauten. Daß hier früher auch viele Seeleute lebten, davon zeugen heute noch zahlreiche Bars, zum Teil mit Oben-Ohne-Bedienung, in denen Rum und Bier in Strömen fließen.

Zwischen Miramar und Santurce verläuft der auf der ganzen Insel bekannte Minillas-Tunnel. Den Spitznamen *carwash* trägt er deshalb, weil die Decke des Straßentunnels undicht ist und es regelmäßig hineinregnet. Das erst nach dem zweiten Weltkrieg errichtete Geschäftszentrum Santurce erinnert – wie Condado – an nordamerikanische Verhältnisse. Hauptgeschäftsstraße in diesem dicht bebauten Stadtteil ist die Avenida Ponce de León. Viele Puertoricaner arbeiten in Santurce und bringen somit morgens und abends den Verkehr zum Erliegen.

Santurce ist bekannt für seine eleganten Restaurants, in denen sich Geschäftsleute zum lukullischen *business talk* treffen. Daneben bieten die kleinen Fondas nicht nur Essen zu günstigeren Konditionen an, hier geht es auch ungezwungener und lustiger zu. Santurce hat in jüngerer Vergangenheit allerdings einiges an Exklusivität eingebüßt, da viele Geschäftsleute ihre Läden nach Hato Rey verlagert haben.

Von touristischem Interesse sind in Santurce das **Colegio del Sagrado Corazón** (Sacred Heart Universität) und das Centro Bellas Artes. Das in dem klassischen Barat-Gebäude untergebrachte Colegio (✆ 2 68-00 49) beherbergt ein Museum zeitgenössischer puertoricanischer Kunst, das Skulpturen, Malereien und Zeichnungen ausstellt (Di-Sa 9–16 Uhr).

Das **Centro Bellas Artes** an der Kreuzung der Avenidas De Diego und Ponce de León wurde 1981 erbaut. Das elegante, in Marmor und Granit gehaltene, eindrucksvolle Foyer weist schon darauf hin, daß das Zentrum für die Schönen Künste zu den größten und am besten ausgestatteten Einrichtungen dieser Art im karibischen Raum zählt. In den Festival-, Dramen- und Experimentierhallen geben sich Künstler aus aller Welt ein Stelldichein. Konzerte und Opern von internationalem Rang sind hier (fast) an der Tagesordnung. Herausragend ist das jährlich im Juni stattfindende, dreiwöchige Casals-Festival. Dann wird die kleine Karibikinsel zum Mekka für erstklassige Cellisten, Violinisten, Pianisten und Di-

Hahnenkampf

Der Sport der Gentlemen

Während sich der Stierkampf auf Puerto Rico nie durchsetzen konnte, hat eine andere alte spanische Tradition viele Anhänger auf der kleinen Karibikinsel gefunden: Der Hahnenkampf, der hier als »Sport des Gentleman« bezeichnet wird, blieb auf der Insel zurück, als die Kolonialisten das Feld räumen mußten, und erfreute sich alsbald größter Beliebtheit.

Schon am 5. April 1770 fand das erste derartige Schauspiel statt und es wurde so populär, daß ein wenige Jahre später erlassenes Verbot der blutigen Kämpfe wirkungslos blieb und die Obrigkeit sich schließlich dazu veranlaßt fühlte, diese Freizeitbeschäftigung 1782 wieder zu erlauben. Wegen der »unmenschlichen Behandlung der Tiere« – so die offizielle Begründung – wurden Hahnenkämpfe nach dem Einmarsch der US-Truppen erneut verboten. Dies steigerte die Attraktivität, und man führte die fortan illegalen Spiele weiterhin durch. Erst 1933 legalisierte der amerikanische Gouverneur die Hahnenkämpfe wieder; er wollte diesen Schritt als ein Zugeständnis an die Bevölkerung verstanden wissen. In der Folgezeit wuchs die Attraktivität weiter und der Hahnenkampf wurde mit der Zeit zu einer Art Nationalsport der Insulaner.

In den *galleras,* kleinen Arenen, finden die Kämpfe statt. Dutzende von hochgezüchteten und trainierten Hähnen warten an einem Wettkampftag in kleinen Käfigen neben der *gallera* auf ihren großen Einsatz, derweil sie von den Gästen gemustert und intensiv begutachtet werden. Je nach Einschätzung der ›Hackfähigkeit‹ der Tiere schließen die Besucher nämlich Wetten ab, teilweise von beträchtlichen Summen. Wettpapiere werden aber nicht ausgestellt, statt dessen gilt das *palabra de caballero,* das Ehrenwort des Gentleman. Darauf ist auch die wohlklingende Umschreibung für die Tierquälerei – Sport des Gentleman – zurückzuführen.

In der Arena stehen sich dann immer zwei Hähne gegenüber. Doch bevor der Gong – wie beim Boxen – zum Auftakt erklingt, werden die Streithähne von ihren Trainern aggressiv gemacht. Die Tiere gehen anschließend äußerst brutal aufeinander los – unter dem blutrünstigen Gejohle der hier versammelten Männerwelt. Frauen finden sich nur selten im Publikum, und wenn, scheinen sie mehr an den Herren als am Hahnenkampf selbst interessiert zu sein. Nach zehn bis 15 Minuten, vielen verlorenen Federn und einigem geflossenen Blut liegt eines der Tiere zerfleddert am Boden und ist meist nur noch für den Koch-

Hahn in den Bergen – auf der Flucht?

topf zu gebrauchen. Der Sieger wird dagegen gefeiert, vor allem von denjenigen Gästen, die auf den Hahn gesetzt haben.

Nach Beseitigung der Kampfspuren in der *gallera* und einer kleinen Pause startet das nächste Paar, und das Spiel beginnt wieder von vorne, bis schließlich nach vier bis sechs Stunden die Glocke zum letzten Gefecht erklingt. Entsprechend hoch ist der Verschleiß an Tieren bei einem dieser ›gesellschaftlichen Ereignisse‹.

rigenten aus aller Welt, die aufgrund ihrer Verehrung für Pablo Casals an dieser Veranstaltung teilnehmen. Nach dem Tod des Maestro hat die sog. »Casals-Familie« (Rudolf Serkin, Alexander Schneider, Isaac Stern, Mieczyslaw Horszowski, Eugen Istomin) die Vorbereitung und Organisation des Musikfestes übernommen. Informationen und Karten (ab 15 US-$) sind erhältlich im Centro Bellas Artes (✆ 7 24-47 47).

Früchte, Gemüse und andere Lebensmittel werden auf dem Santurce-Markt angeboten, der in einem alten Gebäude an der Calle Casals untergebracht ist. Hier darf beim Kaufen noch gehandelt werden. Er ist allerdings nicht so groß und belebt wie der bekanntere Markt in Río Piedras.

Restaurants: *Augusto's Cuisine* (✆ 7 25-77 00, Excelsior Hotel, 801 Ponce de León), internationale Küche der Spitzenklasse; *La Casona*, (✆ 7 27-27 17, 32 29, 609 San Jorge) eines der besten spanischen Restaurants der Insel, sogar mit Tischmusik.

Hato Rey und Río Piedras

Südlich von Santurce liegen Hato Rey und Río Piedras. In **Hato Rey** haben sich die großen Banken der Insel in repräsentativen Hochhausbauten niedergelassen. Deshalb wird dieses Viertel von den Puertoricanern auch als »Goldene Meile« oder »Karibische Wall Street« bezeichnet. Die hier operierenden Banken profitieren von einem 1989 in Kraft getretenen sog. Offshore-Banking-Gesetz, welches den Finanzplatz Puerto Rico für Investoren attraktiv macht. Deshalb trifft man hier auf mehr und größere Banken, als eigentlich erwartet werden könnte.

Besuchenswert in Hato Rey ist das **Plaza Las Américas** an der Schnellstraße Las Américas, eines der größten Einkaufszentren in der Karibik. Wer Spaß am Einkaufen und Bummeln hat, sollte einen Besuch einplanen. Über 200 Geschäfte sind hier untergebracht: Juweliere, Nobelboutiquen, Schuhsalons, Buchläden, Galerien, Banken, Restaurants, der beste Krawattenladen von San Juan und ein Kino. Darüber hinaus bieten rund zwei Dutzend verschiedene Fast-Food-Lokale den hungrigen Einkäufern ihre ›Schlemmer-Gerichte‹ an (Mo–Do und Sa 9.30–18 Uhr, Fr 9.30–21.30 Uhr).

Nur etwas größer als das Einkaufszentrum ist der neu angelegte **Parque Luis Muñoz Marín** an der Route 18, Expreso Las Américas (Time out Family Amusement Center, ✆ 7 53-06 06, tgl. 9.30–22.00 Uhr). Die Grünanlage für die hier lebende Bevölkerung ist mit einigen hübschen Gärten, Teichen und einer kleinen Bimmelbahn ausgestattet. Über gut ausgebaute Spazierwege erreichen die Puertoricaner leicht die Spiel- und vor allem

Pablo Casals

Erst Mensch, dann Künstler

Die Kritiker sind sich darüber einig, daß der spanische Cellist, Dirigent und Komponist, der die letzten zwanzig Jahre seines Lebens auf Puerto Rico verbrachte, zu den bedeutendsten Vertretern unter den modernen Cellisten gehört; einige halten ihn sogar für den größten aller Zeiten. Wer Leben und Werk Casals begreifen will, muß wissen, daß für ihn selbst das Cello mehr war als nur ein Musikinstrument. Immer wieder betonte er, zuerst Mensch und dann Künstler zu sein. Er fühlte sich dem Wohlergehen seiner Mitmenschen verpflichtet und versuchte, dieser Verpflichtung mit Hilfe seiner Musik nachzukommen. Diese war für ihn ein Ausdrucksmittel, um nicht nur Sprachgrenzen, sondern auch politische und nationale Grenzen zu überwinden.

1876 wurde Pablo Casals in Vendrell, Katalonien, als Sohn des spanischen Organisten Carlos Casals und seiner Frau Pilar Defilló, einer Puertoricanerin, geboren. Schon im frühen Kindesalter spielte Pablo Klavier, Geige und Orgel. Als er mit elf Jahren zum ersten Mal die Klänge eines Cellos vernahm, stand seine Entscheidung fest: Er mußte dieses wundervolle Instrument, das so »zarte, schöne, menschliche« Töne hervorbrachte, unbedingt beherrschen!

Seine Mutter, eine eindrucksvolle Persönlichkeit, glaubte fest an Pablos Berufung zum Cellisten. Sie setzte gegen den Willen des Vaters durch, daß der begabte Sohn eine Musikausbildung erhielt und nicht, wie geplant, eine Schreinerlehre absolvieren mußte. So kam Casals mit elfeinhalb Jahren nach Barcelona und besuchte dort die städtische Musikschule. 1891 erhielt er ein Stipendium von der spanischen Königin Maria-Cristina für das Studium am Konservatorium in Madrid und später in Brüssel. Doch die Ausbildung in Belgien entsprach nicht Casals Vorstellungen und so ging er kurze Zeit später nach Paris, um dort seine Studien fortzusetzen. Finanzielle Schwierigkeiten zwangen ihn jedoch bald wieder zur Rückkehr nach Barcelona.

In Spanien hatte Casals mehr Glück: 1897 wurde er Lehrer am Konservatorium in Barcelona und konnte über ein erstes bescheidenes Gehalt verfügen. Ein Jahr später ging er ein zweites Mal nach Paris. Diesmal konnte er als Cellist unter dem französischen Dirigenten Lamoureux große Erfolge feiern. Es folgte die Zeit der Tourneen, die Casals durch die ganze Welt führten. Sein Terminkalender war völlig ausgebucht, oft gab er in einem Jahr über 250 Konzerte.

1936 brach in Spanien der Bürgerkrieg aus, der das Ende der Republik und den Anfang der Franco-Diktatur bedeuten sollte. Casals war von der Entwicklung tief betroffen und begann, seine Musik für Freiheit und Demokratie einzusetzen. Er gab in der ganzen Welt Konzerte zur Unterstützung der Demokratiebewegung in Spanien: »Die einzigen Waffen, die ich hatte, waren mein Cello und mein Taktstock.« Er schuf sich mit seinen klaren Aussagen viele Feinde im Franco-Regime. Als Ausweg aus dieser kritischen Situation blieb nur das Exil. So verließ er 1939 Spanien, um zunächst in den französischen Pyrenäen zu leben. Obwohl Casals seine Heimat nie wieder gesehen hat, ließ sein politisches Engagement für seine Landsleute nicht nach. Er unterstützte mit Wohltätigkeitsveranstaltungen spanische Flüchtlinge, z. B. durch das alljährlich stattfindende Bach-Festival in Prades, und sagte Konzerte in allen Ländern ab, die das Franco-Regime anerkannten.

Beim zweiten Bach-Festival, im Jahr 1951, lernte der inzwischen über Siebzigjährige die damals vierzehn Jahre alte Puertoricanerin Martita Montañez, seine spätere Frau, kennen. Vier Jahre später, im Winter 1955, reiste Casals mit Martita zum ersten Mal nach Puerto Rico. Er äußerte sich damals begeistert: »Für mich war Puerto Rico Liebe auf den ersten Blick! Nun sah ich mit eigenen Augen, was mir meine Mutter von der Schönheit dieser Gegend erzählt hatte: die blitzende See, die Berge mit ihren vielen Blumen und Farnkräutern, die massigen Wolkenformationen und die leuchtenden Zuckerrohrfelder – mir verschlug es den Atem. Aber vor allem nahmen mich die Menschen für sich ein mit ihrer Würde, Freundlichkeit und Wärme.«

Während seines Besuches auf der Insel traf Casals auf den damaligen Gouverneur Luis Muñoz Marín, der nicht nur die puertoricanischen Lebensbedingungen verbessern und die Armut bekämpfen, sondern auch das kulturelle Niveau anheben wollte. Marín schlug Casals vor, auf Puerto Rico die Leitung eines geplanten, alljährlich stattfindenden Musikfestivals zu übernehmen. Die Entscheidung fiel dem Cellisten nicht schwer, denn immer wieder hatte er betont, wie wohl er sich auf der Insel fühlte. Besonders berührte ihn der Gedanke, daß er auf diese Weise vielleicht der Heimat seiner Mutter einen Dienst erweisen könne. So zog er 1956 mit seiner Ehefrau Martita auf die karibische Insel.

Ein Jahr später erlitt er, kurz vor der Eröffnung des ersten Pablo Casals-Festivals, eine Herzattacke. Dank guter ärztlicher Betreuung, der

Pablo Casals

Pablo Casals,
Gemälde von
Oskar Kokoschka,
1954

liebevollen Pflege von Martita und seinem ungebrochenen Willen, Cello zu spielen, erholte sich Casals recht schnell. Kurz nach seiner Genesung gründete er das erste puertoricanische Symphonieorchester und half somit beim Aufbau des Konservatoriums für Musik.

Auch im hohen Alter ließ Casals politisches Engagement nicht nach. Im Sommer 1958 schloß er sich Albert Schweitzers Appell gegen den Kalten Krieg an. 1962 brachte der Maestro sein Oratorium *El Pesebre,* das er während des Zweiten Weltkrieges komponiert hatte, zur Aufführung und feierte damit Triumphe in aller Welt. Die Botschaft von *El Pesebre* (Die Krippe) verkündet, ähnlich wie die Weihnachtsgeschichte, Friede und Brüderlichkeit unter den Menschen.

El Pesebre tauften Casals und seine Frau auch ihr kleines Landhaus am Strand in der Nähe des Dorfes Ceiba, nahe Fajardo. Casals liebte den Ort über alles: »Der Himmel ist unbeschreiblich. Nie habe ich solche Sonnenuntergänge, solche phantastischen Wolkenbildungen erlebt.« Hier starb er am 22. Oktober 1973 im Alter von 97 Jahren.

San Juan

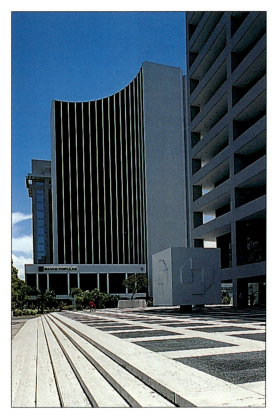

Im Bankenviertel
Hato Rey

die beliebten Picknickplätze. Der Wasser-Freizeitpark Plaza Acuática (Expreso Las Américas, gegenüber dem Einkaufszentrum) bietet Besuchern die Möglichkeit zu allen erdenklichen Spiel- und Sportarten auf, im und am Wasser. Gerne geben die Puertoricaner hier ihre Kinder ab, um sich anschließend ›unbeschwert‹ dem Einkaufsvergnügen im Plaza Las Américas hingeben zu können (tgl. 9.30–22 Uhr, ✆ 7 54-95 95).

Etwas weiter südlich liegt **Río Piedras.** Der Stadtteil, 1714 gegründet als eigenständige Gemeinde, wurde 1951 San Juan einverleibt. Die Plaza mit der katholischen Kirche und einer kleinen Grünanlage bildet das Zentrum des Viertels. Oft treffen sich hier die Alteingesessenen zu einer Runde

Hato Rey und Río Piedras

Domino und einem gemütlichen Plausch. Busse fahren von der Plaza aus zu allen größeren Orten der Insel.

Río Piedras ist ein attraktives Einkaufsviertel. Die Preise in den Geschäften in der Paseo de Diego, der Fußgängerzone und Hauptgeschäftsstraße, sind wesentlich niedriger als im Einkaufszentrum Plaza Las Américas. Sogar von den karibischen Nachbarinseln kommen Menschen per Flugzeug, um hier billig einzukaufen.

Berühmt für die Vielzahl der angebotenen Produkte – von exotischen Früchten bis hin zu Textilien – ist der Mercado von Río Piedras. Die beste Zeit für einen Besuch sind die frühen Morgenstunden, wenn die ankommenden Bauern ihre Wagen abladen. In den belebten Seitenstraßen um die Plaza del Mercado mit der imposanten Iglesia Nuestra Señora del Pilar bieten Puertoricaner Haarschmuck, Sonnenbrillen, Uhren, Zeitschriften, Kosmetika, Musikkassetten und Lotterielose an.

Am nördlichen Randbezirk von Río Piedras, zwischen der Ave. Ponce de León und der Ave. Barbosa, befindet sich die unbedingt besuchenswerte **Universidad de Puerto Rico**. In der 1903 gegründeten Universität, die auch auf dem US-Festland einen ausgezeichneten Ruf genießt, sind rund 25 000 Studenten eingeschrieben. Sie unterhält Außenstellen in den größeren Städten der Insel. Gelehrt werden Naturwissenschaften, Wirtschafts- und Sozialwissenschaften, Geisteswissenschaften, Kunst, Architektur und Medizin.

Die Hochschulbauten selbst stehen jenen in Cambridge und Oxford an Schönheit nicht nach. Vom Haupteingang (Ave. Universidad) schreitet man durch eine Palmenallee auf das 1934 errichtete, prunkvolle Hauptgebäude zu. Aufwendig verziert mit Steinmetzarbeiten und in gedämpften Pastell- und Goldtönen bemalt sind das Portal und der Uhrenturm mit Glockenspiel.

Die Halle des Hauptgebäudes, in dem der Akademische Rat untergebracht ist, wirkt dagegen eher schlicht. Auffallend ist eine Einlegearbeit in Messing auf dem Boden mit den Wappen aller Staaten des amerikanischen Kontinentes, die hier geloben, Forschung und Lehre zu fördern. Hinter dem Senado Académico liegt der Campus, ein tropischer Innenhof, umgeben von weiteren Prunkbauten. Zu allen vier Seiten befinden sich Arkaden.

Verläßt man den Campus wieder an der Nordseite, steht gleich gegenüber, an der Ave. Universidad, das Gebäude der José H. Lázaro-Bibliothek. Sie ist die größte der Insel und verfügt neben allgemeiner Literatur über zwei besondere Bereiche, die karibische Nationalbibliothek und die puertoricanische Sammlung. Da die Öffnungszeiten variieren, empfiehlt sich vorherige Information (✆ 7 64-00 00).

Im Universitätsmuseum, das neben der Bibliothek errichtet worden ist, kann eine umfangreiche Gemäldesammlung mit Bildern von Francisco Oller und José Campeche bewundert werden. Außerdem zeigt das Museum archäologische Funde aus der Taíno-Zeit (Eintritt frei, Mo–Mi und Fr 9–16.30 Uhr, Do 9–21.00 Uhr, Sa 9–15 Uhr, ✆ 7 64-24 52).

Politisch Interessierte suchen gerne das **Museo Muñoz Marín** an der Route 181 bei Trujillo Alto auf. Es ist Archiv, Museum und Garten zugleich und gewährt einen Einblick in das Leben und Wirken von Luis Muñoz Marín, dem früheren Gouverneur von Puerto Rico und Staatsmann mit hohem internationalem Ansehen. Hier finden sich vor allem viele Fotos, Vorträge und Briefe des wegen seiner außergewöhnlichen Verdienste auf der Insel sehr verehrten Politikers (Di–Sa 9–15 Uhr, Führungen in regelmäßigen Abständen; für Gruppenbesuche Reservierungen erforderlich).

Verläßt man Río Piedras auf der Ave. Muñoz Rivera in südlicher Richtung, dann liegt zu beiden Seiten der Route 1 der **Botanische Garten,** eine der schönsten Anlagen dieser Art auf ganz Puerto Rico. Hier unterhält das Agrarinstitut der Universität sein Forschungs- und Versuchsgelände (Estación Experimental Agricola). Der Eingang befindet sich an der Kreuzung der Routen 1 und 847. Die Wege in der großen, gepflegten Grünanlage sind geteert und mit dem Auto befahrbar. Bemerkenswert sind vor allem die Bambusalleen, der Orchideengarten, die Lotuslagune und die Anpflanzungen unterschiedlicher Palmenarten (Di–So 9–16.30 Uhr, Eintritt frei, ✆ 7 66-07 40).

Cataño

Cataño liegt auf der von Viejo San Juan aus betrachtet gegenüberliegenden Seite der Bucht. Es ist vom Stadtzentrum aus über die Routen 22 und 165 mit dem Auto erreichbar, netter ist aber die Anreise durch die Bucht von San Juan mit der Fähre (ab Pier 2, neben dem Terminal Turísmo, alle 30 Minuten von 6.15–22 Uhr). Bei der Überfahrt kann man einen ausgezeichneten Blick auf El Morro und Viejo San Juan genießen.

In dem mit einer Ausdehnung von 11 km^2 kleinsten Municipal der Insel leben knapp 30 000 Menschen. Der Vorort wird geprägt durch die großen Anlagen der **Destilería Ron Bacardi,** des weltgrößten Herstellers von Rum. Inselbesucher, die nicht nur den Bacardi-Rum zum Sonnenuntergang genießen wollen, sondern auch Interesse an dem Herstellungsprozeß des hochprozentigen Getränkes haben, sei der (kostenfreie) Besuch des Bacardi-Geländes empfohlen. Sicherlich wird man dort auf große Touristenscharen treffen: Über 125 000 Besucher zählt das Unter-

250 000 Liter Rum am Tag

Das Imperium der Bacardis

Das Firmenzeichen in der Eingangshalle des Unternehmens erinnert an Batman, den amerikanischen Supermann der 90er Jahre. Die Fledermaus mit den weit ausgebreiteten Flügeln ist das Markenzeichen des größten und bekanntesten Rumherstellers der Welt, der Bacardi Corporation.

Bacardi ist heute genauso untrennbar mit Puerto Rico verbunden wie der Frosch El Coquí. Dabei begann die Geschichte des Unternehmens auf einer ganz anderen Karibikinsel. 1830 emigrierte der damals 14 Jahre alte Don Facundo Bacardi y Masó mit seinen Eltern von Spanien nach Kuba. Schon bald zeigte sich seine Veranlagung zum Geschäftsmann. 15 Jahre später war er nicht nur stolzer Vater von drei Söhnen, sondern auch einer der erfolgreichsten Weinhändler der Insel. Damit jedoch noch lange nicht zufrieden, entschloß sich Don Facundo, das Familienunternehmen auszuweiten. Da Kuba mehr oder weniger einer einzigen großen Zuckerrohrplantage glich und die Zuckerproduktion auf Hochtouren lief, lag es nahe, aus dem Abfallprodukt Melasse durch Gärung und Destillierung Rum zu gewinnen. Ein Experiment folgte dem nächsten, bis es Don Facundo endlich gelang, ein Verfahren zur Herstellung von qualitativ hochwertigem, mild schmeckendem Rum zu entwickeln. Der große Coup war damit gelungen und der Grundstein für den weltweiten Ru(h)m der Bacardi-Familie gelegt.

Bis 1936 wurde Bacardi-Rum ausschließlich auf Kuba hergestellt und durch einen Handelspartner in den USA vertrieben. Aufgrund relativ hoher Zölle entschied sich die Familie dann, einen Teil der Produktion nach Puerto Rico zu verlagern. Die Versorgung mit dem Rohstoff Melasse war auf der karibischen Nachbarinsel sichergestellt: Seit 1515 pflanzten spanische Siedler dort Zuckerrohr an und hatten – da der Bedarf an Zucker auf den Märkten unersättlich schien – große Plantagen angelegt. Als Bacardi sich für den neuen Standort entschied, war Puerto Rico einer der größten Zuckerrohrproduzenten Mittelamerikas.

Noch im gleichen Jahr entstanden in der Umgebung San Juans drei kleine Destillerien. Büros und Abfüllanlagen wurden direkt am Hafen eingerichtet. Von hier aus fanden im Jahr 1937 die ersten Flaschen

puertoricanischen Bacardi-Rums ihren Weg zum nordamerikanischen Markt. Das Unternehmen expandierte in der folgenden Zeit schnell und schon 1940 wurde ein Ortswechsel der Produktionsanlagen aus Platzgründen erforderlich. Bacardi zog in ein ehemaliges Gefängnis im Stadtteil Puerta de Tierra um. Doch im Gegensatz zu den früheren Bewohnern des Hauses erhielten die Mitarbeiter der Bacardi Corp. zusätzlich zu ihrem Lohn jeden Morgen pünktlich um 10 einen Viertelliter Milch! Heute residiert in diesem historischen Gebäude das Commonwealth-Archiv von Puerto Rico.

Der Zweite Weltkrieg brachte das Unternehmen in eine kritische Situation: Dringend benötigte Hilfsmittel zur Rumherstellung konnten kaum noch beschafft werden. Die Krisensituation verschlimmerte sich weiter, als der Frachter S.S. Barbara, voll beladen mit bestellten Gütern für Bacardi, auf dem Weg vom US-Festland nach Puerto Rico von einem deutschen U-Boot versenkt wurde. Auch nach dem Ende des Zweiten Weltkrieges verbesserte sich die Lage für die Firma keineswegs. Bedingt durch die zwangsläufige Rum-Abstinenz während des Krieges, hatten sich die Verbraucher auf dem Festland anderen Drinks zugewandt. Bacardi, das Wahrzeichen der karibischen Lebensfreude, war nicht mehr gefragt.

Erst als in den fünfziger Jahren aufgrund geschickt lancierter Marketingmaßnahmen Cocktails in Mode kamen und damit dem Rum zu einer Renaissance verhalfen, erreichte Bacardi wieder die Verkaufszahlen früherer Jahre. Weitere beträchtliche Absatzsteigerungen in der Folgezeit erforderten es, die Produktionsanlagen zu vergrößern und erneut umzuziehen. Am 16. Januar 1958 weihte man das neue Hauptquartier der Bacardi Corp. in Cataño ein. Anläßlich dieser Feier ließ es sich der damalige Gouverneur, Louis Muños Marín, nicht nehmen, das Bauwerk auf den Namen *Cathedral of Rum* zu taufen.

Als Fidel Castro 1960 kurzentschlossen sämtliche Besitzungen der Bacardi Corp. auf Kuba beschlagnahmte, zeigte sich das Unternehmen dank der positiven Entwicklung auf Puerto Rico gut gerüstet, diesen Verlust zu verkraften. Um das Kapital für den nun erforderlichen Ausbau der Produktionsanlagen in Cataño zu beschaffen, beschloß das Direktorium des Unternehmens die Ausgabe von Aktien an der Börse.

Doch kein Erfolg ohne Hindernisse. Aufgrund der Industrialisierung Puerto Ricos ging der Zuckerrohranbau und damit auch die Melasseproduktion drastisch zurück. Letztere fiel innerhalb weniger Jahre auf ein Drittel (104 Mio. l) der ursprünglichen Produktionsmenge. 1971 mußte zum ersten Mal in der Geschichte der Insel Melasse importiert werden. Um eine unabhängige Beschaffung des wichtigen Rohstoffes sicherzustellen, kaufte die Bacardi Corp. Zurckerrohrplantagen auf den Bahamas, Trinidad, Martinique sowie in Panama und Brasilien. Ein neues Schiff der Bacardi Corp., das auf den Namen *El Coquí* getauft wurde, transportierte fortan den Rohstoff von den Plantagen zur Fabrik in Cataño.

1979 hatte Bacardi dann das Ziel endlich erreicht: Das Unternehmen wurde Weltmarktführer im Rumgeschäft und ist es bis heute auch geblieben. Täglich werden 250 000 l Rum produziert. Allerdings zeigt sich das Unternehmen mittlerweile mit etwas verändertem Gesicht. Der Rückgang der Nachfrage nach hochprozentigem Alkohol in den achtziger Jahren zwang Bacardi zur Diversifizierung der Produktpalette. 1984 stieg das Unternehmen mit den Marken India und Medalla in den Biermarkt ein. Im gleichen Jahr erwarb man zusätzlich drei Unternehmen der Elektrobranche.

Alkohol und Elektrogeräte – das Erfolgskonzept der Bacardi Corp. für das Jahr 2000? Doch wer von uns denkt schon an Rasierapparate und Dampfbügeleisen, wenn in der Fernseh- und Kinowerbung weibliche Schönheiten in die karibische See eintauchen, auf einer Yacht köstliche Rum-Drinks serviert werden und dazu der Bacardi-Song erklingt ...

nehmen jedes Jahr. Führungen mit umfangreichen Erläuterungen und Gratisproben finden in kurzen zeitlichen Abständen statt. Es besteht auch die Möglichkeit, zu günstigen Preisen Rum zu erwerben. Die Bacardi Fabrik liegt an der Route 165, km 2,6, Int. 888 (kostenlose Führungen halbstündlich von Mo-Sa 9-10.30 und 12-16 Uhr, ✆ 7 88-84 00, an Weihnachten während mehrerer Tage geschlossen, Öffnungszeiten erfragen).

Von der Destilería Ron Bacardi ist es nur noch ein Katzensprung bis zum kleinen Fort **El Cañuelo.** Es liegt auf der Halbinsel Isla de Cabras und ist erreichbar über die Routen 165 und 870. 1610 zunächst nur als Holzbau erstellt, sollte es die Westseite der Bucht schützen. Während eines Angriffs der Holländer im Jahr 1625 war die Anlage von großer militärstrategischer Bedeutung, brannte allerdings bei dieser Belagerung nieder. Daraus zogen die Spanier die richtige Konsequenz und bauten das Fort 1660 mit Steinmauern wieder auf (tgl. 9-16 Uhr).

Etwas südlich von Cataño, in Guaynabo, befinden sich die wenigen Überreste von **Caparra,** der ersten Kolonisationsstätte Puerto Ricos, durch welche den städtischen Planer – wenig Verständnis für die historischen Relikte zeigend – die Stadtautobahn gelegt haben. Caparra wurde 1509 von Juan Ponce de León gegründet. Nach dessen Tod gab man die Siedlung auf und errichtete die neue Ortschaft San Juan. Bei Ausgrabungen hat man Gebäuderuinen sowie unzählige Gegenstände aus dem 16. Jh. entdeckt, die in einem Museum ausgestellt sind. Das winzige Museum und der Park, im wesentlichen bestehend aus den Grundmauern eines Gebäudes (die sog. Caparra Ruin), befinden sich an der Route 2, km 6,6 (tgl. 9-16 Uhr).

Restaurants: Etwas außerhalb von Cataño, an der Küstenstraße in Richtung Dorado, liegt Palo Seco, eine kleine Siedlung, die die meisten Besucher wegen der entlang des Ozeans wie auf einer Perlenkette aufgereihten, zahlreichen Fischrestaurants aufsuchen. Viele dieser Lokale tragen den Namen Roberto Cofresí, nach einem Piraten, der hier gelebt hat.

Bayamón

Der einst eigenständige Ort Bayamón ist längst mit San Juan zusammengewachsen. In dem westlich des Zentrums gelegenen Vorort leben heute etwa 200 000 Menschen. Die Besiedlung der Region begann um 1750, im Jahr 1772 wurden der Ortschaft die Stadtrechte verliehen. Ehemals stark landwirtschaftlich orientiert – sichtbares Zeichen hierfür ist die älteste noch erhaltene Zuckermühle Puerto Ricos auf der Barrilito-Rum-Plantage –, finden heute in den knapp 200 Fabriken des Ortes viele Bewohner Arbeit. Das progressive Bayamón zählt zu den am schnellsten wachsenden Orten.

Bayamón ist die Ursprungsstätte einer bekannten puertoricanischen Spezialität: Chicharron, knusprige, gerollte Krustenstücke vom Schwein, die heute fester Bestandteil der karibischen Küche sind. Chicharron ist eine Erfindung der Sklaven, die die von spanischen Gutsherren verschenkte Haut von geschlachteten Schweinen als Delikatesse zubereiteten. Überall in der Stadt finden sich an den Straßenrändern Chicharron-Verkäufer mit ihren kleinen Holzwagen.

Gegenüber dem modernen Rathausgebäude, dem achtstöckigen Alcadía de Bayamón, mit dem Teatro Braulio Castillo an der Route 2 beginnt der **Bayamón Parque Central**, dessen Attraktivitäten ein jahrhundertealtes Schulhaus und eine immer noch funktionierende Zukkerrohrbahn aus dem Jahr 1934 sind (tgl. 8–18 Uhr).

Auf der alten Plaza des Viertels stehen noch heute Laternen, die 1832 aus Madrid nach Puerto Rico gebracht wurden. Erst 1898, 120 Jahre nach Baubeginn, wurde dagegen die katholische Kirche **Santa Cruz** fertiggestellt. In ihr findet in jedem Jahr Anfang Mai die neun Tage dauernde Fiesta de Santa Cruz statt.

Gegenüber der Kirche befindet sich das aus dem 19. Jh. stammende alte pastellfarbene Rathaus. Das hier untergebrachte **Museo Francisco Oller** (Maseo/Degetau) zeigt Bilder des Künstlers sowie Skulpturen und Gemälde von Tomás Batista und einige Taíno-Keramiken (Di–Fr 8–12 Uhr und 13–16 Uhr).

Besuchenswert ist das **Haus von Dr. José Barbosa** ganz in der Nähe des Plaza, in der Calle Dr. Barbosa. Dieser bekannte puertoricanische Patriot gründete im Jahr 1900 die Partido Estadista, die die vollständige Integration Puerto Ricos in die USA anstrebte. Das aus dem 19. Jh. stammende, restaurierte Anwesen ist typisch für diese Zeit und noch komplett mit Möbeln und persönlichen Gegenständen Barbosas ausgestattet. Öffnungszeiten des Dr. José Barbosa Museums (✆ 7 98-81 91) und der Bibliothek: Mo–Fr 8–12 Uhr und 13–16.00 Uhr.

Das **Teatro Oller** (Ecke Dr. Veve/Dr. Barbosa) liegt an der nächsten Straßenecke. Angemalt in den inoffiziellen puertoricanischen Nationalfarben mint und rosa, wirkt es zwischen den dunkleren Häusern der Straße wie ein liegengebliebenes Bonbon.

An der Nordküste

Urlaubs- und Sportparadies Dorado

Zuckerrohr, Ananas und Fast-Food –
Vega Baja und Manatí

Wirtschaftszentrum Arecibo

Vorfahrt für Paso Finos –
Quebradillas

Isabela –
Eldorado für Wassersportler

Crash Boat Point (Playa Boquerón Sur)

An der Nordküste

Traumstrände locken mit idealen Bedingungen für Taucher, Surfer und Sonnenanbeter. Wer mag, fährt Hochseefischen oder Wale beobachten. Zu Land gedeihen Ananas und Zuckerrohr so weit das Auge reicht. Dahinter erstreckt sich die anmutige Karstlandschaft um Arecibo. Auf Technikbegeisterte wartet das größte Ohr der Welt.

Der exklusive Ferienort Dorado

Westlich von San Juan, etwa 16 km von der Stadtgrenze entfernt, liegt der kleine Ort **Dorado,** erreichbar über die Route 2. Er wurde 1842 gegründet, und aus dieser Zeit stammt auch die schöne Burg Casa de Rey. Wesentlich älter als Stadt und Burg sind die vielen Indianergräber, die man an den Ufern des Río da la Plata zwischen Stadt und Flußmündung gefunden hat. Dieses Gebiet ist von den offiziellen Stellen Puerto Ricos nicht gesichert worden, so daß zahlreiche Grabräuber leichtes Spiel bei der Suche nach den begehrten Beigaben hatten, die die Taínos ihren Toten bei der Bestattung beigelegt hatten. Immer noch sind viele sog. Hobby-Archäologen auf der Suche nach den alten Indianer-Kunstgegenständen, ohne daß ihrem Tun Einhalt geboten wird.

Der als »sauberste Stadt der Insel« bekannte Ort ist Mittelpunkt einer sehr beliebten, aber auch teuren Urlaubsregion mit vielen Golfplätzen und guten Stränden (Playa de Dorado, Playa Sardinera).

Die Hyatt Gruppe hat hier gleich zwei Resorts nebeneinander in den Sand gesetzt: das Regency Cerromar Beach und das Dorado Beach. Die beiden prachtvollen Anlagen teilen sich über 400 ha Land, 72 Golflöcher und einen der schönsten Küstenstriche der hiesigen Atlantik-Küste. Die Attraktionen des Cerromar sind sein Spa and Health Club und der längste River Pool der Welt, der sich als gigantische Wasserrutschbahn für sanguinische Naturen entpuppt, die es lieben, von einem Wasserbecken ins nächste zu platschen, um dann – nach feuchten 15 Minuten – direkt an einer Wasserbar zu landen, auf deren Hockern Badehosen niemals trocknen können: ein versnobtes Disneyland mit betörender Vegetation.

Dorado

Dagegen hebt sich das Dorado Beach als distinguiertes Refugium ab. Vielleicht weil ein Rockefeller das Anwesen mit europäisiertem Geschmack einst für seine besten Freunde geschaffen hat. Das Auge findet reichlich Abwechslung, schweift über ein buntes Meer von Hibiskusblüten, streift den palmenumsäumten Strand der Lagune und ruht auf dem satten Grün der beiden Golfplätze. Wer ein solch edles Ambiente schätzt, aber nicht entsprechend viel Geld dafür berappen will, kann auch nur zum Lunch hierher kommen und anschließend die traumhaften Strände genießen.

Dorado – ein Paradies für Golfer

Unterkunft: *Hyatt Dorado Beach Hotel* (✆ 7 96-12 34, Route 693, km 10,8), Zimmer ab 350 US-$; *Hyatt Regency Cerromar Hotel* (✆ 7 96-12 34, Route 693, km 11,8), Zimmer ab 300 US-$.

Restaurants: Die Hyatt-Hotels verfügen über mehrere First-Class-Restaurants. Das *Su Casa* im Dorado Beach (✆ 7 96-12 34) ist eines der renommiertesten spanischen Restaurants der Insel. Wer es landestypischer, origineller, gemütlicher und billiger mag, der sollte das *El Malecón* (Route 693, km 8,2, ✆ 7 96-16 45) aufsuchen. Die Spezialität des Küchenchefs sind Fischgerichte. Ganz in der Nähe (Route 693, km 8,1) liegt das chinesische Restaurant *Jewel of China* (✆ 7 96-46 44). Für alle Italien-Fans hält das *Ladrello* (Kennedy Marneyal, ✆ 7 96-21 20) u. a. Spaghetti und Pizza bereit.

Wassersport: Wassersportler können das Dorado Marine Center

Nordküste

(✆ 7 96-46 45, 271 Méndez Vigo, Dorado) aufsuchen. Angeboten werden Tauch- und Schnorcheltrips zu unterschiedlichen Zielgebieten (auch Unterricht).

Vega Baja und Manatí

Weiter westlich von Dorado und etwas landeinwärts, ungefähr 35 Minuten Fahrzeit von San Juan entfernt, liegt das Städtchen **Vega Baja** (55 000 Einw.) eingebettet in ein landschaftlich reizvolles Umland, in dem Zuckerrohr, Ananas und Zitrusfrüchte angebaut werden. Ursprünglich hieß dieser Ort El Naranjal, er wurde 1776 auf den Namen Vega Baja umgetauft. Zunächst wuchs Vega Baja recht schnell, denn Goldfunde im Río Sibuco lockten viele Menschen an. Die Edelmetallvorkommen waren jedoch bald erschöpft, und der Ort fiel zurück in seinen Provinzschlaf.

Die hier lebenden Puertoricaner zählten fortan zu den ärmsten der ganzen Insel.

Heute zeigt das Städtchen den über die Durchgangsstraße 2 ankommenden Besuchern deutlich, was den Insulanern am Herzen liegt: Die Restaurants der Fast-Food-Ketten werden nur unterbrochen von den Ausstellungshallen der Autohändler, und auf nahezu jedem Gebäude an der Straße thront eine riesige Satellitenschüssel für den perfekten Fernsehempfang. Das Ganze entspricht dem Charme einer Kleinstadt im mittleren Westen der USA. Der Eindruck ändert sich allerdings gewaltig, wenn man von der Straße in Richtung Altstadt abbiegt: Die unerwartet schöne Plaza José F. Nater mit der Iglesia Nuestra Señora del Rosario aus dem Jahr 1867 und dem gegenüberliegenden Rathaus wird umgeben von engen Straßen, in denen das puertoricanische Leben pulsiert. Beliebte Einkaufsstraße ist

die Calle San José, die entlang der Plaza verläuft.

Nur wenige Kilometer von Vega Baja entfernt locken schöne Sandstrände, z. B. Playa de Vega Baja (erreichbar über die Route 686) und Playa Puerto Nuevo (erreichbar über die Routen 689 und 690); hier finden sich auch einige winzige Koralleninseln.

Westlich von Vega Baja, rund 6 km entfernt, beginnt das langgestreckte Stadtgebiet von **Manatí,** ebenfalls an der Durchgangsstraße 2 gelegen. Auch hier ist der erste Eindruck nicht der beste, und man muß erst am blau gestrichenen Colegio de la Inmaculada nach links in den Ortskern abbiegen, um das ›wahre‹ Manatí kennenzulernen. In den engen, malerischen Gassen der in einen Hang hineingebauten Stadt herrscht buntes Treiben.

Für die Menschen in der Region um Manatí spielt die Land- und Viehwirtschaft, insbesondere aber der Ananasanbau, die entscheidende Rolle. Riesige Ananasfelder liegen gut sichtbar entlang der Straßen. Auf rund 2000 ha Ackerland wird die Sorte Red Spanish Pineapple angebaut. Knapp 1000 Landarbeiter arbeiten rund um das Jahr auf den Feldern, in der Haupterntezeit zwischen Mai und Juli sind es noch mehr. Nahezu jede Ananas wird von Hand mit einer Machete geerntet, in Container verladen und dann zur Fabrik gefahren. Die staatliche Ananas- und Saftfabrik Lotus liegt direkt an der Straße 2. Hier sind rund 300 Mitarbeiter damit beschäftigt, die Früchte nach Größe zu sortieren, zu schälen und dann zu Ananasscheiben, -stücken oder -saft zu verarbeiten. Verkauft werden die Produkte überall auf Puerto Rico und auf einigen karibischen Nachbarinseln. Außer in der Region um Manatí gibt es weitere,

---

Die Nordküste

allerdings wesentlich kleinere Anbaugebiete nur noch im Südwesten bei Lajas. Hier wird die schwerere Bull Pineapple kultiviert, die pro Stück ein Gewicht von bis zu 16 Pfd. (!) erreicht.

Für eine Abkühlung im Atlantischen Ozean bieten sich von Manatí aus zwei Strände an: Um die an Wochentagen einsamen **Playa Los Tubos** (gut geeignet für Wellenreiten) zu erreichen, biegt man vor dem Ortszentrum von Manatí in die Route 686 ein und erreicht nach sechs Kilometern den Sandstrand. Von hier aus kann man in wenigen Minuten zur Laguna Tortuguero spazieren, die für die hier zahlreich vertretenen Vogelarten bekannt ist. Etwas westlich liegt der **Playa Mar Chiquita,** den man über die Route 685 erreicht.

Restaurant: In Manatí kann man außer frischer Ananas, die überall am Straßenrand angeboten wird, auch puertoricanisch im *Manatuabon* (☎ 8 54-86 39, Mo geschlossen) an der Route 149 (Exp. Manatí-Ciales), km 7,5 essen.

Arecibo und das Karstland

An der Mündung des Río Grande de Arecibo liegt die 90 000 Einwohner zählende Stadt **Arecibo,** 19 km von Manatí entfernt. Der Name ist indianischen Ursprungs – hier lebte im 16. Jh. der Häuptling Arecibo, der mit seinem Stamm von den Spaniern zu Bauarbeiten gezwungen worden war. Die meisten Indianer kamen bei der harten Arbeit ums Leben. Urkundlich erstmalig erwähnt wurde die Ortschaft im Jahr 1515, jedoch ist das genaue Datum der Gründung nicht bekannt. Deutliche Spuren haben hingegen in der Vergangenheit verschiedene Erdbeben hinterlassen: 1787, 1846, 1875 und 1918 richteten sie große Zerstörungen an.

In den letzten Jahren haben Wirtschaftsförderungsprogramme zur Industrialisierung der Stadt beigetragen. Hinzu kommt, daß Arecibo über einen Seehafen verfügt und damit der An- und Abtransport von Rohstoffen und Fertigprodukten über den Wasserweg leicht möglich ist. Einer der hier angesiedelten Industriebetriebe ist die – bei uns weniger bekannte – Ronrico-Rumfabrik.

Arecibo ist heute meist nur Durchgangsstation auf dem Weg in das Landesinnere. Im Stadtzentrum drängen sich schmale Straßen um die Catedral San Felipe. Direkt daneben befindet sich das Rathaus mit einem hübschen Innenhof. Im benachbarten Kolonialhaus hat sich die Banco Santander ihr edles Domizil eingerichtet. Auf der Plaza selbst erinnert ein Obelisk an El Gran Patricio der Insel, den Vater von Luis Muñoz Rivera. In der Fußgängerzone (Ave. de Diego) findet sich zur Überraschung noch eine kleine, weiß-grün gestrichene Kirche (Iglesia El Calvario), die fast von den umliegenden Läden erdrückt wird.

Das Karstland mit den charakteristischen Haystack-Hügeln liegt südlich und östlich von Arecibo. Eine Fahrt durch diese anmutige, gleichzeitig erstaunliche Landschaft sollte man sich nicht entgehen lassen (z. B. auf der Route 10 in Richtung Utado). In dem eigentlich flachen Gebiet finden sich zahllose rundliche Hügel, die Erinnerungen an Wiesen mit Heugarben wachrufen. Es ist eines der größten Kegelberggebiete der Welt und zieht viele Geologen an, die hier vor Ort ihre Studien betreiben.

Relativ leicht zu erreichen von Arecibo aus sind auch der Nationalpark Reserva Forestal Río Abajo, der Stausee Lago Dos Bocas und der Lago Caonillas bei Utuado (s. S. 191).

Technikinteressierte sollten sich unbedingt das **Observatorio de Arecibo** anschauen. Es liegt etwa 16 km südlich von Arecibo inmitten des Karstlandes. Man erreicht es, indem man von der Route 2 oder 22 auf die Route 651 abbiegt und dann den grünen Hinweisschildern folgt. Die kurvenreiche Strecke erfordert von der Route 2 aus mindestens eine halbe Stunde.

Zwei Gründe waren ausschlaggebend für die Wahl dieses abseits gelegenen Standortes: Erstens ist er weit genug von anderen starken Sendeeinheiten entfernt, die die Arbeit beeinträchtigen könnten, zweitens eignete sich die breite Talsohle hervorragend dazu, sie zu einem

Das Karstland um Arecibo

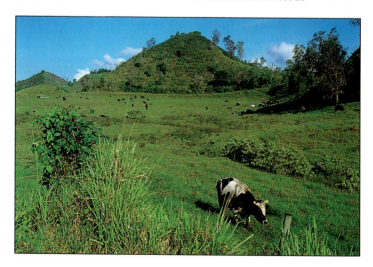

Im Karstland bei Arecibo steht das größte Radioteleskop der Welt

überdimensionalen Parabolspiegel umzufunktionieren. Das größte Radar- und Radioteleskop der Welt wird von der Cornell University sowie der National Science Foundation zu Forschungszwecken benutzt. Im Gegensatz zu herkömmlichen Teleskopen ist hier der Radarspiegel unbeweglich, dafür lassen sich aber Empfangs- und Übermittlungsteile beliebig ausrichten. Der Reflektor überspannt eine fast 400 m weite und über 90 m tiefe Hohlform, die Plattform wiegt 600 t. An drei Masten ist in 180 m Höhe über dem Reflektor eine Gitterkonstruktion aufgehängt. Der Himmel kann damit in einer Bandbreite von 43° nördlich bis 6° südlich des Äquators untersucht bzw. abgetastet werden.

Mit der Anlage ist es möglich, Strahlung aus dem Weltall zu empfangen. Radarstrahlen werden zielgerichtet auf Planeten in den Weltraum ausgesandt. Sie prallen von ihren Zielobjekten ab, und Messungen der wiederkehrenden Strahlen geben Aufschluß über Entfernung und Substanz der Planeten. Zudem wird die Anlage, die rund um die Uhr in Betrieb ist, auch zu militärischen Zwecken genutzt. Auch einige wichtige wissenschaftliche Entdeckungen wurden hier gemacht. Derzeit beschäftigen sich die Forscher mit der Suche nach Hinweisen zur Existenz von intelligenten Lebewesen im Weltall (Di–Fr 14–15 Uhr, So 13–16.30 Uhr, Eintritt frei, ✆ 8 78-26 12).

Quebradillas

Enge Straßen und mit Blumen geschmückte Häuser sind typisch für das ca. 20 km westlich von Arecibo gelegene **Quebradillas,** einen typisch lateinamerikanischen kleinen Ort. Mit ein wenig Glück sieht man junge Caballeros auf ihren Paso Finos durch die Stadt reiten.

Doch die meisten Besucher kommen wegen der schönen Strände. Nordwestlich von Quebradillas liegt der Playa Guajataca (Route 2). Der recht schmale, weißsandige Strand ist für Kinder und ungeübte Schwimmer nicht ganz ungefährlich, da der Meeresboden hier steil abfällt. Bei Surfern ist der Strand jedoch sehr beliebt.

Andere nutzen den Ort als ideale Ausgangsbasis für Wanderungen in dem um Quebradillas gelegenen Erholungsgebiet. Von hier aus ist der etwas weiter südlich gelegene **Parque Nacional Guajataca** mit der Sierra de Aymamon und insgesamt 40 km gepflegten Wanderwegen gut zu erreichen. An Wochenenden werden von den Paradores interessante Ausflüge in dieses Gebiet veranstaltet, etwa zum Río Guajataca mit seinem Höhlensystem oder zum Lago de Guajataca. Drei Kilometer vor Quebradillas liegt die Arche Noah, ein Refugium vor allem für exotische Vögel. Gleich in der Nähe kann man den Monte El Calvario mit einer Darstellung der Kreuzigung Christi besuchen.

 Unterkunft: Am Playa Guajataca befinden sich zwei Paradores: Das *Vistamar* (✆ 8 95-20 65, Route 113, km 7,9), Zimmer ab 70 US-$, und das *Guajataca* (✆ 8 95-30 70, Route 2, km 103,8), letzteres direkt am Strand gelegen, mit 55 Zimmern, jeweils mit Bad und Balkon, sowie Restaurant, Pool und Tennisplätzen (Zimmer ab 75 US-$). Beide Paradores sind unmittelbar an der lauten Durchgangsstraße 2 gelegen; in den schmucklosen Betonbauten kommt kaum Ferienstimmung auf. Eine gute Alternative bietet das recht komfortable *Hotel Cima* (Route 458, ✆ 8 90-20 16), ab 75 US-$.

 Restaurant: *Casabi*, im Parador Guajataca (✆ 8 95-30 70, Route 2, km 103,8), Fr und Sa mit Live-Musik. Gut essen kann man in den beiden Restaurants des *Hotel Cima* (Route 458, ✆ 8 90-20 16), besonders das chinesische *Golden Crown* ist hier empfehlenswert.

Isabela

Im Jahr 1809 wurde die 1725 gegründete Stadt San Antonio de Tuna aus dem Landesinnern an den Atlantik, zehn Kilometer nordwestlich von Quebradillas, verlagert und auf den Namen **Isabela** getauft. Die Gründe für den Umzug, der damals von dem Bischof Mariano Rodríguez de Olmedo veranlaßt worden war, sind bis heute nicht bekannt. Der Ortswechsel ist der Stadt nicht gut bekommen: Isabela wurde von mehreren Erdbeben und Flutwellen in Mitleiden-

Paso Fino

Der ›tierische‹ Stolz Puerto Ricos

Paso Fino bedeutet – aus dem Spanischen übertragen – ›feiner Schritt‹. Beschrieben wird damit die Gangart der puertoricanischen Pferde. Diese Pferde sind Nachkommen andalusischer und Berber-Pferde, die im frühen 15. Jh. von den Spaniern nach Puerto Rico gebracht wurden. Das Inselklima und eine bestimmte Form der Züchtung und Weiterentwicklung über die Jahrhunderte veränderten die Tiere. Die Einwohner der Insel sagen heute mit beträchtlichem Stolz: »Ein Paso Fino zu reiten ist wie Rolls Royce fahren; man fühlt kaum den Boden unter sich!«

Für puertoricanische Männer besteht das größte Vergnügen an den Wochenenden darin, gemeinsam mit Freunden auszureiten. Am Strand werden die Pferde an Palmen angeleint, ein Fisch gegrillt oder eine Suppe gekocht, und dabei dem Rum lebhaft zugesprochen. Pferde werden begutachtet und es wird gefachsimpelt. Bei Sonnenuntergang rüstet man zum Heimritt und galoppiert davon.

Einen guten Eindruck von der Kunst der Paso Finos bekommt man bei den zahlreichen Wettbewerbsveranstaltungen, die auf Puerto Rico einen hohen Stellenwert und Volksfestcharakter besitzen. Über 7000 Pferde nehmen insgesamt pro Jahr an solchen Veranstaltungen teil, die in zwei Kategorien aufgeteilt werden: Bellas Formas sind die Schönheitswettbewerbe, bei denen die Pferde – ohne Sattel und Zaumzeug – vorgeführt werden. Die Vierbeiner werden aufgrund ihres Erscheinungsbildes und ihrer Gangart beurteilt. Bei den Paso Fino Contests ist dagegen auch reiterliches Können gefragt.

Das größte Spektakel ist die Dulce Sueño Fair, die jeweils am ersten Wochenende im März in Guayama stattfindet. Nur reinrassige Paso Fi-

schaft gezogen. Am 11. Oktober 1918 zerstörte das bis heute größte Erdbeben einen Großteil der Stadt.

Biegt man von der Route 2 ab in Richtung Isabela, trifft man gleich nach der Kreuzung auf den auf der linken Straßenseite liegenden Club Gallístico de Isabela (Ave. Aguadilla). Nur ein buntes Hinweisschild weist auf die etwas versteckt liegende Kampfarena für Hähne hin. Wer sich dieses Schauspiel anschauen möchte, kann sich im Ort

nos dürfen an diesem Wettbewerb teilnehmen, an dem Puerto Ricos Reiterklasse vollständig vertreten ist und zwei Tage lang mit Musik und Tanz feiert. Die Aufmerksamkeit, die der Gangart der Pferde hier entgegengebracht wird, unterscheidet die Dulce Sueño Fair von allen anderen Veranstaltungen: Am Rande der Arena sind Bodenmikrophone angebracht, die den Klang des Pferdegetrampels noch verstärken. So hat das andächtig lauschende und in Bewunderung versunkene Publikum die Möglichkeit, das Paso Fino-Gehen zu ›hören‹.

Im Januar findet in Bayamón während drei Wochenenden die Equi Expo statt. Hier werden Paso Finos und andere Pferderassen vorgestellt. In zwei verschiedenen Arenen stehen Rodeo, Dressur und Paso Fino auf dem Programm. Im April wird die Copa Dorado in Dorado veranstaltet. (Weitere Infos zu Paso Finos können u. a. beim Dulce Sueño Paso Fino Equestrian Center, San Juan, abgefragt werden, ☏ 7 25-09 37 und 7 25-28 71).

nach den Veranstaltungszeiten erkundigen.

Weiter geht es die Straße hinunter, vorbei an den mit bunten Blumen geschmückten, weißen Gräbern auf dem alten Friedhof, bis man auf die Plaza stößt. Im Schatten der Iglesia de San Antonio de Padua spielen alte Männer auf der Plaza Domino, während in den umliegenden schmalen Straßen reges Treiben und permanentes Verkehrschaos herrscht. Folgt man weiter den schmalen Straßen mit

Nordküste

Einsiedlerkrebs

den bunten Holzhäusern in Richtung Meer, dann gelangt man zum direkt am Strand gelegenen Wohnviertel der Fischer, Villa Pescara. Hier wird fangfrischer Fisch in den Morgenstunden in einer Verkaufshalle feilgeboten.

Die Stadt ist unter Pferdenarren genauso bekannt wie Vieques und Coamo; etwas außerhalb befinden sich einige wohlbekannte Paso Fino-Gestüte. Die meisten Besucher kommen jedoch wegen des Wassersports nach Isabela: Hier beginnt Puerto Ricos Surfparadies. Es zieht sich von dem wegen der hohen Wellen besonders populären Jobos Beach, westlich der Stadt gelegen, über die ganze nordwestliche Küste entlang um den Punta Borinquen bis nach Rincón. Die hohen Wellen des Atlantik und die steifen Brisen in der Mona Passage ziehen sowohl Profis als auch Amateure aus der ganzen Welt an. Zahlreiche Surfläden in der Stadt bieten den Wassersportlern die nötige Ausrüstung an.

Die Korallenhöhlen um den Jobos Beach sind eine Attraktion der Unterwasserwelt. Süßwasser, das aus großen unterirdischen Seen hier in das Meer gelangt, hat den Salzgehalt des Wassers erheblich reduziert und zur Entwicklung einer besonderen Unterwasserflora und -fauna geführt.

Von Isabela aus über die Route 459 ist die ehemalige Ramey Air Force Base mit einer der längsten Landebahnen der Welt leicht zu erreichen. Nach ihrer Stillegung wurde das Gebiet in ein Freizeitzentrum umgewandelt und heißt jetzt **Borinquen Resorts** (✆ 8 90-45 60, 7 25-77 25). Neben Restaurants, Campingplatz und Tennisplätzen befindet sich hier auch ein vor der grandiosen Atlantikkulisse gelegener, gepflegter Golfplatz (Punta Borinquen Golf Course, Ramey, Aguadilla, ✆ 8 90-29 87). Die Konzentration beim Abschlag wird allerdings durch die zweimotorigen Flugzeuge gestört, die auf dem direkt gegenüber liegenden Flughafen von Aguadilla landen. Traumstrände ziehen sich kilometerweit die Küste entlang. Zwischen Punta Borinquen und Aguadilla liegt Crash Boat Point. Der etwas ungewöhnliche Name des Strandes ist darauf zurückzuführen, daß in dieser Bucht früher die Barkassen ins Wasser gesetzt wurden, um die Besatzungen verunglückter

Puerto Rico bietet zahllose Möglichkeiten, sich sportlich zu betätigen

Flugzeuge der US-Basis aus dem Meer zu fischen.

Unterkunft: In der Nähe des Golfplatzes liegt das Parador El Faro (Route 107, km 2,1, ✆ 8 82-10 30), Zimmer ab 70 US-$.

Restaurants: Hungrige finden in Isabela an der Plaza und in den umliegenden Straßen zahlreiche Restaurants. Auf dem Weg von Isabela nach Aguadilla liegen das Restaurant *Dario's Gourmet* (Route 110, km 8,8, ✆ 8 90-61 43) und das *Dos Amigos* (im Parador El Faro, Route 107, km 2,1, ✆ 8 82-80 00).

Wassersport: La Cueva Submarina in Isabela (✆ 8 72-10 94) bietet Tauchgänge, Hochseefischen, Ausflüge zur Walbeobachtung sowie komplette Ausrüstungen für Taucher und Windsurfer an.

An der Westküste

Wo ging Kolumbus
an Land? –
Aguadilla und Aguada

Wellenreiten und Wale
bei Rincón

Zuckerindustrie, Lehre und
Forschung – Mayagüez

Hügellandschaft,
Palmenstrände und
Korallenriffs – Cabo Rojo
und der Südwesten

Gefeierte Austern und
Vogelkunde in Boquerón

Sonnenuntergang an der Playa Boquerón

An der Westküste

Aguadilla gelangte durch handgeklöppelte Spitzen zu Ruhm – in Moca kann man heute noch den Mundillo-Künstlerinnen bei der Arbeit zusehen. Rincón ist nicht nur bei Sportlern als Austragungsort der Meisterschaften im Wellenreiten ein Begriff, auch immer mehr Walbeobachter zieht der turbulente Küstenort an. Abseits der betriebsamen Industrie- und Universitätsstadt Mayagüez kann man Vögel beobachten und sich das Hinterland erwandern. Eindrucksvoll rauh gibt sich die Punta Jagüey.

Aguadilla und Aguada

Um die Ehre, an welcher Stelle Christoph Kolumbus als erstes seinen Fuß auf dieses Eiland gesetzt hat, streiten sich heute nicht nur die Gelehrten, sondern auch die Einwohner der beiden Städte Aguada und Aguadilla. Obwohl sich weitere Orte wie Boquerón, Mayagüez und Añasco an dieser Diskussion beteiligen, sind die meisten Historiker davon überzeugt, daß der Conquistador in Aguada gelandet ist. Im übrigen bleibt die Reise der meisten Touristen davon unbestimmt.

In **Aguadilla** soll die 1893 im Parque de Colón aufgestellte Kolumbusstatue den Betrachter glauben machen, daß der Entdecker hier zum ersten Mal die Insel betrat. Eindeutig nachprüfbar ist dagegen der Ursprung des Namens Aguadilla selbst: Im Parque El Parterre sprudelt noch immer eine Süßwasserquelle, die von den spanischen Matrosen über Jahrhunderte als Wasserstelle genutzt wurde.

Belgische, holländische und spanische Einwanderer haben Aguadilla berühmt gemacht für handgearbeitete Spitzen. Früher war die Stadt mit ihren 53 000 Einwohnern Zentrum des Mundillo-Handwerks. Der Begriff *mundillo* läßt sich von dem bei der Arbeit verwendeten Rahmen, auf dem bis zu 100 Fadenspulen Platz finden, ableiten. Mit Hilfe dieses Rahmens schaffen die Handarbeiterinnen Kragen, Litzen, Tressen, Borten, kleine Deckchen und große Tischdecken.

Auf der ganzen Insel berühmt ist die große alte Dame der Mundillo-

Aguadilla und Aguada

Handarbeit, Antonia Velez, die 1996 im Alter von 104 Jahren starb. Als sie am 6. Februar 1992 ihren hundertsten Geburtstag feierte, war die ganze Stadt auf den Beinen. Die Straßenzüge um ihr Haus wurden für den Verkehr gesperrt, damit die Gratulantenschar Platz finden konnte. Antonia Velez hat über 60 Jahre als Lehrerin gearbeitet, davon 11 Jahre an der Universität, die ihr auch einen Doktorgrad verliehen hat. Wie groß die ihr entgegengebrachte Ehrerbietung ist, läßt sich auch daran erkennen, daß schon zu Lebzeiten eine öffentliche Schule nach ihr benannt worden ist.

Das Zentrum dieser Kunst hat sich in den vergangenen Jahrzehnten nach **Moca** verlagert, 12 km südöstlich von Aguadilla gelegen (erreichbar über Route 2 und 111). Wer den puertoricanischen Frauen bei ihrer Handarbeit zuschauen möchte, kann dies in einer der zahlreichen Werkstätten in dem kleinen Ort tun. Besonders empfehlenswert ist ein Besuch bei Maria Lassalle (Calle Mariana González 4, ✆ 8 77-20 11). Selbst Barbara Bush, die Gattin des ehemaligen US-Präsidenten, war angetan von Maria Lassalles Kunst. Anläßlich des Amtsantritts von Präsident Bush hatte Maria Lassalle ihr eine Bluse geschenkt.

Unterkunft: Auf der Route 111 bei km 0,1, gleich hinter der Abzweigung nach Moca, liegt die *Hacienda El Pedregal* (✆ 8 91-60 68, Cuesta Nueva, Route 111, km 0,1) mit 18 Zimmern ab 65 US-$. Das Hotel *Cielo de Mar* (✆ 8 82-59 59, 84 Ave. Montemar), liegt fast am Meer, ist mit zwei Swimmingpools, zwei Restaurants und einer Bar ausgestattet. Kosten pro Nacht: ab 80 US-$.

Restaurants: Das Restaurant *El Yate* (✆ 8 82-40 10, 86 Commercio), liegt direkt an der Küstenstraße, von der Terrasse aus kann man einen uneingeschränkten Blick auf das blaue Meer genießen. Angeboten wird puertoricanische Küche zu humanen Preisen, vor allem Fisch und Krustentiere.

Flughafen: Aeropuerto Borinquen Aguadilla (✆ 7 25-57 00).

Von Aguadilla aus erreicht man über die Routen 2 und 417 oder über 115 nach ca. 6 km **Aguada.**

Westküste

Die Westküste

Rincón

Die Stadt wurde 1540 gegründet, als Franziskaner eine kleine Siedlung errichteten und ihr den Namen San Francisco de Aguada gaben. Obwohl sie häufig überfallen und zerstört wurde, haben sie die Puertoricaner aufgrund ihrer günstigen geographischen Lage aber immer wieder neu aufgebaut. Im Jahr 1778 erhielt Aguada die Stadtrechte. Ihre wirtschaftliche Blüte erlebte die Stadt allerdings erst nach dem Aufbau der weiter nördlich gelegenen Ramey Air Force Base. Die Einwohnerzahl wuchs in dieser Zeit recht schnell auf über 50 000 Menschen an, die direkt oder indirekt durch den Stützpunkt beschäftigt wurden. Von der Stillegung der US-Basis hat sich die kleine Stadt bis heute wirtschaftlich nicht erholt. Die Kirche der Ortschaft ist noch recht jungen Datums. Sie wurde erst 1936 fertiggestellt. Ihre Vorgängerin war 1918, als ein schweres Erdbeben die Stadt heimsuchte, vollständig zerstört worden.

Unterkunft: Etwas außerhalb liegt das *Hidden Village Hotel* (Bo. Piedras Blancas, an der Route 416, ☎ 8 68-86 86), kleiner und sauberer Familienbetrieb, ab 74 US-$.

Restaurants: Das Hidden Village Hotel unterhält zwei Restaurants, eines davon mit Blick auf die nahegelegene Schlucht.

Obwohl der Name **Rincón** (Ecke) die Lage der kleinen Stadt hervorragend beschreibt, wurde sie doch in Wirklichkeit nach dem Grundbesitzer Don Gonzalo Rincón benannt. Dieser Mann stellte im 17. Jh. den ankommenden Siedlern einen Hügel nahe der Sierra de Cadena, dem westlichsten Ausläufer der Cordillera Central, zur Verfügung. Somit konnten sie auf dem *Cerro de los pobres* (Hügel der Armen) ein neues Zuhause aufbauen. Heute schmücken den charmanten Ort am Meer, der aus einigen kleinen Hotels, Surfshops und einer Iglesia besteht, zahlreiche Mangobäume. Die katholische Kirche am östlichen Ende der Plaza wurde an der Stelle erbaut, an der Santa Rosa de Lima, die Schutzpatronin der Stadt, erschienen sein soll. Am Stadtrand, neben dem Leuchtturm von Rincón, findet man die rostigen Überreste des Kernkraftwerkes Bonus. Er wurde 1964 in Betrieb genommen und war damit der erste Atommeiler Lateinamerikas. Allerdings mußte der Betrieb schon nach zehn Jahren eingestellt werden, da der Reaktor einige undichte Stellen aufwies. Mit der ordnungsgemäßen Stillegung des ersten und einzigen Kernkraftwerkes haben die Puertoricaner ihr Atom-Abenteuer beendet, heute ist man auf der Suche nach umweltverträglichen Alternativen, um den hohen Energiebedarf der Insel zu decken.

Westküste

Berühmt geworden unter Kennern ist Rincón allerdings erst durch den Sport: Hier fanden 1968 und 1988 die Weltmeisterschaften im Wellenreiten statt. Erhalten geblieben aus dieser Zeit ist die Area de Surfing am Punta Higüera, etwas nördlich der Stadt. Ruhig und gleichmäßig rollt hier die Brandung direkt vor der Küste über ein halbes Dutzend Riffe. Die kraftvollen, langgezogenen Wellen werden bis zu 7 m hoch. Sportskanonen aus den USA, Südamerika und Europa treffen sich seit Jahren im Winter in Rincón – Maui und Hawaii sind out. Allerdings bleiben an der Punta Higüera nur wirkliche Experten auf dem Brett. In jüngster Zeit kommen neben den Surfern auch vermehrt Walbeobachter nach Rincón. Mit etwas Glück kann man zwischen Ende Dezember und März vom Leuchtturm aus einen der Buckelwale erspähen. Wer auf Nummer sicher gehen will, sollte jedoch eines der zahlreichen Schiffstourangebote in Anspruch nehmen.

Information: ✆ 8 23-50 24.

Unterkunft: Das bezauberndste Kleinod der ganzen Insel liegt hier versteckt: Das *Horned Dorset Primavera* (✆ 8 23-40 30, 4050, Apartado 1132). Vom herrschaftlichen Haupthaus führen zwei halbrunde Freitreppen zum Pool mit den Ausmaßen eines öffentlichen Schwimmbades. Drumherum liegen versetzt feinfühlig ins Grüne eingepaßte Mini-Ausgaben der Villa mit insgesamt 26 Suiten. Zu jeder gehört eine Terrasse oder ein Balkon mit Sicht aufs Meer oder den tropischen Garten. Seit kurzer Zeit stehen weitere exklusive Suiten (z. T. mit eigenem Mini-Pool) in der überaus stilvoll eingerichteten Casa Escondida zur Verfügung. Die Exclusivität des Horned Dorset macht aber eine vor allem für hiesige Verhältnisse geradezu revolutionäre Hausphilosophie aus. »This is a place without activities«, bestimmten die smarten Eigner Harold Davies und Kingsley Wratten. Beide entstammen der New Yorker Intellektuellenszene, Davies war früher Literaturprofessor, Wratten Buchhändler. Statt Tennisplatz, Golf-Course oder Aerobic-Programm haben sie eine fabelhaft sortierte Bibliothek eingerichtet. »Zu uns kommt, wer den Luxus der absoluten Ruhe und Intimität sucht«, erklären die Gentlemen. Entsprechend gehören zur tropisch-altspanischen Ausstattung der Suiten weder TV noch Radio oder Telefon. Auch Kinder unter zwölf würden diesen »Luxus der absoluten Ruhe« empfindlich stören, ließe man sie denn ein. Zimmer ab 360 US-$.

An der Route 115 stehen gleich zwei Hotels nebeneinander. Die nach dem berühmten Piraten benannte *Villa Cofresi* (km 12,3, ✆ 8 09-24 50) und das Parador *Villa Antonio* (✆ 8 23-26 45) – beide direkt am Strand. Die Preise für eine Übernachtung liegen zwischen 75 und 90 US-$.

Restaurant: Klassische französische Küche auf hochstehendem Niveau kann man im *Horned Dorset Primavera* (✆ 8 23-40 30). Weniger prätentiös geht es im Restaurant der *Villa Cofresi* zu (✆ 8 09-24 50), wo gute puertoricanische Küche geboten wird. Ebenfalls direkt am Meer bietet das *Coche* (✆ 8 26-51 51, Route 115) Meerestiere in allen Variationen zum Verspeisen an.

Detail des Teatro Yagüez

Aktivitäten: Tauchen, Walbeobachtung, Surfausrüstungen, Hochseefischerei etc. werden angeboten von Viking Starship (Route 115, km 12,5, ☏ 8 23-70 10) und von Capt. Bill's (Carr. 115, Route 413, km 2,5, ☏ 8 23-03 90).

Mayagüez

In zweieinhalb bis drei Stunden erreicht man von San Juan aus über die Route 2 die inmitten von großen Zuckerrohrplantagen liegende Stadt **Mayagüez** (100 000 Einw.), benannt nach dem Rio Yagüez, an dessen Ufern sie errichtet wurde. Verglichen mit anderen Städten Puerto Ricos fällt Mayagüez besonders durch eine ganz andere Art von Architektur auf. Obwohl schon 1763 als eines der vielen Zentren der Zuckerindustrie gegründet, hatte sie in ihrer Ursprünglichkeit nicht lange Bestand. Im 19. Jh. tobte hier ein Feuer, das die Stadt größtenteils vernichtete. 1917 wurde sie durch ein Erdbeben nahezu gänzlich zerstört. Das Beben war von solch einer Stärke, daß selbst die umliegende Landschaft eine ganz neue Prägung erhielt. Nach dieser Naturkatastrophe wurde der Ort nach den königlich spanischen Stadtplänen aus dem 16. Jh. wiederaufgebaut.

Heute ist Mayagüez wichtige Industrie- und Universitätsstadt. Davon zeugen u. a. der Handelshafen mit einem ständig wachsenden Umschlagsvolumen, die Neubauviertel, die ausgedehnten Einkaufszentren und die meist modernen Fabrikanlagen. Mayagüez verfügt auch über einen Flughafen, der an das nationale und internationale Flugnetz angeschlossen ist.

Wer sich von den Vororten nicht abschrecken läßt und bis zur Altstadt vordringt, der wird hier noch ein wenig vom Charme des alten Puerto Rico zu spüren bekommen. Allerdings wird das Vergnügen durch das Verkehrschaos erheblich getrübt.

Zentrum der Stadt ist die von Gustave Eiffel, dem Erbauer des Pariser Wahrzeichens, geschaffene *Plaza de Colón*. Der Platz ist geschmückt mit einem Kolumbus-Denkmal und sechzehn aus Barcelona eingeführten, Fackeln haltenden Bronzestatuen, die von dem spanischen Künstler Antonio Coll im Jahr 1895 gestaltet wurden. Das Rathaus (Alcaldía) wurde in mehreren Etappen gebaut und 1789 fertiggestellt. Der festlich gestaltete Versammlungsraum im zweiten Stock war viele Jahre lang Mittelpunkt des puertoricanischen Gesellschaftslebens an der Westküste. In der Eingangshalle der Alcaldía befinden sich die Tourist Information (✆ 8 34-85 85, Mo–Fr 8–16 Uhr) und eine kleine Galerie (✆ 7 24-71 71, Mo–Fr 8–12 Uhr und 13–16 Uhr) mit wechselnden Ausstellungen.

Nahe der Plaza de Colón liegt das seit 1977 unter Denkmalschutz stehende **Teatro Yagüez** (Calle McKinley/Dr. Barbosa), das mit großem Aufwand zu einem Kultur- und Bildungszentrum ausgebaut worden ist. Geht man von der Alcaldía die Ave. Post entlang, vorbei am Parque de los Troceres, dann stößt man auf die **Estación Experimental Agrícola Federal**, ein großes landwirtschaftliches Forschungszentrum mit einer umfangreichen Sammlung tropischer Pflanzen und Bäume aus der Karibik. Errichtet wurde es um die Jahrhundertwende von den Amerikanern auf einer ehemaligen Plantage (Mo–Fr 7.30–16 Uhr, Eintritt frei, ✆ 8 32-24 35). Direkt hinter dem landwirtschaftlichen Forschungszentrum befindet sich die Universidad de Mayagüez, nach der Universität in Río Piedras die zweitgrößte Puerto Ricos.

Eine recht breite Palette an Tieren – vom Tiger bis zum Flamingo – können die Puertoricaner im **Zoo** von Mayagüez (Route 108, Richtung Añasco, bei Barrio Miradero), dem einzigen auf der ganzen Insel, bestaunen. Während ein Teil der Tiere in naturgetreu gestalteten Ge-

Zu Besuch im Zoo von Mayagüez

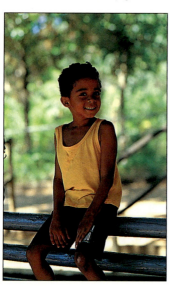

hegen gehalten wird, müssen andere ihr Leben leider in engen Käfigen fristen (Di–So 9–16.30 Uhr, Eintritt: Erwachsene 1 US-$, Kinder die Hälfte, ✆ 8 34-81 10).

Information: Departamento Recursos Naturales (✆ 8 34-50 88), Wanderer bekommen hier Informationen und Karten für Wanderungen.

Unterkunft: Das etwas außerhalb gelegene renovierte *Mayagüez Hilton Hotel* (✆ 8 31-75 75, Route 104), mit 141 Zimmern, Casino und Konferenzzentrum, Zimmer 140–200 US-$. Wesentlich billiger sind die Übernachtungen im Parador *El Sol* (✆ 8 34-03 03, Este Sol, Calle Santiago Riera Palmer, ab 55 US-$. Rund 20 km entfernt, an der Route 105, km 23,5, liegt die *Hacienda Juanita* (✆ 8 38-25 50) inmitten einer alten Kaffeeplantage. Das liebevoll restaurierte Hotel mit Pool und gutem Restaurant erinnert an die Blüte der Kaffeedynastien. Besonders zu empfehlen für Naturliebhaber!

Restaurants: Empfehlenswert ist das Restaurant *The Chefs Corner* im Hilton Hotel (✆ 8 31-75 75), wo internationale Küche geboten wird. Ebenfalls im Hilton befindet sich das etwas preiswertere Restaurant *La Rotisserie*. Landestypischer geht es zu im Restaurant *Meson Español* (✆ 8 33-54 45, Route 102, km 6,3).

Post: Calle McCinley (✆ 2 65-31 33); 257 Oduora (✆ 8 31-13 14).

Flughafen: Aeropuerto Mayagüez (✆ 8 33-01 48).

Medizinische Versorgung: Hospital Bella Vista (✆ 8 34-23 50, 60 00), Route 349, km 2,7, Cerro Las Mesas; Mayagüez Surgial (✆ 8 33-08 68), Méndez Vigo 109 E; Policlinica Bella Vista (✆ 8 34-61 61), Méndez Vigo 85.

Cabo Rojo und der Südwesten

Der Südwesten Puerto Ricos ist landschaftlich besonders reizvoll. In dem leicht hügeligen Land dominieren Viehwirtschaft und Zuckerrohranbau. Die Landschaft ist nicht so stark zersiedelt wie im Norden der Insel. Die unberührte Natur, die hübschen, kleinen Küstenorte und die zahlreichen von karibischen Korallengewässern umspülten Palmenstrände haben die Region zu einem beliebten Ausflugsziel der Puertoricaner gemacht. Entsprechend hoch her geht es an den Wochenenden, während in der übrigen Zeit Ruhe herrscht.

Cabo Rojo ist eine kleine, 1771 auf den Überresten einer älteren Siedlung gegründete Stadt, die oft als Ausgangspunkt für Ausflüge nach Mayagüez und in die südliche Inselregion dient. Ihre Glanzzeit erlebte sie Anfang des 19. Jh., als viele europäische Einwanderer nach Cabo Rojo kamen, um hier Arbeit im Zuckerrohranbau zu finden.

Sehenswert in der Kleinstadt mit 38 000 Einwohnern ist die Kirche San Miguel Arcangel direkt an der

Christoph Kolumbus

Der erste Europäer auf Puerto Rico

Das Jahr 1492: Christoph Kolumbus (auf spanisch: Cristóbal Colón) entdeckt Amerika. Spätestens seit den zahlreichen Jubiläumsfeiern im Jahr 1992 oder manchen modernen Gesellschaftsspielen können wir uns dieses Datum besser merken. Über Hintergründe und Abläufe der Reise von Kolumbus besteht allerdings meist nur ein unklares Bild. Schon allein deshalb lohnt sich ein kleiner Ausflug ins ausgehende Mittelalter, ganz abgesehen davon, daß auch er es war, der als erster Europäer seinen Fuß auf Puerto Rico setzte.

Wer zu jener Zeit auf Reisen ging, tat dies meist nicht aus reinem Vergnügen, vielmehr standen geschäftliche Anlässe im Vordergrund. So auch für Christoph Kolumbus. Der genuesische Seefahrer, Sohn eines armen Tuchwebers, arbeitete im Auftrag der spanischen Krone und beschäftigte sich mit der Frage, ob es einen kürzeren als den damals genutzten Seeweg nach Indien gäbe. Getrieben von seinem Entdeckerdrang, hatte er antike und zeitgemäße Schriften studiert, die aktuellsten Erdgloben und Karten zu Rate gezogen, sich die Theorie der Kugelgestalt der Erde zu eigen gemacht, mit Politikern gesprochen und mit Wissenschaftlern korrespondiert. Nach vielen Jahren intensiver Forschungsarbeit war er schließlich davon überzeugt, daß man das östlich gelegene Indien auch erreichen könne, indem man konsequent westwärts über den Atlantischen Ozean segelte.

Grundlage der ersten Reise war ein Vertrag, den er am 17. April 1492 nach zähen Verhandlungen und umfangreicher Überzeugungsarbeit mit dem spanischen Königspaar Isabela und Ferdinand II. geschlossen hatte. Im Vertrag wurden nicht nur die materielle Unterstützung des Vorhabens sowie die Ernennung von Kolumbus zum Admiral auf Lebenszeit festgeschrieben, sondern auch seine Entlohnung für den Fall einer erfolgreich verlaufenden Reise: Er sollte Vizekönig und Generalstatthalter in den entdeckten Gebieten werden und den zehnten Teil aller Handelseinnahmen aus der neuen Region erhalten.

Am 3. August 1492 war es dann soweit: Drei Karavellen stachen in Palos, Südwestspanien, in See. Obwohl die Segler von Passatwinden angetrieben wurden, vergingen zwei Monate, bis die Matrosen Treibgut im Wasser sichteten, ein sicheres Anzeichen für die Nähe von

Christoph Kolumbus

Land. Kurze Zeit später tauchte eine erste Insel am Horizont auf. Kolumbus ging an Land, die spanische Flagge wurde gehißt, ein notarielles Protokoll aufgesetzt und die Insel auf den Namen San Salvador getauft. So ›einfach‹ war es damals, fremdes Land in spanischen Besitz zu nehmen. Weitere Entdeckungen folgten, darunter Kuba (27. Oktober) und Haiti (6. Dezember). Da Kolumbus die weiten Ebenen Haitis an Spanien erinnerten, gab er der Insel den Namen Hispaniola. Hierher wollte er zurückkommen, Siedlungen aufbauen und nach Gold suchen lassen. Weder damals noch zu einem späteren Zeitpunkt ahnte Kolumbus, daß er einen neuen Kontinent entdeckt hatte. Er glaubte bis zu seinem Tod fest daran, auf zu Indien gehörenden Inseln gelandet zu sein. Daher nannte er die Eingeborenen Indianer, ein Name, der auch heute noch an seinen Irrtum erinnert.

Nach seiner Rückkehr nach Spanien wurde er im ganzen Land gefeiert. Das Königspaar empfing ihn mit allen erdenklichen Ehrerbietungen. Sofort wurden Vorbereitungen für die nächste Reise getroffen, und so brach Kolumbus im Jahr 1493 erneut auf. Diesmal führte er auf 17 Schiffen über 1200 Männer in die neue Welt, die sich dort eine Existenz aufbauen sollten. Die Überfahrt dauerte nur 21 Tage, und kurze Zeit später, am 19. November, entdeckte Kolumbus ein Eiland, das von den Eingeborenen Borinquen genannt wurde. Er nahm Puerto Rico für die spanische Krone in Besitz.

Die Reise endete für Kolumbus vorläufig auf Hispaniola. Doch seine ehrgeizigen Besiedlungspläne ließen sich nur schwer durchsetzen. In den folgenden Jahren häuften sich die Probleme: Es kam zu Auseinandersetzungen mit den Eingeborenen, die Versorgungslage spitzte sich zu, und selbst die Goldsuche war nicht von Erfolg gekrönt. Zu allem Überfluß hatte Kolumbus auch noch mit Verleumdungen am spanischen Hof zu kämpfen, die ihn schließlich zwangen, nach Spanien zurückzukehren. Als er im Juni 1496 mit zwei Schiffen in Cádiz einlief, bereitete man ihm keine glorreiche Ankunft. Die Mitreisenden – kranke, erschöpfte und unzufriedene Siedler – verstärkten das Bild, daß die Pläne in der neuen Welt fehlgeschlagen seien.

Doch Kolumbus gab nicht auf, und nach einer Audienz beim Königspaar war seine dritte Reise ausgemachte Sache. So entdeckte er 1498 die Insel Trinidad und die Südküste Venezuelas, bevor er nach Hispaniola zurückkehrte. Dort hatte er wieder mit Aufständen zu kämpfen, die er alleine nicht bewältigen konnte. Deshalb rief er den spanischen Hof um Hilfe an. Doch in der Zwischenzeit waren die Zweifel des Königspaares an den Fähigkeiten ihres Admirals so groß

Westküste

geworden, daß es beschloß, ihm sein Regierungsmandat zu entziehen. Im Sommer des Jahres 1500 trafen Abgesandte des spanischen Regenten auf Hispaniola ein, um diese Entscheidung in die Tat umzusetzen. Bei der Ausführung der königlichen Befehle schossen sie allerdings über das gesetzte Ziel hinaus: Sie ließen Kolumbus verhaften und in Ketten zurück nach Spanien bringen. In Cádiz und Sevilla löste der Anblick des gefesselten Admirals Bestürzung aus. Als die spanischen Regenten von der Gefangennahme des Entdeckers erfuhren, ordneten sie seine sofortige Befreiung und Wiedereinsetzung in Amt und Würden an.

Inzwischen waren andere Seefahrer auf Reisen gegangen, deren Routen und Entdeckungen Kolumbus aufmerksam verfolgte. Dabei stellte er fest, daß das ganze Gebiet westlich der von ihm entdeckten Inseln von den nachfolgenden Forschungsreisen ausgespart blieb. Daraufhin beschloß er, eine weitere Expedition zu unternehmen. Überzeugt, in dem unerforschten Gebiet die gesuchte Wasserstraße zum indischen Festland zu finden, ersuchte Kolumbus das spanische Königspaar erneut um finanzielle Unterstützung; nach langem Zögern wurde ihm diese bewilligt.

Im Mai 1502 begann die vierte und letzte Reise des Christoph Kolumbus. Diese sollte die härteste und verlustreichste werden. Von Martinique aus segelte er weiter westwärts und entdeckte das heutige Honduras, Costa Rica, Nicaragua und Panama; die gesuchte Wasserstraße allerdings fand er nicht. Zwar stieß Kolumbus auf das lang ersehnte Gold, doch heftige Kämpfe mit den Eingeborenen sowie ständige Regengüsse und Stürme schwächten Flotte und Mannschaften. Der Entdecker und seine verbliebenen Männer schafften es gerade noch, sich nach Jamaika zu retten, bevor die Schiffe gänzlich zerbarsten. In einem Kanu überquerten dann Kolumbus und einige seiner Männer die Meerenge zwischen Haiti und Jamaica, holten Hilfe und konnten im November 1504 mit einem neuen Schiff nach Spanien zurücksegeln.

Trotz dieser neuerlichen Niederlage kämpfte Kolumbus in den letzten Jahren bis zu seinem Tod unerschöpflich um die Anerkennung seiner Ansprüche durch das spanische Königshaus. Doch die Bemühungen blieben erfolglos.

Das Jahr 1506: Kolumbus stirbt in Valladolid. Kein großes Begräbnis, keine letzten Ehrerbietungen für den Entdecker der Neuen Welt, kein Datum, das uns in irgendeinem modernen Gesellschaftsspiel in Erinnerung gerufen wird.

Plaza. Sie wurde 1783 fertiggestellt. Der Hafen Puerto Real – früher Umschlagplatz für Güter und Sklaven, die auf Schiffen von St. Thomas und Curaçao nach Puerto Rico kamen – ist heute der wichtigste Fischereihafen der Insel. Etwas nördlich von Puerto Real liegt das Gebiet Ostiones. Hier haben Archäologen zahlreiche Funde gemacht, die wesentlich zur Aufklärung über die indianische Vergangenheit Puerto Ricos beitrugen.

Zu den schönen Stränden der Region zählt die touristisch erschlossene Playa Joyuda. In der gleichnamigen Lagune läßt sich in mondarmen Nächten das Meeresleuchten beobachten. Bekannt und beliebt ist dieses Gebiet auch unter Ornithologen, die hier eine Vielzahl seltener Vögel beobachten können.

Jährlich findet während der letzten Woche im September und der ersten im Oktober in Cabo Rojo ein sog. Fish Festival an der Route 308, Puerto Real, statt. Nähere Informationen sind erhältlich unter ✆ 8 51-11 25, oder im Cabo Rojo Tourism Office (✆ 8 51-74 50).

Über die Route 301 gelangt man zum Cabo Rojo Wildlife Refuge (km 5,1). In einem Besucherzentrum sind Informationen über die Tierwelt der Region sowie über geeignete Wanderrouten für Vogelfreunde erhältlich (Mo–Fr 7.30–16 Uhr, ✆ 8 51-72 58).

Unterkunft: Funktional eingerichtet, aber sauber und empfehlenswert ist das neue *Hotel Joyuda Beach* (✆ 8 51-56 50, Route 102, km 11,7), Zimmer ab 60 US-$.

Restaurants: Für eine ›Schlemmertour‹ bietet sich die Route 102 an; zahlreiche Restaurants liegen hier direkt nebeneinander. Besonders zu empfehlen ist das *La Casona de Serafin* (✆ 8 51-00 66), Route 102, km 9,7. Bei Punta Arenas in der Nähe des Laguna Beach bereitet *Tony's* (✆ 8 51-25 00, 95 65) frischen Fisch auf typisch puertoricanische Art zu.

Boquerón

Boquerón erreicht man von Cabo Rojo aus über die Route 307. Der direkt an der Küste gelegene idyllische Ort mit seinen 5000 Einwohnern besteht im wesentlichen aus einer Hauptstraße, geschmückt mit Souvenirständen und Kiosken, die Austern *(ostiónes)* anbieten. Der Gourmet-Snack auf der Straße hat hier Tradition. Fischer fahren regelmäßig aus zu den Austernbänken in den Mangrovensümpfen der umliegenden Lagunen, um dort mit den Zehen ihrer Füße die Leckerbissen auszubrechen. Welchen hohen Stellenwert die Auster in Boquerón innehat, kann man daran ermessen, daß alljährlich im Juni ein Festival Ostión veranstaltet wird. Damit die anderen Schalentiere nicht zu kurz kommen, findet im September außerdem das Festival Almejas mit Muscheln aller

Gattungen und in allen Variationen statt.

Ein Spaziergang entlang der Lagune von Boquerón bietet vielfältige Möglichkeiten, ungestört Vögel zu beobachten. Etwas östlich des kleinen Ortes hat das Departamento of Ressources Naturales (✆ 8 51-59 03) ein großes Vogelschutzgebiet eingerichtet. Diese Region ist Teil des hügeligen Naturschutzgebietes Boquerón, in dem sich auch Mangrovenwälder und Salzteiche finden. Höhepunkt einer Tour durch dieses Gebiet ist die winzige, malerische Bucht Monsio José, in der nachts das durch glühende Mikroorganismen hervorgerufene Meeresleuchten beobachtet werden kann.

4,8 km nördlich von Boquerón liegt die **Playa Buyé.** Ein kleiner Pfad führt zu den Korallenriffen und zur Punta Guaniquilla, einem weiteren Vogelschutzgebiet. Eine Besuchserlaubnis erhält man vom Conservation Trust (✆ 7 22-58 34). Von Punta Guaniquilla überblickt man die ganze Bucht von Boquerón und entdeckt dabei auch einen hundert Jahre alten Eisenbahntunnel, der einstmals für die Strecke San Juan–Ponce gebaut wurde. Auf der anderen Seite liegt die **Laguna Guaniquilla,** die im Sommer austrocknet. Verwitterte, graue Felsen, die aus der Lagune emporragen, erinnern an eine Mondlandschaft. Die Cueva Cofresi, Versteck des berüchtigten und berühmten Piraten aus Guaniquilla, liegt etwas weiter östlich.

Auch im Naturschutzpark **Laguna Cartagena** kommen Vogel-Freunde auf ihre Kosten. Das große Sumpfgebiet ist süßwasserhaltig und beliebter Überwinterungsplatz vieler Wasservögel. Rund die Hälfte aller auf Puerto Rico lebenden

Vogelarten ist hier vertreten. Die Laguna Cartagena liegt im Hinterland von Boquerón, erreichbar über die Route 101. Bei km 16 führt ein unbefestigter Weg von der Straße ab zur Lagune. Der Weg ist nur passierbar, wenn es trocken ist.

Boquerón

Wer ein wenig Abwechslung vom Strandleben sucht, dem sei eine Wanderung durch die **Sierra Bermeja** empfohlen. Zu den Gipfeln der Hügelkette führen zwar keine Straßen, aber auf versteckten Pfaden erreicht man ohne Schwierigkeiten den – von einer kleinen, wilden Affenbande bewohnten – Oregano Berg und den etwa 300 m hohen Mariquita Gipfel. Von hier oben genießt man eine gute Aussicht auf die Laguna Cartagena im Norden, die Bahía de Boquerón im Westen und die Bahía de Parguera im Süden.

Unterkunft: Das Parador *Boquemar* (✆ 8 51-21 58, Route 101, Zimmer ab 65 US-$), ist zwar nicht besonders schön, dafür aber komfortabel und günstig gelegen zwischen öffentlichem Strand und dem Dorf Boquerón. Etwas weiter entfernt vom Strand liegt das *Edwin Hotel* (Muñoz Rivera 49, ✆ 8 51-02 13, ab 50 US-$). Auf der Route 307 von Cabo Rojo nach Boquerón passiert man bei km 7,4 das auf einer Anhöhe stehende *Hotel Cuestamar* (✆ 8 51-28 19), mit schönem Ausblick auf die Laguna Boquerón. Zimmer ab 55 US-$. Apartments mieten kann man bei *Adamis Apartments* (✆ 8 51-68 60), *Houses for Rent* (am Strand gelegene Holzhäuschen, ✆ 8 51-47 51) und beim *Cofresi Beach Club* (✆ 2 54-30 00).

Restaurants: Gute puertoricanische Küche wird im Parador *Boquemar* geboten. Zahlreiche Straßenstände bieten zudem fritierten Fisch an.

Unterhaltung: Das Nachtleben von Boquerón darf sich hier wirklich so nennen. Besonders an den Wochenenden trifft man sich auf der Plaza oder an der Poolbar von Shamar's.

Wassersport: Wer zum Tauchen nach Boquerón kommt, ist hier gut aufgehoben. Der Boqueron Dive Shop (✆ 8 51-21 55), Mona Aquatics (✆ 8 51-21 85), Frankie Germán (✆ 2 54-23 21) und Mannie De Santos (✆ 8 34-48 08) bieten nicht nur Tauchkurse an, sie veranstalten auch Tagesausflüge mit Picknick und Barbecue.

El Combate und El Faro

Über die Routen 301 und 3301 gelangt man zu einsamen, kilometerlangen Sandstränden, die sich von El Combate bis zum Leuchtturm von Cabo Rojo erstrecken. Ein paar Segler auf Entdeckungstour teilen sich in dieser südlich von Boquerón gelegenen Region das Robinson Crusoe-Gefühl mit wenigen Tagesausflüglern, die zum Sonnenbaden und zum Picknick kommen.

Das auf einigen Landkarten nicht eingezeichnete Fischerdorf **El Combate** liegt im südlichsten Zipfel der Westküste, am Ende der Route 301. El Combate verfügt über ein Hafendock, ein paar kleine Kneipen und Restaurants, oft direkt am Meer gelegen. Vom Dorf aus kann man den beliebten Playa Puerto Angelino gut zu Fuß erreichen. Richtig zum Leben erwacht der Ort zweimal im Jahr: Im Juni findet das Festival Carrucho und im September das Festival Melón statt.

Weiter auf der Route 301 in Richtung Süden passiert man den hier gelegenen, stark nach Schwefel riechenden Binnensee. Dahinter liegt die Salzebene von **Cabo Rojo** (Bahía Las Salinas). Diese Flächen wurden schon 1511 von Ponce de León zur Salzgewinnung benutzt. Seitdem hat der Betrieb nie stillgestanden.

Ein unbefestigter Weg führt von den Salzfeldern zum 1882 erbauten Leuchtturm (El Faro). Von den 70 m hohen Felsen bietet sich dem Betrachter eine einmalige Szenerie: Die Brandung der Karibischen See donnert gegen das Kliff, der Wind peitscht über das hohe Gras, Meer soweit das Auge reicht, Strände, Lagunen und – in der Ferne – das Valle de Lajas. Besonderen Spaß bereitet es, die vielen Pelikane in der rauhen Bucht zu beobachten, die in luftiger Höhe ihre Kreise ziehen und dann blitzschnell ›aus heiterem Himmel‹ auf ihre Beute herunterstürzen.

El Combate und El Faro

Informationen zur Entdeckung des Umlandes von Cabo Rojo, Boquerón und Combate sind im Cabo Rojo Tourism Office (✆ 8 51-74 50) erhältlich.

Unterkunft: Das Gästehaus *El Combate* (✆ 8 51-00 01, 7 54-90 61, Calle No. 1) verfügt über 18 Zimmer, Restaurant, Sonnendeck und einige Grillplätze. Zimmer ab 45 US-$. Zu günstigen Preisen (ab 40 US-$) bietet *Annie's Place* (✆ 8 51-00 21, am Ende der Route 3301 gelegen) Zimmer (mitunter jedoch ohne Bettwäsche und Handtücher!) direkt am Meer an. Direkt gegenüber liegt *Luichy's Food Center & Cabanas* (✆ 8 51-02 06), wo man hübsche Apartments und Zimmer mieten kann (ab 60 US-$). Etwas landeinwärts liegt das *Villa Resort* (✆ 8 51-13 40, Route 301, km 6,6) mit Hütten, Apartments und Swimmingpool (ab 35 US-$).

Restaurants: Populär sind vor allem *Annie's Place, El Coral, La Barca* und das *De los Santos Restaurant*. Alle liegen an der Route 3301 und bieten überwiegend Fischspeisen an.

An der Südküste

Das Flair vergangener Tage:
San Germán

Ruhe und Trubel
im Wechsel –
Das Fischerdorf La Parguera

Vogelparadies im
Trockenwald – Von
Guánica nach Guayanilla

Die Perle des Südens –
Ponce

Am Strand von Copamarina

An der Südküste

San Germán war einst Stützpunkt von Piraten, Schmugglern, Zuckerbaronen, Rumkönigen und Kaffeepäpsten – und intellektuelle Hochburg. Verschlafen wirkt wochentags das Fischerdörfchen La Parguera. In der Nähe lohnen die Bahía Fosforescente und der Mangrovenwald einen Besuch. Vogelkundler aus aller Welt zieht es in den Trockenwald zwischen Guánica und Guayanilla. Keinesfalls versäumen sollte man die »Perle des Südens«: Ponce.

San Germán

San Germán, eine Kleinstadt mit 35 000 Einwohnern, liegt ganz im Südwesten der Insel am Río Guanajibo. Die Stadt wurde 1511 gegründet und ist damit die zweitälteste Puerto Ricos. Sie wurde benannt nach der zweiten Frau König Ferdinands von Spanien, Germaine de Foix. Früher lebten hier viele Piraten und Schmuggler. Zweimal, in den Jahren 1528 und 1538, plünderten französische Korsaren die Stadt und brannten sie nieder. Deshalb begann man 1540 mit dem Bau einer Festung an der Flußmündung. Als die Einwohner der Stadt vom Fluß weg in die Berge zogen, um sich der Bedrohung durch die Korsaren zu entziehen, mußte das Bauunternehmen kurze Zeit später wieder aufgegeben werden.

Heute noch deutlich spürbar ist die Atmosphäre vergangener Tage, als Zuckerbarone, Rumkönige und Kaffeeplantagenbesitzer San Germán zum Zentrum von Handel und Kultur machten. Zudem galt der Ort jahrhundertelang als intellektuelle Hochburg der spanisch-karibischen Machthemisphäre.

Im Ortskern stehen auf zwei treppenummauerten Hügeln die Kirchen Iglesia Porta Coeli (Himmelspforte) und San Germán de Auxerre. Die Porta Coeli wurde im Jahr 1606 erbaut und ist damit das älteste religiöse Bauwerk der Insel. Seit der Renovierung des Gotteshauses durch das Institute of Puerto Rican Culture dient die kleine Kirche als Museum für religiöse Kunst mit farbenfrohen mexikanischen Gemälden und zwei hölzernen schwarzen Madonnen aus dem 18. und 19. Jh. Von den hier verwahrten Schätzen sind das Gesangbuch von Santo Domingo und das Portrait des St. Nicholas de Bari aus

San Germán

dem 17. Jh. besonders erwähnenswert (Mi–So 9–12 Uhr und 13–16 Uhr, Eintritt frei). Messen werden nur noch dreimal im Jahr gelesen.

Die prächtige Kirche San Germán de Auxerre ist dem gleichnamigen Schutzpatron der Stadt geweiht. Sie wurde vom Dominikanerorden errichtet, das ehemals nahe gelegene Kloster ist allerdings längst verschwunden. Gegenüber dem weißgetünchten Kirchenbau befindet sich das Rathaus, die dazwischen liegende Plaza Mario Quiñones wurde anläßlich der Feierlichkeiten im Kolumbusjahr neu gestaltet. Eingerahmt wird der Platz von spanischen Bürgerhäusern aus dem 16. und 17. Jh.

Die Kirche San Germán de Auxerre

In der Farmacia Domínguez im Ortszentrum versammelten sich bereits vor 300 Jahren Künstler, Literaten und Philosophen zu allabendlichen Diskussionen. Lola Rodríguez de Tío, Mitglied der Familie Ponce de León, dichtete hier La Bourinqueña, die Nationalhymne Puerto Ricos.

Heute treffen sich in der alten Apotheke die Studenten der Inter-American University zum Kaffee oder zu Bier und Steak. Nur wenige Gehminuten entfernt befindet sich das Museo de Arte y Casa de Estudio (Calle Esperanza 7) in einem alten, spanischen Haus, das zu den schönsten des ganzen Ortes zählt (Mi–So 10–15 Uhr, ✆ 8 92-88 70). Das Contemporary Art Museum (19 José Julián Acosta, ✆ 2 64-45 45) ist Di–So 11–17 Uhr geöffnet.

Südküste

Unterkunft: Eine der herrschaftlichen Villen im Zentrum wurde zum Parador *Oasis* umgebaut (📞 8-92-11 75, 72 Luna).

Restaurants: Steakhouse *La Botica* (📞 8 92-57 90, 33 Veve); *Restaurant Oasis* (📞 8 92-11 75, 72 Luna).

In der Nähe von San Germán befindet sich die Fisch- und Krabbenfarm **Langostinos del Caribe**. Ein Besuch hier ist dann empfehlenswert, wenn man sich besonders für Fisch- und Krabbenaufzucht interessiert oder einmal sehen möchte, wie die Delikatessen leben, bevor sie in den Kochtopf kommen. Täglich können Teiche, Fang- und Verarbeitungsanlagen in Sabana Grande von 8–17 Uhr besichtigt werden (📞 8 73-10 26).

Die Farm ist allerdings nicht ganz leicht zu finden, da sie etwas abseits liegt. Fährt man über die Route 2 bis zur Ausfahrt Lajas, entdeckt man bei km 10,8 ein kleines, farbiges Hinweisschild auf die Farm. Biegt man hier ein, ist schon nach einer kurzen Strecke von einem Hügel aus die Farm zu sehen. Sollten Sie sich verfahren, fragen Sie einfach; die Farm ist allgemein bekannt und die Puertoricaner geben gerne Auskunft.

La Parguera

Der winzige Fischerort **La Parguera** wirkt unter der Woche wie ein verschlafenes Nest. Dies ändert sich allerdings schlagartig an Wochenenden und während der Ferienzeit, wenn die Puertoricaner aus den großen Städten einfallen. Dann sind die Restaurants, Snack-Bars und Kneipen überfüllt, und auf der kleinen Plaza mit der Statue des Fischers wird Live-Musik gespielt. Und wenn nicht gerade das Tanzbein geschwungen wird, dann

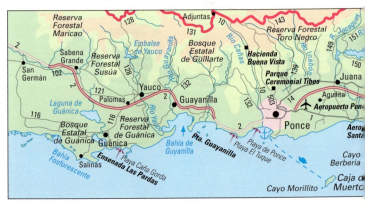

fröhnen die Männer einer ihrer Leidenschaften, der Pferdewette: In den Lokalen setzen sie ihre Dollars auf die kleinen Holzpferde, die sich auf den Rennbahnen schnell im Kreise bewegen und hoffen darauf, daß ›ihr‹ Vierbeiner als erster durchs Ziel geht. Diesem Nachtleben kann man sich nicht entziehen. Wer Ruhe und Entspannung sucht, ist in La Parguera am falschen Ort.

Viele Besucher kommen allerdings nicht nur wegen des attraktiven Nachtlebens, sondern auch wegen der knapp fünf Kilometer östlich gelegenen **Bahía Fosforescente** nach La Parguera (erreichbar mit einem Boot oder über die landschaftlich reizvolle Route 324, vorbei an einigen Salzteichen). In dieser Bucht kann man das sog. Meeresleuchten beobachten: Wenn das Wasser in Bewegung gerät, wird es durch unzählige winzige, fluoreszierende Meerestierchen erleuchtet, die in mondlosen Nächten die Bucht sogar zum Glitzern bringen. Am deutlichsten ist diese Erscheinung, wenn es nachts regnet. Allerdings wird dieses Phänomen durch die fortschreitende Umweltverschmutzung immer mehr beeinträchtigt. Verschiedene Veranstalter bieten Fahrten in dieses Gebiet an, die Schiffe legen am Bootssteg im Ortszentrum ab. Das Meeresleuchten gibt es nicht nur in La Parguera, sondern auch in der Bahía Monsio José bei Boquerón, bei Fajardo und – besonders intensiv, weil wenig verschmutzt – auf der Insel Vieques. Wer den lauten, puertoricanischen Touristenrummel nicht so liebt, der sollte dort danach Ausschau halten.

Direkt vor La Parguera liegt ein besuchenswertes Mangrovengebiet, das mit kleinen Booten, die ebenfalls am Bootssteg in La Par-

Die Südküste

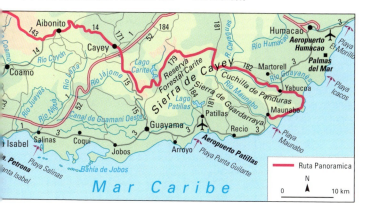

Südküste

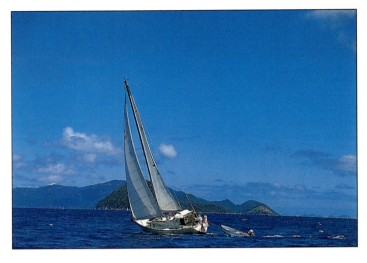

Ein Traum für Segler: die Karibik

guera bereitstehen, leicht zu erreichen ist. Eine Rundfahrt durch das etwa fünf km² große Gebiet – für wenige Dollar zu haben – dauert eine knappe Stunde. Rund 80 malerische Häuser, schwimmend oder auf Pfählen errichtet, stehen hier. Zur Zeit wird diskutiert, ob man diese nicht abreißen solle, damit die hier lebenden Tiere wieder ihre Ruhe finden. Eine Entscheidung ist allerdings bislang nicht gefallen. Die zahlreichen Pelikane scheinen sich durch die Menschen in ihrer Nähe jedenfalls nicht gestört zu fühlen: sie räkeln sich auf den Dächern der Häuser und nehmen die Hausbewohner und die vorbeifahrenden Boote kaum noch wahr.

Zum Baden sollte man sich auf die kleine, vor der Küste liegende Cat's Island fahren lassen (Abfahrt morgens 9.00 Uhr vom Pier im kleinen Hafen, Rückfahrt 12.15 oder 17.30 Uhr, Mo geschlossen). Sofern einem die Bootsfahrt nicht zusagt, bieten sich Rosado Beach oder Mata de la Gata Cay an. Wassersportler sind bei Parguera Divers (✆ 8 99-41 71, Ortszentrum) und bei Poguera Fishing Charters (✆ 3 82-46 98) gut aufgehoben. Andere Wassersportmöglichkeiten in La Parguera: Schnorcheln, Jet-Ski, Windsurfing, Hochseefischen und Segeln. Die erforderlichen Ausrüstungen können geliehen werden.

Tagsüber schwebt am Himmel über La Parguera ein riesiger Zeppelin, der mit seiner sensiblen Elektronik die Küsten der Insel überwacht. Damit sollen der Drogenhandel, aber auch illegale Einwanderungen unterbunden werden. Sobald ein Objekt auf See lokalisiert und als verdächtig identifiziert worden ist, wird die Küstenwache mit ihren Schnellbooten benachrichtigt. Seit der Einführung dieses Überwachungssystems mit den an verschiedenen Orten installierten Zeppelinen ist der Drogenhandel über die Drehscheibe Puerto Rico merklich zurückgegangen, der Strom illegaler Einwanderer hält allerdings unvermindert an. Ein kürzlich in Betrieb genommener Satellit soll die Küsten jetzt noch besser überwachen, um auch dieses Problems Herr zu werden.

Unterkunft: Direkt am Meer liegt das Parador *Villa Parguera* (304 Main Street, ✆ 8 99-7 77) mit sehr gutem Restaurant und Swimmingpool. Es zählt zu den besseren Paradores der Insel. Allerdings wird die Nachtruhe durch die laute Musik im Zentrum erheblich gestört. Zimmer ab 80 US-$. Die Wassernähe zieht neben vielen Besuchern auch zahllose Insekten an, die vor allem während der Dämmerung und der Nacht zur Plage werden können; entsprechende Schutzmittel sind unerläßlich. Preisgünstiger und einfacher sind: Parador *Pósada Porlamar* (Route 304, ✆ 8 99-40 15), ab 70 US-$; *Viento y Vela* (✆ 8 99-46 98, Route 304, km 3,2), ca. 65 US-$; *Hotel Casa Blanca* (✆ 8 99-42 50), an der Uferstraße, Zimmer ab 40 US-$; *Villa Andújar* (✆ 8 99-34 75), Zimmer ab 45 US-$.

Restaurants: An der Uferstraße befinden sich zahllose kleine Restaurants und Snack-Bars; Gourmet-Tempel gibt es hier nicht, statt dessen dominieren Fast-Food und mexikanische Gerichte. Die besten Hamburger, Cheeseburger und Sandwiches gibt es im *Reef-Pop* (✆ 8 99-32 32), an der Hauptstraße des Ortes. Gediegener ist das Restaurant des Parados *Villa Parguera*, in dem sehr gute Fischgerichte angeboten werden.

Guánica und Guayanilla

Guánica ist eine von einem Waldschutzgebiet (Palmen, Akazien, Kakteen) umgebene, ruhige kleine Stadt mit rund 9000 Einwohnern und einigen nahegelegenen Stränden. Der 1756 gegründete Ort ist in seiner Geschichte nur einmal ins Rampenlicht des öffentlichen Interesses geraten: 1898 landeten in der Bahía de Guánica die US-amerikanischen Truppen, um die Insel zu erobern. An die ›große Tat‹ erinnert ein Gedenkstein an der Uferstraße des Ortes (Ave. Esperanza Idrach). Errichtet wurde er von einem der US-Regimente, die hier an Land gingen.

Außer diesem Gedenkstein hat die Ortschaft nicht viel zu bieten. Die Plaza mit einer kleinen Kirche und der Alcaldía wurde zwar reichlich begrünt, wirkt insgesamt aber einfallslos und wenig attraktiv. Die umliegenden Straßenzüge hinterlassen einen monotonen Eindruck, nette Lokale oder ausgefallene Bauten sucht man hier vergeblich. Die weitläufige Bucht, die man von der Uferpromenade aus

Südküste

betrachten kann, wird beherrscht von den großen Silos eines Futtermittelherstellers und den davor liegenden Frachtschiffen.

Guánica wirkt verschlafen, und das nicht nur während der mittäglichen Siesta. Dies ändert sich nur im März, wenn als eine Art Erntedankfest das bekannte Sugar Cane Festival von Guánica stattfindet (Informationen ✆ 8 83-59 00 und 8 21-27 77).

Ananasverkäufer

Verläßt man Guánica über die kurvenreiche Küstenstraße 333, dann gelangt man in das rund 6 km entfernte **Reserva Forestal de Guánica,** dem bekanntesten Trockenwald der Welt mit über 700 Pflanzenarten, 16 davon gibt es nur hier (tgl. von 9–17 Uhr geöffnet). Das durch zahlreiche Kakteen, kleinwüchsige Bäume und Büsche geprägte trockene Vegetationsgebiet ist auch ein Vogelparadies, das viele Ornithologen anzieht. Auch finden sich hier auf der Welt einzigartige Landkrabben. Informationen über Wandermöglichkeiten erhält man in den umliegenden Hotels oder bei den zuständigen Rangern, ebenso wie beim Departamento Recursos Naturales (✆ 7 24-37 24 oder 7 21-54 95). Kurz darauf gelangt man zum **Playa Caña Gorda.** Hier bietet ein kleiner Yachtclub Tagestouren in die Mangrovensümpfe und entlang der Küste, auch zu einigen kleinen Koralleninseln, an.

Unterkunft: Sehr zu empfehlen: Das *Copamarina Beach Resort* (✆ 8 21-05 05) mit Pool und Tennisplätzen ist eine gepflegte Anlage an der Route 333, km 6,5, direkt neben dem Playa Caña Gorda. In seiner Preisklasse ist es eines der besten Hotels der Insel. Auch kulinarisch werden keine Wünsche offengelassen. Übernachtung ab 100 US-$. *Mary Lee's the sea* (Route 333, km 6,7, ✆ 8 21-36 00, bietet Apartments und Ferienhäuser an, ab 90 US-$. Die Anlage ist neu und landschaftlich reizvoll gelegen.

Restaurants: Besonders empfehlenswert ist das Restaurant *Ballena's* im Copamarina (✆ 8 21-05 05). In Guánica selbst befinden sich an der Uferpromenade einige Restaurants wie das *Blue Marlin* (✆ 8 42-42 51), sonntags Live-Musik. Gut essen (puertoricanisch zubereitetes Seafood) kann man im einige Kilometer entfernten *La Concha* (✆ 8 21-55 22, 4 c Principal, Barrio Ensenada, Playa Santa).

Guayanilla, 14 km östlich von Guánica, ist ebenfalls ein ruhiges Städtchen in Meeresnähe. Als eigentliche Sehenswürdigkeit des Ortes gilt der schon etwas verkommene Fischerhafen an der Mündung des Río Guayanilla. Der Fluß, begrenzt durch Punta Gotay und Punta Verraco, ist hier fünf Kilometer breit und bildet eine natürliche, windgeschützte Bucht für Segelschiffe. Weiter in Richtung Ponce passiert man auf der Route 2 den populären Badestrand **El Tuque.** Hier empfiehlt sich noch ein Päuschen in der Sonne, bevor man mit dem Besichtigungsprogramm in Ponce beginnt.

Restaurant: Gut zubereitete italienische Speisen werden in der Nähe im *Pichi's* (✆ 8 35-41 40, 33 35, Route 132, km 204,6, Barrio Jaguas) angeboten.

Ponce

»Sie haben Puerto Rico nicht gesehen, wenn Sie nicht in Ponce waren.« So schlicht und doch so eindeutig drückt sich Rafael Cordero Santiago, der Bürgermeister von **Ponce** aus. Die Metropole an der Südküste liegt in einer klimatisch besonders begünstigten Region. Während der Norden häufiger von Regen heimgesucht wird, ist die Gegend um Ponce recht trocken. Zurückzuführen ist dies auf die Höhenzüge der Cordillera Central, an denen sich die von Norden kommenden Wolken abregnen (ähnlich wie beim Alpenhauptkamm). Von Ponce aus sind die dunklen Regenwolken zwar oft zu sehen, doch sie erreichen die Stadt nur selten.

Die zweitgrößte Stadt Puerto Ricos (200 000 Einw.) verdankt ihren Beinamen ›La Perla del Sur‹ dem Umstand, daß sie in den vergangenen Jahrhunderten als Wirtschafts- und Kulturmetropole an der Südküste eine ernsthafte Konkurrenz für San Juan darstellte. Aus Ponce kommt die puertoricanische Danza und hier wurde das erste Theater der Insel errichtet. Der Name ist nicht – wie viele glauben – zurückzuführen auf Juan Ponce de León, der als spanischer Conquistador – später wurde er zum ersten Gouverneur ernannt – im Jahr 1506 mit 50 Männern an der Südküste der Insel landete. Vielmehr trägt der Ort den Namen von Ponces Enkel Juan Ponce de León y Loíza, der später diese Region kolonialisierte.

Im Jahr 1692 erklärte ein Edikt des spanischen Königshauses die kleine Siedlung an der Südküste zur Gemeinde und unterstellte sie der Gerichtsbarkeit von San Germán. Bis dahin lebten hier spanische Auswanderer von der Landwirtschaft und vom – illegalen – Handel, den sie mit den Besatzun-

Südküste

Die Plaza las Delicias mit Brunnen und Kathedrale

gen hier ankernder Schiffe trieben. Die Stadtrechte erhielt Ponce, das sich schnell zu einem Zuckerrohr- und Rumzentrum entwickelte, im Jahr 1877.

Das Stadtbild unterscheidet sich stark von dem San Juans. Während Viejo San Juan deutlich durch das Erbe der spanischen Architektur geprägt ist, wurde Ponce von Puertoricanern erbaut: Klassische und neoklassische Gebäude sowie Art Deco-Stilelemente sind vorherrschend; die Kombination unterschiedlicher Stilrichtungen in der Stadt wird auch als »Ponce Creole« bezeichnet. Die charakteristische Architektur stammt überwiegend aus der Zeit zwischen 1890 und 1930, als sich der Ort in seiner Blütezeit befand. Prächtige Häuser und weite Alleen zeugen noch heute vom Reichtum dieser Jahrzehnte.

In Ponce hat die 500-Jahr-Feier der Entdeckung Puerto Ricos durch Christoph Kolumbus mehr Regsamkeit hervorgerufen als in anderen Orten, da gleichzeitig auch der 300. Geburtstag der Stadt gebührend gefeiert werden sollte: Über 440 Mio. US-$ wurden für die Restaurierung des alten Ponce bereitgestellt, damit es für die Besucher im neuen Glanz erstrahlen konnte.

Ponce

Das historische Viertel beginnt an der **Plaza Las Delicias** (1), dem Zentrum von Ponce. Besonders ansprechend ist die Plaza in den Abendstunden, wenn alte Straßenlaternen ihr warmes Licht verbreiten, und in den Brunnen Wasserspiele in bunten Farben angestrahlt werden. Verwirrend ist, daß der Platz auch noch einige andere Namen hat: Antiguo Plaza del Mercado (alter Marktplatz), Plaza Degetau (nach dem berühmten Poncer Anwalt, Musiker und Politiker Federico Degetau Gonzáles, 1862–1914), Plaza Central und Plaza Muñoz Rivera werden verwendet.

Um einen ersten Überblick über die Sehenswürdigkeiten von Ponce zu gewinnen, empfiehlt sich die Mitfahrt in einem der rot-grünen Touristenbusse, die kostenlos in kurzen Abständen Besucher auf drei verschiedenen Routen durch die Stadt fahren (Abfahrt alle 20 Min. vor dem Rathaus, tgl. 7.30–22 Uhr). Die Rundfahrten dauern jeweils etwa eine halbe Stunde. Die bereitstehenden Pferdegespanne sind ebenfalls kostenlos, umrunden aber meist nur die Plaza (Do–So 12–18 Uhr).

Direkt an der Plaza steht das auffälligste Gebäude der ganzen Insel, ein Holzbau in den Farben der Stadt – rot und schwarz. Es ist ein Feuerwehrhaus, der **Parque de Bombas** (2). Colonel Máximo de Meana, einst Bürgermeister von Ponce, entwarf das Gebäude, das als Messehalle für die erste Industrie- und Landwirtschaftsmesse der Insel im Jahr 1882 diente. Nach der Ausstellung wurde die Halle als Dankeschön der tapferen Feuer-

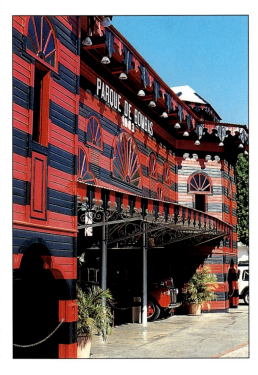

wehr übergeben, die inselweiten Ruhm erlangte, als sie am 23. 1. 1899 das »große Feuer« im US-amerikanischen Pulvermagazin mutig bekämpfte. Ein Obelisk auf der Plaza erinnert an die Feuerwehrhelden der Stadt. Bis 1990 wurde das Gebäude als Zentrale der Feuerwehr benutzt, heute ist es ein Museum, in dem altes Gerät, Bilder von Feuerwehrmännern und (manchmal) alte Fahrzeuge zu sehen sind (tgl. außer Di 9–18 Uhr, Eintritt frei).

Nur ein paar Schritte entfernt befindet sich die Kathedrale **Nuestra Señora de la Guadalupe** (3). Das Gotteshaus trägt den Namen der Schutzheiligen von Ponce. Schon 1640 errichtete man an dieser Stelle eine erste Kapelle, die jedoch durch Brände und Erdbeben zerstört wurde. Das heutige Kirchengebäude wurde 1931 fertiggestellt. Anfang der 70er Jahre wurde auf Anordnung des damaligen Gouverneurs im Inneren des Gebäudes ein dreiteiliger, in Spanien gefertigter Altar aus Alabaster zur Erinnerung an seine Mutter, Doña Mary Aguayo Casals de Ferré aufgestellt.

Im nördlichen Teil der Plaza zeigt eine Bronzestatue den Politiker Luis Muñoz Rivera. Sie wurde 1923 – sieben Jahre nach dessen Tod – errichtet. Auf einer Gedenktafel steht der Leitspruch des großen Politikers: ›Menschenrechte, Freiheit und Würde stehen über allen anderen Dingen‹. Ein weiteres Denkmal – ganz aus weißem Carrara-Marmor – ehrt den Komponisten und Musiker Juan Morel Campos (1857–1896), einen der beliebtesten Söhne der Stadt. Er gilt als Vater der Danza und hinterließ über 500 Kompositionen. 1883 gründete er die erste Feuerwehrband der Insel, aus der das heutige Stadtorchester hervorging.

Die **Alcaldía** (4; Rathaus) am südlichen Ende der Plaza (Ecke Calle Luna/Calle Marina) gelegen, ist eines der ältesten noch existierenden Gebäude der Stadt aus der Kolonialzeit. Es wurde zwischen 1840 und 1846 erbaut. Bis 1905 diente es als Gefängnis, danach bekam es als Hauptquartier der Infanterie den Beinamen El Castillo. Die Uhr des Rathauses wurde 1877 in London geordert und erreichte rechtzeitig zu den Feierlichkeiten anläßlich der Verleihung der Stadtrechte Ponce. Durchschreitet man den Haupteingang an der Calle Villa, dann gelangt man in einen hübschen Garten, der sich im Innenhof des Gebäudekomplexes befindet. In der Nachbarschaft des Rathauses steht das alte Casino (Antiguo Casino). Das neoklassische Gebäude war einst Mittelpunkt des sozialen Lebens der Poncer Elite.

Gegenüber der Kathedrale befindet sich die 1901 von dem Architekten Manuel v. Domenech gebaute **Casa Armstrong Poventud** (5). Das Haus trägt den Namen der

---

Die kunstvolle Fassade
der Casa Armstrong Poventud

früheren Eigentümer. Die künstlerische Gestaltung des Gebäudes wurde von Elias Concepción übernommen; besonders erwähnenswert sind dessen Pilaster am Eingang der Casa, die eine weibliche und eine männliche Figur zeigen. Die Casa wird heute vom puertoricanischen Kulturinstitut und als Museum genutzt. Gezeigt werden alte, typische Möbel und Dekors, um einen Einblick in den Lebensstil früherer Generationen zu geben (Mi–So 10–17 Uhr, Eintritt frei, ✆ 8 44-82 40). Ebenfalls sehenswert ist das kleine Museum in der frisch restaurierten **Casa Wiecher-Villaronga** (6; Ecke Calle Reina und Calle Mendez Vigo). Gezeigt werden Leben und Möbel des deutschstämmigen Architekten Wiecher (Mi–So 9.30–17 Uhr, Eintritt frei).

Prächtig und altehrwürdig wirken die beiden großen Gebäude an der Plaza, in denen jetzt Banken residieren (Banco de Santander, Scotiabank); die dazwischen liegende Paseo Arias gilt als Lover's Alley der jungen Puertoricaner. Zum Shopping empfiehlt sich die Fußgängerzone Paseo Atocha, die direkt an der Plaza beginnt. In der neuen Delicias Mall, ebenfalls an der Plaza gelegen, bieten im gekühlten Erdgeschoß zahlreiche Fast-Food-Ketten ihre Drinks und Speisen an, im ersten Geschoß befinden sich einige Geschäfte sowie das Café Teatro Fox Delicia, in dem auch Theaterstücke aufgeführt werden.

In der Calle Cristina 70, am östlichen Ende der Plaza, ist das puertoricanische **Musikmuseum** (7) beherbergt. Hier war drei Jahrzehnte lang das Kunstmuseum von Ponce untergebracht, bevor es in seinen Neubau umzog. In dem achträumigen Museum werden sowohl Einblicke in die musikalische Tradition des 19. und 20. Jh. vermittelt als auch Musikinstrumente der alten Taínos gezeigt (Mi–So 9–12 Uhr und 13–17.30 Uhr, Eintritt frei, ✆ 8 44-97 22).

Direkt dahinter, ebenfalls an der Calle Cristina, befindet sich das alte **Teatro La Perla** (8), das 1918 nach der Zerstörung durch ein Erd-

In der Casa Wiecher-Villaronga

Ponce

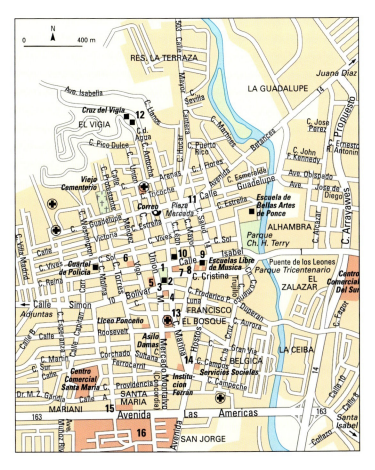

Ponce

1 Plaza de las Delicias 2 Parque de Bombas 3 Nuestra Señora de Guadalupe
4 Alcaldía 5 Casa Armstrong Poventud 6 Casa Wiecher-Villaronga 7 Casa
Cristina 8 Teatro la Perla 9 Museum of the History of Ponce 10 La Santísima
Trinidad 11 Marktplatz 12 Schloß Serrallés 13 Casa de la Masacre de Ponce
14 Parque de Abolicion 15 Museo de Arte 16 Universidad Católica de Ponce

beben wiederaufgebaut worden ist und in dem seit 1941 Schauspiele, Opern und Ballett aufgeführt werden. Vor dem Theater (Ecke Calle Mayor/Calle Cristina) erinnert eine Statue an Domingo Cruz, auch Cocolia genannt. Die Auftritte des bekannten puertoricanischen Violoncellisten und langjährigen Direktors des Stadtorchesters von Ponce begeisterten das Publikum so sehr, daß es ihm den Beinamen »Der König« gab. Domingo Cruz starb 1934 im Alter von 70 Jahren im spanischen Alicante.

Nicht weit entfernt, in der Calle Mayor liegt das Haus eines weiteren Musikidols. Der Operntenor Antonio Paoli verbrachte in dem nach ihm benannten Haus einen Großteil seines Lebens. Heute stehen die Räume für kulturelle Veranstaltungen zur Verfügung.

Das 1992 eröffnete **Museum of the History of Ponce** (9) gibt einen guten Überblick über die 300jährige Stadtgeschichte (51–53 Calle Isabel, Ecke Calle Mayor, Mo und Mi–Fr 10–17 Uhr, Sa–So 10–18 Uhr; Eintritt 3 US-$, ✆ 8 44-70 71).

Auch die älteste nicht-katholische Kirche (1873) im gesamten lateinamerikanischen Raum befindet sich in der Nähe des Teatro La Perla an der Calle Marina. Engländer finanzierten die Errichtung des anglikanischen Gotteshauses und importierten auch die für die Dreieinigkeitskirche **La Santísima Trinidad** (10) erforderlichen Baumaterialien aus Liverpool. 1874, nur wenige Monate nach ihrer Fertigstellung, wurde die Benutzung der Kirche durch den spanischen Monarchen verboten. Die Glocken schwiegen ein Vierteljahrhundert lang, bis amerikanische Truppen an der Südküste Puerto Ricos landeten und bei ihrem Vormarsch die ›Freiheitsglocken‹ der Dreieinigkeitskirche zum Läuten brachten.

Der **Marktplatz** der Stadt (11) befindet sich heute in der Nähe der Hauptpost, Ecke Calle Mayor und Calle Estrella. Von hier ist es nicht mehr weit bis nach El Vigia, dem um die Jahrhundertwende bevorzugten Stadtteil der Schönen und Reichen. Das größte Anwesen des hügeligen Vorortes ist das **Schloß Serrallés** (12), benannt nach der hier einst wohnenden Familie. Wer mit diesem Namen nichts anfangen kann, dem sei gesagt, daß es sich hier um die Eigentümer der Don Q Rumfabrik handelt. Der Gedanke, daß nicht nur Öl, sondern auch Rum flüssiges Gold sein kann, liegt bei der Betrachtung dieses prunkvollen Heimes nahe. Heute befindet sich in dem Gebäude ein Rum- und Zuckerrohrmuseum (El Vigia Hill 17, Di–So 10–17 Uhr, Eintritt 3 US-$, ✆ 2 59-17 74). Gelegentlich finden auch Theateraufführungen statt.

Etwas oberhalb des Schlosses steht **La Cruz del Vigia,** ein Aussichtsturm in Form eines Kreuzes, der einen guten Überblick über die Stadt Ponce und die Küstenlandschaft gewährt. Schon die Spanier nutzten diesen Standort: 1801 ließ das Militär hier einen Beobachtungsturm bauen, um besser gegen den illegalen Handel an der Küste einschreiten zu können. Heute bringt ein gläserner Fahrstuhl die Besucher zu einer Plattform, von der die Sehenswürdigkeiten der Stadt und die vielen kleinen Inselchen in der blauen Karibik bestens auszumachen sind. Ein Besuch von La Cruz del Vigia ist auf jeden Fall vor einer Entdeckungstour durch die Altstadt zu empfehlen, um einen besseren Überblick über Ponce zu erhalten (Di–So 10–18 Uhr).

Im Süden der Stadt, an der Ecke Calle Marina und Calle Aurora, steht die **Casa de la Masacre de Ponce** (13). Dieses Haus war früher Hauptsitz der Nationalistischen Partei Puerto Ricos. Zwischen deren Anhängern und der Polizei kam es am 21. März 1937 zu blutigen Auseinandersetzungen. Dabei wurden 21 Menschen getötet und mehr als 150 verletzt. Dieses Massaker, angerichtet von der Polizei, die 15 Minuten lang mit Maschinengewehren auf die unbewaffneten Demonstranten schoß, gilt als der schlimmste Vorfall in der politischen Geschichte der Insel. Heute befindet sich ein Buchladen in diesem Gebäude und einige Räumlichkeiten werden vom puertoricanischen Kulturinstitut genutzt.

Weiter die Calle Marina entlang gelangt man zum **Parque de Aboli-cion** (14) an der Ave. Hostos. In dem Park mit der kleinen Kirche wurde zur Erinnerung an das Ende der Sklaverei auf Puerto Rico

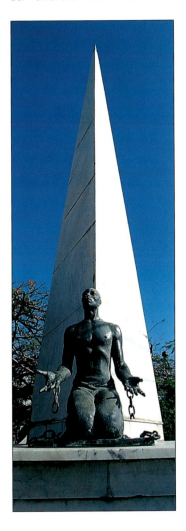

Obelisk im Parque de Abolicion

Südküste

(1881) ein Obelisk aufgestellt. Dies ist der einzige Gedenkstein in der gesamten amerikanischen Hemisphäre, der den aus Afrika verschleppten und ausgebeuteten Menschen gewidmet ist.

Für Kunstfreunde empfiehlt sich ein Besuch im von Eduard Durell Stone entworfenen **Museo de Arte** (15; Avenidas Las Américas 25). Charakteristisch für das 1965 gebaute Museum sind die sieben miteinander verbundenen, sechseckigen Ausstellungsräume und der um einen Brunnen angelegte Patio mit elegant geschwungenen, großzügigen Treppen. Die über 2000 Gemälde und Skulpturen umfassende Sammlung des Museums gilt als die beste und umfangreichste des gesamten karibischen Raumes. Ausgestellt werden nicht nur Werke von einheimischen und lateinamerikanischen Künstlern unterschiedlicher Zeiten und Stilrichtungen, sondern auch bedeutende Gemälde europäischer Maler wie Rubens, Cranach oder Delacroix. Zu verdanken hat Ponce diese Kunstsammlung dem engagierten Industriellen und Kunstliebhaber Luis A. Ferré, der seine umfangreiche Sammlung der Stadt schenkte (Mo, Mi–Fr 9–16 Uhr, Sa 10–16 Uhr, So 10–16 Uhr, Di geschlossen, ✆ 8 48-05 11). Direkt gegenüber dem Museo de Arte liegt der Campus der katholischen Universität (Santa Maria University).

Am nahegelegenen Yachthafen legen die Fähren ab, die die **Caja de Muertos,** auch Coffin' Island genannt, anlaufen (Abfahrtszeiten zu erfragen unter ✆ 8 48-45 75). Die ›Sarginsel‹ ist 3 km lang und 1,5 km breit und damit die größte des ganzen Inselarchipels vor Ponce. Das unbewohnte Naturparadies mit seinen Stränden ist nicht nur für Sonnenanbeter attraktiv, auch Botaniker und Ornithologen fühlen sich hier wohl – wie einst die Seeräuber. Erkundenswert sind auch der alte Leuchtturm und ein Schnorchellehrpfad. Zum Naturschutzgebiet Caja Muertos gehören auch die Inseln **Cayo Morrillito** (Pelikane und Seeadler) und **Cayo Berberia,** nur 5 km von der Küste entfernt.

Information: Ein Touristeninformationsbüro befindet sich unmittelbar vor dem Eingang zur Delicias Mall an der Plaza (Mo–Fr 8–12 Uhr und 13–16 Uhr; ✆ 8 40-41 41, –81 60 und –80 44. Stadtpläne und kostenlose Broschüren sind hier erhältlich. Departamento Recursos Naturales ✆ 8 43-30 41.

Unterkunft: Bei der Suche nach einem geeigneten Hotel ist das Fremdenverkehrsamt von Ponce (Ponce Tourism Office, ✆ 8 40-65 00, Durchwahl 2 44, 2 20, 4 28) behilflich. Das *Hotel Meliá* (✆ 8 42-02 60, 02 61, 2 Cristina) ist eine der ältesten und stilvollsten Herbergen Puerto Ricos (ab 70 US-$). In unmittelbarer Nähe des Plaza liegt auch das recht einfache *Hotel Bélgica* (✆ 8 44-32 55, 122 Villa), Übernachtung ab 40 US-$. Etwas außerhalb des Zentrums liegen das *Days Inn* (✆ 8 41-10 00, Route 1, km 123,5, ab 90 US-$) und das *Holiday Inn* (✆ 8 44-12 00, Route 2, km 221,2; ab

Ponce

15 US-$). Komfort bietet das 1993 eröffnete *Ponce Hilton Hotel* (Av. Santiago de los Caballeros 14, ✆ 2 59-76 76, ab 170 US-$).

Cafés/Restaurants: Mitten im Zentrum und somit ideal für einen Zwischenstopp liegen das *El Café de Tomás* (Calle Reina Isabel 56, ✆ 8 40-19 65), eine angenehme Snack-Bar, und *Lupita's* (Calle Reina Isabel 60, ✆ 8 48-88 08), in dem mexikanische Küche geboten wird. Gute und preiswerte puertoricanische Gerichte kann man im *El Restaurant* im Meliá Hotel genießen (Calle Cristina 2, ✆ 8 42-02 60). Besonders schön am Strand von Ponce liegt das *El Ancla* (Av. Hostos Final, Playa Ponce, ✆ 8 40-24 50), in dem vor allem Fischspezialitäten lohnend sind. Auch im *Pito's Sea Food* (Route 2, Sector Las Cucharas, ✆ 8 41-49 77) sind Fischspezialitäten zu empfehlen. Freitags und samstags gibt es dazu Live-Musik. Ganz in der Nähe liegt das *La Monserrate* (Sea Port Sector Las Cucharas, Route 82, ✆ 8 41-27 40), das viele Bürger von Ponce als kulinarische Institution bezeichnen. In unprätentiöser Atmosphäre kann man hier puertoricanische Speisen und Fisch essen. Wer das gehobene, internationale Ambiente sucht, ist im *La Hacienda* im Hilton Hotel gut aufgehoben (Av. Santiago de los Caballeros 14, ✆ 2 59-76 76, tgl. ab 18.30 Uhr, Reservierung erwünscht).

Nachtleben: Die *Reflejo's Discothek* im Day's Inn Hotel (✆ 8 41-10 00, Mercedita, Route 1) hat jeden Abend – außer So – geöffnet, am Mi ist Merengue-Abend. Eine weitere Diskothek befindet sich im Holiday Inn-Hotel (✆ 8 44-12 00, El Tuque, Route 2): *Holly's Discothek* hat von Mi–Sa ab 20 Uhr geöffnet. Halb Bar, halb Disco ist das *La Bohemia* im Hilton (tgl., ✆ 2 59-76 76).

Feste: Jährlich im Februar findet zu Ehren der Schutzpatronin von Ponce, Señora de Guadalupe, ein karnevalsähnlicher Umzug durch die Stadt statt. Die Einheimischen verkleiden sich dabei und tragen aus Kürbissen hergestellte Masken.

Wassersport: Wer an der Südküste schnorcheln, tauchen, surfen oder segeln möchte, kann unter anderen in folgenden Läden Ausrüstungen und Informationen bekommen: Centro Deportivo Marino (✆ 8 40-64 24), Marginal By Pass; Marine Sports & Dive Shop (✆ 8 44-61 75), 23 Ave. Muñoz Rivera.

Post: Calle Esmeralda/Calle Antocha, ✆ 8 43-10 00.

Anreise: Ponce ist von San Juan aus gut in eineinhalb Stunden mit dem Auto über die Route 52 zu erreichen. Alternativ kann man mit dem Flugzeug anreisen. American Eagle bietet tgl. zwei Flüge von San Juan nach Ponce (Mercedita Airport) an, die Flugzeit beträgt ca. 30 Minuten.

Puerto Rico – bezaubernde Insel

Nur wenige Kilometer nördlich von Ponce auf der Route 503, km 2,7, liegt der **Tibes Parque Ceremonial,** eine archäologische Ausgrabungsstätte, deren Fundstücke die ältesten des ganzen karibischen Raumes sind. 187 Skelette von Menschen der Igneri-Kultur (um 300 n. Chr.) und alte Taíno-Kultstätten sind in diesem Tal entdeckt

Tibes Parque Ceremonial

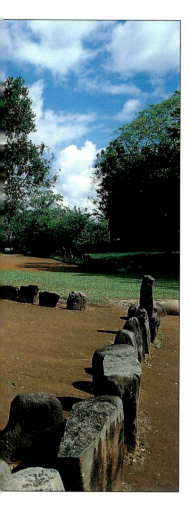

Der Tibes Parque Ceremonial bei Ponce: Hier wurden die ältesten Funde des karibischen Raumes ausgegraben

worden. Sieben rechteckige, von großen Steinen umgebene Flächen, die für Ballspiele genutzt worden sind, zwei Tanzplätze für Zeremonien und ein altes Taíno-Dorf wurden ausgegraben und teilweise rekonstruiert.

Bemerkenswert ist, daß sich die Taínos schon mit der Astronomie beschäftigten. Darauf läßt die Anordnung der Steine auf einem der Tanzplätze schließen, die die Laufbahn der Sonne abbildet. Das Museum im Taíno-Dorf zeigt hier gefundene Ausgrabungsstücke sowie Leihgaben aus dem Naturgeschichtlichen Museum New York, den Museen der Universitäten von Yale und Puerto Rico sowie aus dem Kunstmuseum von Ponce. Eine Galerie zeigt Werke von zeitgenössischen puertoricanischen Künstlern (Mi–So 9–16 Uhr, Eintritt 2 US-$, ✆ 8 40-22 55).

Nordwestlich von Ponce, im Barrio Magüeyes, Route 10, km 16,8, im Tal des Río Cañas, liegt die 1833 erbaute Kaffeeplantage **Hacienda Buena Vista.** Die authentisch restaurierte Plantage vermittelt dem Besucher einen guten Eindruck in die Lebens- und Arbeitsweise der Kaffeeanbauer im 19. Jh. (Führungen Fr–So um 8.30, 10.30, 13.30 und 15.30 Uhr; Reservierung erwünscht, auf Anfrage für Gruppen auch Mi und Do geöffnet, Eintritt 5 US-$, ✆ 7 22-58 82 und 2 84-70 20).

Hacienda Buena Vista

Kaffeeanbau auf Puerto Rico

Im Vergleich zu den Kaffeeanbaugiganten wie Brasilien oder Kolumbien nimmt sich Puerto Rico eher wie ein Zwerg aus. Während in den beiden südamerikanischen Ländern die Jahresdurchschnittsproduktion von Kaffee bei 2,5 Mio. t bzw. 650 000 t liegt, bringen es die Pflücker Puerto Ricos auf rund 13 000 t Rohkaffee. So spielt die Karibikinsel im Kaffeewelthandel nur die zweite Geige, und das, obwohl das ausgeglichene Klima und fruchtbare Böden im Landesinneren optimale Voraussetzungen bieten. Einen Einblick in die Entwicklung des Kaffeeanbaus auf Puerto Rico vermittelt ein Besuch auf der Hacienda Buena Vista, einer bereits 1833 erbauten Kaffeplantage. Ihr ehemaliger Besitzer, der Spanier Salvador de Vives, hat sie so erfolgreich bewirtschaftet, daß sie zur ertragreichsten Plantage der Insel wurde.

Der Kaffeeanbau begann auf Puerto Rico erst relativ spät (Mitte des 18. Jh.), erlangte dann aber schnell große wirtschaftliche Bedeutung. Die Niederländer hatten als erste Kaffee aus Äthiopien in die Karibik gebracht und dort erfolgreich angepflanzt. Von dort schmuggelten die Franzosen Pflanzen nach Cayenne und begannen im Jahr 1720 mit der Kultivierung auf den französischen Antillen. Obwohl Niederländer und Franzosen die Ausfuhr von Kaffeepflanzen und -samen verboten und sogar unter Todesstrafe gestellt hatten, erreichten die begehrten Gewächse schließlich Kuba und Puerto Rico. Die Puertoricaner wußten damit zunächst allerdings nicht viel anzufangen. Sie verwendeten die Pflanzen als Ziergewächse im Vorgarten und versuchten, den therapeutischen Nutzen der Kaffeebohne zu erkunden. Die stimulierende Wirkung aufgrund des an Chlorogensäure gebundenen Koffeins wurde von den Insulanern zunächst nicht geschätzt. Erst Pioniere wie Salvador de Vives haben dem Kaffeeanbau auf Puerto Rico zu seiner einstigen Blüte verholfen.

Die Hacienda Buena Vista wurde vor wenigen Jahren vom Conservation Trust of Puerto Rico vollständig restauriert. Heute gewährt sie dem Besucher einen guten Einblick in die koloniale Plantagenwirtschaft. Zu sehen sind neben dem Herrenhaus und dem Lager ein kleiner Stall, die Hütte des Vorarbeiters, die mit Wasserkraft angetriebenen Mühlen, Trockenhäuser für die abschließende Aufbereitung und eine Sklavenunterkunft. In der kleinen, grauen Hütte mit einer Grundfläche

Hacienda Buena Vista

von ca. 10 x 5 m lebten in vergangenen Zeiten bis zu 60 Sklaven unter unmenschlichen Lebensbedingungen.

Von der Hacienda aus sind es nur ein paar Schritte bis zu den ersten Kaffeepflanzen, die sich oberhalb der Mühle befinden. Hier wachsen sowohl Sträucher als auch Kaffeebäume mit immergrünen ledrigen Blättern. Die kleinen weißen Blüten sind wohlriechend und sitzen gehäuft in buschigen Trugdolden in den Achseln der Laubblätter. Die Früchte sind rote, kirschenähnliche Steinfrüchte mit meist zwei Steinkernen. Unter der äußeren Hornschale befindet sich der Samen, die Kaffeebohne, die mit einer Silberhaut umgeben ist.

Kaffeekirschen benötigen acht bis zwölf Monate bis zur Reife, dann werden sie von Hand oder maschinell gepflückt. Durchschnittlich werden pro ha ca. 500 kg geerntet, vorausgesetzt, daß nicht eine der zahlreichen, den Kaffeeanbau bedrohenden Schadorganismen die Plantage heimgesucht hat. Besonders gefährlich ist der Kaffeerost, eine Pilzart, die alle Sorten in allen Anbaugebieten der Welt befällt. Die Larven des Kaffeekirschenkäfers zerfressen die Bohnen und verursachen schwere Einbußen. Spinnmilben schwächen die Pflanzen mit ihrer Saugtätigkeit und führen so ebenfalls zu niedrigeren Ernten, während Stammbohrer das Kernholz zerfressen und zum Absterben der Pflanzen führen. Nur durch entsprechende Schutzmaßnahmen bei Anbau, Lagerung und Transport der Kaffeebohnen können diese Schadorganismen, die in großen Monokulturen ideale Bedingungen für ihre schnelle Verbreitung finden, in Schach gehalten werden.

Von Salinas nach Maunabo

Die Route 1 führt an der Küste entlang von Ponce nach **Salinas**, einem ruhigen, kleinen Ort. Bekannt ist die 1851 gegründete Stadt v. a. unter Sportlern und Feinschmeckern. Hier befindet sich das Trainingszentrum für ambitionierte Olympia-Teilnehmer, die Albergue Olimpico (Ponce Expressway). Das Zentrum umfaßt Schwimmbäder (u. a. Wellenbad), Baseball- und Fußballfelder, Tennisplätze, Schießanlage, Rollschuhbahn und eine Rennstrecke. Ein angegliedertes Museum vermittelt Einblicke in die Geschichte der Olympischen Spiele (tgl. 8–22 Uhr, Eintritt frei, Gebühren bei Benutzung der Einrichtungen).

Wer dagegen auf das Meer hinausfahren möchte, wendet sich an die Fischer von Salinas: In der Villa Pesquera werden Segelboote (mit und ohne Kapitän) vermietet, die Platz für bis zu 15 Personen bieten.

Unterkunft: *Marina de Salinas* (✆ 7 52-84 84, 6–8 Chapín). Das Hotel liegt direkt am Yachthafen. Zimmer ab 75 US-$.

Restaurant: Kreolische Gerichte und guten Hummer bieten viele idyllisch am Meer gelegene Restaurants, z. B. *Ladi's* (8 24-20 35, Route 701, km 1), *Puerta al Sol* (✆ 8 24-11 33, 44 Calle Boplaya), *La Playita* (✆ 8 24-25 94, 57 Bahía Playita Buzón und *Puerta a la Bahía* (✆ 8 24-12 21, Barrio Playita 296).

Wer einen Zwischenstopp auf der Fahrt von Salinas nach Guayama einlegen möchte, dem sei **Bahía de Jobos** empfohlen. Die Bucht ist nicht nur für ihre Schönheit, sondern auch für die Vielzahl der hier vertretenen Vogelarten bekannt.

Das Gründungsdatum der kleinen Industriestadt **Guayama** ist nicht bekannt. Jedoch weiß man, daß eine erste kleine Kapelle hier um das Jahr 1736 errichtet wurde. Zu diesem Zeitpunkt herrschte auch schon im Hafen von Guayama lebhaftes Treiben und die hier lebenden Menschen zählten zu den reichsten der ganzen Insel. Ende des 18. Jh. lebten in Guayama knapp 4600 Einwohner, heute sind es rund 40 000.

Erhalten geblieben ist der Stadtkern aus der Kolonialzeit. Am Rand der Plaza steht ein hübsches Haus im kreolischen Stil aus dem Jahr 1887. Der ehemalige Wohnsitz der Familie Cantiño wurde in ein kleines Museum mit Möbeln, Kunstwerken und historischen Fotografien aus dem 19. Jh. umgewandelt (Mi–So 10.30–12 Uhr und 13–16.30 Uhr, ✆ 8 64-90 83).

Besuchenswert in diesem kleinen Ort ist auch die leicht zu findende Aguirre Sugar Mill (✆ 8 66-20 71). Interessenten können während der Erntesaison (Januar bis März) bei der Verarbeitung zuschauen. In der Nähe wurde der Golfplatz Aguirre (Route 705, tgl. 7.30–18.00 Uhr, ✆ 8 53-40 52) angelegt, der von vielen Golfern deshalb aufgesucht wird, weil es

Von Salinas nach Maunabo

hier keine Wartezeiten gibt. Bekannt ist die Stadt unter Anglern, die von den umfangreichen Fischvorkommen in diesem Küstenabschnitt angelockt werden. Bootsausflüge auf das Meer starten im Club Náutico de Guayama und im Guayama Fishing Club.

Unterkunft: *Posada Guayama Hotel* (✆ 8 66-15 15, Route 3, km 138,5), 80 bis 90 US-$.

Einige Kilometer weiter östlich liegt die 1855 gegründete Stadt **Arroyo**. Die Hauptstraße wurde nach Samuel Morse, dem Erfinder des Morse-Code, benannt, der selbst in dieser Ortschaft Telegraphenleitungen verlegen ließ. In der Stadt sind Häuser aus dem 19. Jh. auffällig, auf deren Dächern Kapitänsbrücken errichtet worden sind. Kapitäne, die sich hier als Siedler niederließen, wollten auf ihre gewohnte Umgebung nicht verzichten. Der nahe der Stadt gelegene Sandstrand bei Punta Guilarte (mit Campingplatz) zählt zu den einsamsten der ganzen Insel.

Ein ›Open Air‹-Bus startet an den Wochenenden um 8.30 Uhr am Hafen zu einer Rundfahrt durch die Stadt und die Umgebung. Ein Reiseleiter sorgt dabei für die entsprechenden Hintergrundinformationen. Eine weitere Attraktion ist die alte Zuckerrohrbahn, die an jedem Sonntagmorgen und an Feiertagen um 10 Uhr von Arroyo nach Guayama und wieder zurück fährt. Die Mitfahrt ist kostenlos.

 Unterkunft: Relativ preisgünstig werden in Strandnähe gelegene Guest Houses von Privatpersonen vermietet. Wer daran Interesse hat, sollte im Ort nachfragen.

Auf dem Weg von Arroyo nach Maunabo zeigt sich auf der Höhe der Stadt **Patillas** die Karibik von ihrer besten Seite; nirgendwo sonst ist der Blick auf das Meer so schön wie hier. Bei klarem Wetter kann man am Horizont die Insel Vieques erkennen. Sehr eindrucksvoll sind hier auch die Sonnenaufgänge. Kurz vor Maunabo, am Punta Tuna, steht ein um 1890 erbauter Leuchtturm. Er wird heute noch von der US-Küstenwache genutzt, kann aber auch von Besuchern bestiegen werden. Zu beiden Seiten des Leuchtturms befinden sich versteckte, einsame Badestrände.

Maunabo selbst ist ein kleines, verschlafenes Nest, die Bewohner vertreiben sich ihre Zeit Domino spielend im Schatten der Bäume. Der 11 000-Seelen-Ort ist Ausgangs- bzw. Endpunkt der rund 200 km langen Ruta Panoramica, die sich von Yabucoa durch die Zentralkordilleren bis nach Mayagüez an der Ostküste, vorbei an kleinen malerischen, in üppiger tropischer Vegetation eingebetteten Dörfern zieht.

Die Playa de Luquillo nach einem tropischen Regenguß ▷

An der Ostküste

Humacao mit Playa und erlesene Klientel im Palmas del Mar Resort

Vom Schmugglernest zum Touristenzentrum – Fajardo und seine Cayos

Die Errungenschaften der Zivilisation – der Yachthafen Marina Puerto del Rey

Wandern in El Faro

Luquillo Beach – Gut besuchter Traumstrand

Nachlaß einer Indianerprinzessin: Loíza

An der Ostküste

Aus der Reihe der meist schmucklosen Häuser des Wirtschaftszentrums Humacao tut sich die sehenswerte Casa Roig hervor. Nicht weit von hier lockt das Ferienzentrum Palmas del Mar Resort mit allen nur erdenklichen Annehmlichkeiten betuchte Gäste an. Die Fajardo vorgelagerten Cayos laden zum Baden, Schnorcheln und Tauchen ein. Naturgenuß bietet die Reserva Natural Las Cabezas de San Juan, Badefreuden der Luquillo Beach. Ein lebendiges afrikanisches Erbe und eine landschaftlich reizvolle Lage hat die Stadt Loíza zu bieten.

Humacao und Palmas del Mar

Die 75 m über dem Meeresspiegel nahe der Ostküste Puerto Ricos gelegene Stadt **Humacao** lebt heute überwiegend von der hier angesiedelten Industrie, vor allem von der Petrochemie und der Textilindustrie. Wie Mayagüez an der Westküste, so ist Humacao das Wirtschaftszentrum an der Ostküste. Von San Juan aus ist die Stadt in ca. einer Stunde Fahrtzeit über die Routen 52 und 30 zu erreichen.

Die Randbezirke der 1793 gegründeten Stadt sind geprägt von kleineren und mittleren Industriebetrieben, dazwischen liegen die einfachen Häuserblocks der Arbeiter, mit angeleinten Pferden vor den Haustüren. Die Vierbeiner gelten hier als die ›Autos der Armen‹. Obwohl die an der Plaza im Jahr 1876 errichtete Iglesia Dulce Nombre de Jesus mit ihrem hohen Kirchturm schon längst sichtbar ist, zieht sich die kurze Fahrtstrecke bis zum Ortszentrum recht lange hin: Ein endloser Autokorso verstopft die Straßen, und es wird wieder einmal deutlich, wie unzureichende Verkehrsplanung auf Puerto Rico in einem regelmäßigen Chaos auf den Straßen endet, vor allem an den Wochenenden. Am besten parkt man den Wagen recht frühzeitig und geht den Rest des Weges zu Fuß. Auf der Plaza kann man sich anschließend auf Marmorbänken unter alten Bäumen ausruhen und dem emsigen Leben in der Innenstadt zuschauen. Zahlreiche Geschäfte säumen die Plaza und die umliegenden Straßenzüge. Ein modernes Einkaufszentrum wurde in ungefähr 100 m Entfernung an der Ecke Calle Font Martelo/Calle Francisco Vega errichtet. Für Pflanzenfreunde empfiehlt sich ein Besuch im 84 ha großen Botanischen Garten (Candalero Abajo 130).

Humacao ist auch Universitätsstadt. Im Planetarium der Hochschule befindet sich ein auf die Sonne gerichtetes Teleskop, das nicht nur Studenten, sondern auch Besuchern – nach vorheriger Anmeldung – zur Verfügung steht.

Aus den eher schmucklosen, Häusern in Humacao sticht die Casa Roig (Antonio López 66, Route 3) hervor. Die in den Zwanziger Jahren von dem tschechischen Architekten Antonín Nechodoma, einem Schüler Frank Lloyd Wrights, gebaute Villa hat als erstes Bauwerk des 20. Jh. Einzug in das puertoricanische Registro Nacional de Monumentos Históricos gefunden. Errichtet wurde sie 1919 im Auftrag von Antonio Roig Torruellas, einem Zuckerrohrplantagen-Besitzer, der es in den ersten Jahrzehnten dieses Jahrhunderts mit Handelshäusern, Zuckerfabriken und Banken zu großem Reichtum gebracht hatte. Nach dem Tod des Ehepaares Roig ging das Haus 1977 als Schenkung der Familie in den Besitz der Universität von Humacao über. Mehr als eine Mio.

Wohnhaus bei Humacao

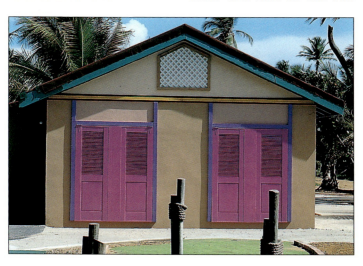

Ostküste

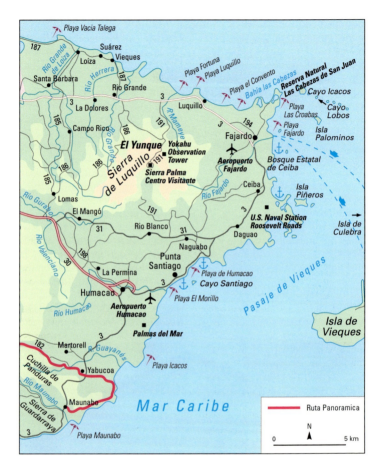

Die Ostküste

US-$ wurden in die Renovierung des mit Mosaiken und farbigem Glas geschmückten Gebäudes gesteckt, um die großen lichtdurchfluteten Räume in ein Museum und kulturelles Zentrum für Puerto Ricos Osten zu verwandeln. Hier finden sowohl musikalische Veranstaltungen wie auch Kunstausstellungen statt (Mi–Fr 10–12 Uhr und 13–16 Uhr, So 10–16 Uhr, sofern keine Veranstaltungen).

Humacao und Palmas del Mar

Surfer am Strand von Palmas

Nur wenige Kilometer vom Ort entfernt liegt die **Playa de Humacao,** ein öffentlicher, immer belebter Badestrand mit zahlreichen Imbißbuden. Vom Strand aus sieht man die nur knapp 2 km von der Küste entfernte **Cayo Santiago,** auch Affeninsel (Monkey Island) genannt. Auf der Insel leben 800 Rhesusaffen, deren indische Vorfahren 1938 zu Forschungszwecken in die Karibik gebracht worden sind. Auch heute noch kommen Wissenschaftler aus der ganzen Welt zu Studienzwecken, um in den Labors auf Cayo Santiago ihrem Forscherdrang nachzugehen. Anderen Besuchern wird das Betreten der Insel verwehrt, aber man darf mit einem Boot vor der Insel ankern und die Affen beobachten. Ausflüge werden in Humacao und Fajardo angeboten (Schnorchelausrüstung nicht vergessen!).

Der eigentliche Anziehungspunkt Humacaos ist aber weder der Botanische Garten, noch die Casa Roig oder die Affeninsel. Die meisten Besucher machen sich von Humacao aus über die Routen 30 und 53 auf den Weg zum 8 km entfernten Freizeit- und Ferienzentrum **Palmas del Mar Resort** (Route 906). 1972 wurde mit der Bebauung des 12 km² großen Areals begonnen, und noch immer ist ein Ende nicht abzusehen. Zwei Hotels, das Palmas Inn und das Candelero stehen den Gästen zur Verfügung, außerdem können exklusive Apartments gemietet werden. In fünf Villages mit jeweils bis zu 60 Apartments und zahllosen Ferienhäusern haben sich vor allem reiche Puertoricaner und Amerikaner vom Festland eingenistet. Die architektonisch ansprechenden Häuser, jedes ein kleines Schlößchen

Ostküste

Palmas del Mar

für sich, werden zu einem Preis von durchschnittlich 250 000 US-$ verkauft, die größeren Casas kosten bis zu 2,5 Mio. US-$.

Für das passende Ambiente ist gesorgt: Privater Flugplatz, 18-Loch-Golfplatz, Yachthafen, 20 Tennisplätze, viele Pools und Restaurants, Einkaufszentrum, Reitstall, Surf- und Tauchbasis. Neben dem umfangreichen Freizeitangebot besticht Palmas del Mar durch seine außergewöhnliche Lage: Das ganze Jahr über weht ein angenehm erfrischender Wind, der auch Regenwolken schnell vertreibt.

Unterkunft: *Palmas del Mar* (✆ 8 52-60 00, Route 906), in der Hochsaison Zimmer ab 210 US-$, in der Nebensaison ab 130 US-$.

Restaurants: In Palmas del Mar bieten mehrere Restaurants gutes Essen. Besonders zu empfehlen sind das direkt am Meer gelegene *Chez Daniel* (franz. Küche, ✆ 8 50-38 38), das puertoricanische Restaurant *Las Garzas* (Candelero Hotel, ✆ 8 52-60 00) und das vornehme *Palm Terrace Restaurant* (Palmas Inn Hotel, ✆ 8 52-60 00), das über eine wunderschöne Terrasse verfügt. Wer es lieber landestypisch mag, sollte die folgenden Restaurants aufsuchen: *Tulio's Seafood Restaurant* (✆ 8 52-18 40, Route 3, km 71,4) ist ein einfaches, aber typisch puertoricanisches Lokal. Ein weiteres Restaurant mit Meeresspezialitäten und Inselflair liegt an der Route 3, km 75: *Paradise Seafood* (✆ 8 52-11 80, Principal Punta Santiago). Nur wenig entfernt das neue *Maria's Restaurant* (✆ 8 52-54 71, Route 3, km 70,3), das mit Seafood-Spezialitäten lockt.

Fajardo

32 km nördlich von Humacao liegt **Fajardo,** einst ein verschlafenes Fischernest, das Schmugglern und Piraten als Stützpunkt diente. In den vergangenen Jahren hat sich die Stadt zu dem modernsten und größten Yachthafen der Karibik entwickelt.

Das Zentrum der Stadt ist eine neu gestaltete Plaza mit renovierter Kirche und Akustikhalle. Allerdings wirkt der Platz im Vergleich zu den Straßen und Gassen der Umgebung etwas überdimensioniert. So sagen denn auch die Alteingesessenen, früher sei es an der Plaza richtig turbulent zugegangen, heute treffe man sich dagegen anderswo. Tagsüber ist dank zahlreicher Boutiquen, Juweliere und Schuhgeschäfte mehr Leben.

Im Hafen, gleich neben dem rosafarbenen, stuckverzierten Zollhaus, legen regelmäßig Fähren zu den Inseln Culebra und Vieques ab. Auch die Ausflugsboote zu den Koralleninseln Isla Palominos, Isla Aves, Cayo Lobos, Balomonitos und Cayo Icacos (hervorragende Bade-, Schnorchel- und Tauchreviere, sehr zu empfehlen!) warten hier auf Touristen. Am beliebtesten ist Icacos mit seiner ›Sonnen-Sandbank‹ und dem klaren, türkisblauen Wasser. Wer nicht schnorcheln mag, kann über das Inselchen spazieren und Ruinen, einen Salzteich und einen Turm, der einst als Versteck diente, entdecken (Auskünfte bei der Farjardo Port Authority, ✆ 8 63-07 05).

Im Yachthafen, der **Marina Puerto del Rey** (Route 3, km 51,2) stehen 750 Liegeplätze, jeweils mit TV- und Telefonanschluß zur Verfügung. 350 Mio. US-$ werden derzeit in ein Ausbauprogramm investiert, in den nächsten Jahren sollen Hotels, Einkaufszentren und Golfplätze hinzukommen. Weitere Liegeplätze bieten die Marina Puerto Chico (Route 987), Isleta Marina (ein kleines Inselchen vor Fajardo) und Villa Marina (Route 987) an.

An der Nordostspitze Puerto Ricos, nur 3 km von Fajardo entfernt, befinden sich die Playas Las Croabas und Seven Seas. In der Bucht von Las Croabas verkaufen die Fischer in den Morgenstunden ihren Fang; Selbstversorger sollten sich hier umschauen. Auch Segelboote, Tauch- und Schnorchelausrüstungen können hier entliehen werden (Osvaldo de Jesus). Seven Seas lädt nicht nur zum Baden, sondern auch zum Schnorcheln ein. Hier liegt auch das 1993 eröffnete Luxusresort El Conquistador, in dem fünf Hotels sowie zahlreiche Sport- und Freizeiteinrichtungen zur Auswahl stehen. Der Besucher des Resorts wird vor allem durch die spektakuläre Lage in seinen Bann gezogen. Von einem 100 m hohen Cliff blickt man auf der einen Seite über das karibische Meer und auf der anderen über den Atlantik. Die Aussicht reicht bis zu den kleinen Antillen und nach St. Thomas. Eine

Drahtseilbahn bringt die Gäste zum Yachthafen, von dem aus in einem Turnus von 15 Minuten kostenlose Wassertaxis zur hoteleigenen unbewohnten Insel ablegen.

Kürzlich eröffnet wurde die **Reserva Natural Las Cabezas de San Juan** (über Route 987 erreichbar). Die im nordwestlichen Inselzipfel gelegene kleine Halbinsel wurde von Puerto Ricos Conservation Trust erworben, damit das hiesige Ökosystem unverändert erhalten werden kann. Bekannt ist dieses Gebiet auch unter dem Namen El Faro, nach dem hier stehenden Leuchtturm aus dem Jahr 1882. Von der Aussichtsplattform kann man die umliegende Region gut übersehen. Ein Naturinformationszentrum sowie Wanderwege wurden zusätzlich eingerichtet (Fr–So,

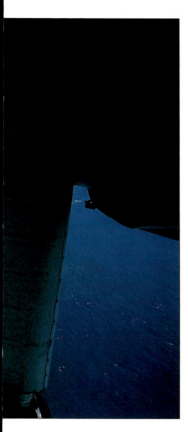

Insellandschaft vor Fajardo

Luft, unter Einbezug des militärischen Stützpunktes auf Vieques. Am anderen Ende der Insel, am Punta Borinquen, hatte die U.S. Airforce ihr Hauptquartier aufgeschlagen, mit einer der längsten Landebahnen der Welt gut gerüstet für den An- und Abflug von Langstreckenbombern. Weitere Stützpunkte befinden sich im Süden der Insel, wie das Fort Allen (U.S. Navy) bei Ponce und der Campamento Santiago (U.S. Army) sowie in San Juan (Fort Buchanan).

Bei der relativ hohen Arbeitslosigkeit bietet der Militärdienst für viele Menschen die einzige Beschäftigungsmöglichkeit. Oft nutzen sie diese Zeit, um eine Ausbildung oder ein Studium zu absolvieren. Wie stark die Puertoricaner in den U.S.-Streitkräften vertreten sind, läßt sich auch daran abschätzen, daß im Golf-Krieg im Jahr 1991 allein 15 000 Soldaten der kleinen Karibikinsel im arabischen Wüstengebiet eingesetzt wurden.

Anmeldungen unter ✆ 8 60-25 60 oder 7 22-58 82 erforderlich, Eintritt 4 US-$).

Südlich von Fajardo, bei Ceiba, befindet sich die U.S. Naval Station Roosevelt Roads, die größte Marinebasis der Welt. 5000 Soldaten sind hier permanent stationiert, bei Manövern steigt die Zahl auf ein Mehrfaches an. Geübt wird dabei zu Lande, zu Wasser und in der

Unterkunft: *El Conquistador* (Route 987, km 1,4, ✆ 8 63-10 00; Zimmerpreise 345–1745 US-$). Komfortable Zimmer zu moderaten Preisen bietet das schön gelegene *Fajardo Inn* (52 P. Beltrán, Puerto Real; ✆ 8 63-51 95; ab 45 US-$).

Restaurants: Im *El Conquistador* stehen zahlreiche Restaurants

Ostküste

zur Verfügung. In Fajardo selbst ist vor allem *Rosa's Seafood* (✆ 8 63-02 13, 536 Tablazo, Puerto Real) an der Route 195 zu empfehlen.

Wassersport: Es gibt in Fajardo eine ganze Liste mit nicht enden wollenden Angeboten. Hier seien nur einige aufgeführt:
Tauchen: Caribbean Divers Institute (✆ 8 60-21 77, 44 Ave. Principal); Palomino Divers (✆ 8 63-10 00); Sea Ventures (✆ 8 63-34 83).
Segeln: Captain Jayne Sailing Charters (A 7 91-51 74, 1 Ampola, Isla Verde), Segeltörns für zwei bis sechs Personen, Tagestouren zu einsamen Inseln; East Wind Catamaran (✆ 8 63-28 21).
Rennboote: Club Náutico Powerboat Rentals (✆ 8 60-24 00, Puerto del Rey. Route 3, km 51, Fajardo), Tauchen, Wasserski, Hochseeangeln werden zusätzlich angeboten.
Bootsausflüge: Spread Eagle (✆ 8 63-19 05, Villa Marina Yachthafen), Tagestouren nach Icacos und Palominitos.

Luquillo Beach

Sechs Kilometer von Fajardo entfernt liegt **Luquillo**, erreichbar über die Route 3. Die 1797 gegründete Stadt liegt besonders malerisch in der Ebene zwischen dem dunkelblauen Atlantik und den grünen Luquillo-Bergen; im Hintergrund schimmert der tropische Regenwald. Im Ortszentrum finden sich eine ganze Reihe von Boutiquen, Geschäften, Bars und Restaurants. Sie sind Folge der vielen Wochenend- und Ferienbesucher, die sich in den Hochhäusern am Meer kleine Apartments gekauft haben.

Direkt im Anschluß an diese Ferienenklave beginnt der **Balneario de Luquillo,** der beliebteste und bekannteste puertoricanische Badestrand. Der Name des rund fünf Kilometer langen, breiten Sandstrandes, umgeben von einer großen Kokospalmenplantage, ist indianischen Ursprungs, die Bedeutung ist allerdings unbekannt. Europäern, die mit dem Leitbild von einsamen, karibischen Traumstränden nach Puerto Rico kommen, wird der Umstand mißfallen, daß Luquillo Beach recht gut erschlossen ist: zahlreiche Parkplätze, kleine Verkaufsstände, Imbißbuden, z. T. betonierte Strandwege. Vom Windsurfen über Tauchen bis zum Wasserski werden alle Wassersportarten angeboten. Vor allem sonntags ist der Strand sehr belebt, wenn zahlreiche Besucher aus dem nahen San Juan hier Erholung suchen. An den Wochentagen ist man dagegen mit ein wenig Glück ganz allein (der Strand ist Di–So 9–17 Uhr geöffnet).

Entlang der Route 3 drängen sich über 60 Bars, Billardhallen, Snackbuden, Restaurants und Souvenirshops (Los Kioskos de Luquillo). Hier treffen sich die Strandbesucher zum Mittagessen oder zu einem Drink. Es geht lustig und unkompliziert zu, die vielen Einheimischen vermitteln eine typisch puertoricanische Atmosphäre. An Wochentagen haben viele Lokale und Shops geschlossen.

Luquillo Beach/Loíza

Etwas östlich von Luquillo, in der Nähe der Stadt Río Grande, verläuft der Fluß Espírito Santo. Mehrmals täglich starten kleine Ausflugsboote zu Fahrten durch den dichten Mangrovenwald, der den Fluß säumt. Ausgangspunkt für die knapp zweistündigen Touren ist die Route 3, km 25,2. (Vorher Auskunft einholen: ✆ 8 76-23 13.)

Unterkunft: Parador *Martorell* (✆ 8 80-27 10, Ocean Drive 6 A). Es hat allerdings nur sieben Zimmer. Wer die heimelige Atmosphäre und den wunderschönen Garten genießen will, sollte unbedingt vor der Anreise reservieren. Zimmer ab 70 US-$. Das *Westin Rio Mar Beach Resort* ist eine luxuriöse Hotelanlage, die 1996 eröffnet wurde. Die Anlage erstreckt sich über einen kilometerlangen Sandstrand, direkt neben Luquillo Beach. Mangrovenwälder, Hügel und Sandstrand wurden harmonisch in die Anlage eingebettet (✆ 8 88-60 00).

Loíza

Um von Luquillo nach **Loíza** zu gelangen, verläßt man bei Rio Grande die Route 3 und fährt auf der Route 187 bis zum Ziel. Die Küstenstraße verläuft bis San Juan, das nur noch rund 20 km entfernt ist, direkt am Meer entlang.

Die Stadt trägt den Namen der einst hier lebenden Indianerprinzessin Loísa, die kämpfend an der Seite ihres spanischen Geliebten Mejías während eines Indianeraufstandes ums Leben kam. Die Geschichte der Stadt Loíza reicht zurück bis in das 17. Jh. Davon zeugt die älteste noch erhaltene Kirche der ganzen Insel, San Patricio, mit deren Bau 1645 begonnen wurde. Fertiggestellt wurde sie im Jahr 1729. Sie liegt strategisch günstig und weist Charakteristika eines Verteidigungsbaus auf. Aus diesem Grund wurde San Patricio von den Einwohnern in den vergangenen Jahrhunderten bei Piratenüberfällen immer wieder als Zufluchtsstätte benutzt.

Die in vier Bezirke (Piñones, Plaza, Mediana und Baja und Mediana Alta) aufgeteilte Stadt gehört zu den ärmsten der Insel. Der Grund dafür liegt in der Vergangenheit: Riesige Zuckerrohrplantagen und Goldvorkommen in der nahen Umgebung sorgten für einen großen Bedarf an Sklaven, die sich hier später ansiedelten. Viele der heute 40 000 Einwohner sind direkte Nachfahren der Yoruba-Sklaven und so verwundert es nicht, daß das afrikanische Erbe in Loíza lebendiger ist als in jeder anderen Stadt der Insel. Aber nicht nur die alten Traditionen der Sklaven, sondern auch deren Armut lebt weiter.

Im krassen Gegensatz dazu steht der Sport der Reichen, Polo, dem hier im Ingenio Polo Club, nahe dem Loíza River, gefrönt wird. In der ärmlichen Umgebung findet auch jährlich der Rolex Polo Cup statt.

In **Loíza Aldea** wird jedes Jahr im Juli (19.–29.) die Fiesta Patrona-

Ostküste

les de Loíza zu Ehren des heiligen Jakob zelebriert. Das Fest ist auf der gesamten Insel wegen der Einzigartigkeit und Schönheit der während der Prozessionen getragenen Kostüme bekannt. Jedoch verschwinden die ursprünglichen Kostüme und Masken immer mehr. Vor einigen Jahren ging der Preis für das beste Kostüm sogar an einen E.T.-Darsteller.

Das Festival wird seit dem frühen 17. Jh. veranstaltet. Dazu erzählt man auf der Insel folgende Geschichte: Ein Fischer fand auf dem Heimweg von der Arbeit eine kleine, in einer Korkweide versteckte Reiterstatue, die nach seiner Meinung einen spanischen Caballero darstellte. Er nahm sie mit und bewahrte sie zu Hause auf. Am nächsten Tag, als er heimkehrte, war die Statue verschwunden. Nach langem Überlegen, was zu tun sei, ging der Fischer zurück zur Korkweide und fand sie dort erneut vor. Am darauffolgenden Tag passierte das gleiche wieder. Der Fischer brachte die Statue zum Pfarrer und bat um Rat. Dieser erkannte das Abbild des heiligen Santiago, segnete die Statue und fortan blieb sie in der Kirche und vollführte keine geheimnisvollen Wanderungen mehr. Dies war der Auftakt für die Festtage zu Ehren Santiagos.

Im Vejigante Craft Shop (tgl. ab 10 Uhr) an der Route 187, km 6,6, verkauft die Familie Ayala die bekannten Loíza-Masken (Vejigante), hergestellt aus Kokosnußschalen. Eine Zweigstelle des Geschäftes befindet sich direkt in Loíza in der Calle 5.

8 km entfernt von Loíza liegt das **Hipodromo El Nuevo Comandante** (Route 3, km 15,3 Canovañas). Hier kann man die Puertoricaner hautnah bei einer ihrer Leidenschaften, den Pferdewetten, beobachten und selbst auch einmal auf Sieg oder Platz einer der Vierbeiner setzen (Pferderennen So und Feiertage 14.15 Uhr, Mo, Mi und Fr 15.45 Uhr, ✆ 7 24-60 60). Direkt neben der Rennbahn kann man sich die Zeit in einem Volkspark vertreiben; Karussells, Schießbuden, Süßwasserstände und vieles mehr verzücken oft nicht nur die Kinder.

Restaurants: *Casa del Rey* (✆ 8 76-26 77, Route 188/951); *El Lago de Loíza* (✆ 8 76-16 22, Route 187, km 8,8); *Parilla* (✆ 8 76-31 91, Route 187, km 6,2).

Piñones

Vom Zentrum Loízas aus sind es 13 km bis **Piñones,** ein unter der einheimischen Bevölkerung sehr beliebter Bade- und Windsurfort. An den feinsandigen Stränden stehen typisch karibische, bunte Holzhütten, umgeben von Kakteen.

Die Route 187 zwischen Piñones und Loíza ist einerseits als Lover's Lane für junge Paare, andererseits für die vielen, direkt am

Loíza: Masken aus Kokosnußschalen von Pedro I. la Vieve

Strand gelegenen, guten Fischlokale bekannt (z. B. *Parrilla,* km 6, ✆ 28 76-31 91; *Villas Santiago Apóstol,* km 6,6, ✆ 8 76-80 80, 7 63-72 02). Unerfreulich ist, daß an diesem Strandstück in der Vergangenheit kriminelle Delikte sehr stark zugenommen haben. Man sollte sich davor hüten, nachts alleine oder auch zu zweit den Strand entlang zu spazieren.

In Richtung San Juan fährt man vorbei an Puerto Ricos größtem Sumpfgebiet, der Laguna Torrecilla und überquert den Río Grande, der an dieser Stelle eine starke Strömung aufweist. Rund 10 km weit ziehen sich einsame Strände die Küste entlang, lädt die Reserva Forestal Piñones zum Wandern ein und sorgen riesige Kokospalmen-Plantagen für karibische Stimmung.

Wassersport: In Piñones befindet sich die Wassersportbasis Castillo Watersports (✆ 7 91-61 95, 7 26-57 52).

Im Landes-
inneren

Lianen, Wasserfälle, Orchideen – El Yunque

Von Caguas und Cayey zur Panoramastraße

Farbenfreude in Aibonito und der endlich gefundene Jungbrunnen

Die Wiege des ›George Washington von Puerto Rico‹ und Wanderparadies Toro Negro

Wo die Taíno-Indianer Fußball spielten

Eine Höhlenkathedrale

Wildbach im El Yunque National Forest

Im Landesinneren

Herrlich wandern und baden läßt es sich im Regenwaldreich des Berggotts Yukiyu, der den Puertoricanern ihr Maskottchen bescherte. Die einstige Indianersiedlung Cayey kann mit Petroglyphen und der Fiesta del Indio aufwarten; auf der Panoramastraße geht es vorbei an überwältigender Vegetation, durch ländliche Gebirgsorte und über die Höhen der Kordilleren. Westlich von Utuado liegt eine ehemalige Kultstätte der Taíno-Indianer; bei Lares beeindrucken gigantische Höhlensysteme.

Der Regenwald El Yunque

El Yunque, 55 km östlich von San Juan gelegen, ist der einzige Regenwald, der in das amerikanische Nationalparksystem aufgenommen wurde. Im Jahr 1903 wurde er vom amerikanischen Präsidenten Roosevelt zum Nationalpark erklärt. Er umfaßt 11 330 ha, das sind rund drei Viertel des gesamten auf Puerto Rico noch existierenden Waldes. Während der Kolonialzeit suchten Indianer und entlaufene Sklaven in dem Regenwald Schutz vor ihren Verfolgern. Heute leben nur noch drei Familien im Naturschutzgebiet. Der Nationalpark liegt in der Sierra de Luquillo und ist ein Paradies mit Wasserfällen, dichter Tropenvegetation, Lianen, wilden Blumen mit leuchtenden Blüten, verschiedenen Farnarten und einer beachtlichen Anzahl von Vogelarten. Über 240 verschiedene Baumarten wachsen im El Yunque-Gebiet, einige ihrer Vertreter sind mehr als 1000 Jahre alt. Hier entspringen auch die acht größten Flüsse Puerto Ricos. Die üppige Vegetation fasziniert durch ihre mannigfaltigen Grüntöne – besonders im Nebel oder bei Regen – und gibt dem Betrachter das Gefühl, in die Kulisse eines Tarzanfilmes geraten zu sein. Die unzähligen, hier beheimateten Baumfrösche sorgen für die entsprechende musikalische Untermalung.

Obwohl der höchste Gipfel der Sierra de Luquillo der El Toro (1075 m) ist, wurde das ganze Gebiet nach dem zweithöchsten Berg, El Yunque (1065 m), benannt. Die

El Yunque

spanischen Kolonialherren übernahmen als Namen für den Berg die ursprüngliche indianische Bezeichnung *yuque,* was »weißes Land« bedeutet. Im Glauben der Ureinwohner lebte hier, inmitten der vom weißen Regendunst und Nebel umhüllten Berggipfel, der Naturgott Yukiyu. Eine indianische Legende erzählt, Yukiyu sei eines Nachts dem Häuptling der Taínos, Coquí, erschienen und habe ihm mitgeteilt, daß er ihm ein kostbares Geschenk machen wolle. Daraufhin machte sich Coquí auf den schweren und gefährlichen Weg zur Spitze des El Yunque, wobei er immer wieder von dem bösen Gott Huracan (Hurrikan) angegriffen wurde. Nach vier Tagen erreichte er dennoch wohlbehalten sein Ziel und Yukiyu erschien ihm. Dieser überreichte dem Häuptling einen Korb, in welchem ein kleiner Baumfrosch saß: El Coquí. Das Tier sollte fortan für alle Zeiten durch seinen Gesang den Häuptling preisen. So kam Puerto Rico zu seinem Maskottchen.

Der Regenwald El Yunque läßt sich – je nach Höhe – in vier verschiedene Vegetationszonen unterteilen. **Bis 600 m:** Tabonucowald, in dieser Region dominiert der Tabonucobaum. Er ist zu erkennen an der sich in Fetzen ablösenden Baumrinde. Weiterhin finden sich hier viele Bananenstauden und hochwachsender Bambus sowie zahlreiche Blumenarten. **Zwischen 600 und 850 m:** Coloradowald, hier überwiegen die kurzstämmigen, knorrigen und oft hohlen Coloradobäume, die eher wie Buschgestrüpp wirken. Aus dem Holz des ebenfalls vorzufindenden Ansubobaumes wurden früher die meisten Häuser Viejo San Juans gebaut, aber es fand auch Verwendung im Schiffsbau. Den spanischen Gouverneuren erschien dieses Holz so wertvoll, daß sie ein Ausfuhrverbot verhängten, um so sicherzustellen, daß es weder Engländern noch Holländern in die Hände fiel. **Ab 850 bis 1000 m:** Palmwald, er besteht fast ausschließlich aus Sierra-Palmen. Viele Moose und Farne wachsen am

Wurzeln eines Ananasgewächses mit Aufsitzerpflanze

Boden und auf den Bäumen. **Ab 1000 m:** Zwergwald, die Bäume sind nur bis zu 4 m hoch. Auch hier wachsen viele Moose und vor allem Flechten.

Voraussetzung für die dichte Vegetation im El Yunque-Gebiet sind entsprechende Niederschläge. 379 Bio. l regnen pro Jahr auf das relativ kleine Naturschutzgebiet herab. Zum Vergleich: Mit diesem Wasser könnten 12 Mio. private Swimmingpools durchschnittlicher Größe gefüllt werden. Es entspricht der Wassermenge, die an zwei Tagen die Niagarafälle hinunterstürzt.

Vom Aussterben bedroht sind nach wie vor die grün-blauen, rotschnabeligen puertoricanischen Papageien. Als Kolumbus die Insel entdeckte, war der Puertorican Parrot noch millionenfach vertreten. 1970 lebten nur noch 20 Tiere. Dank des Artenschutzes stieg die Zahl bis heute wieder auf etwa 100, wovon allerdings nur ein Teil im Regenwald lebt, der überwiegende Rest befindet sich zu Zuchtzwecken in Gefangenschaft. Ihre Aufzucht gestaltet sich allerdings außerordentlich schwierig. Zurückzuführen ist dies darauf, daß Papageien eine lebenslängliche Partnerschaft eingehen. Bei der Auswahl ihres Partners sind sie deshalb sehr wählerisch. Häufiger trifft man im El Yunque dagegen auf Eulen, verschiedene Taubenarten und einige Schlangen. Letztere sind, wie auch die vielen – teilweise furchterregend aussehenden – Spinnen, aber harmlos. Zahlreich

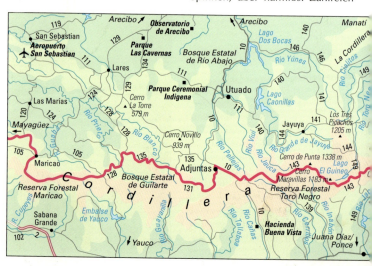

Das Landesinnere

El Yunque

vertreten sind Frösche und Krabben, die überwiegend in und an den Bächen und Flüssen leben. Heimisch fühlen sich in den dunklen Wäldern auch die zu den gefährdeten Tierarten zählenden Fledermäuse.

Über ein Dutzend Wanderwege mit Aussichtstürmen bieten guten Aus- und Überblick über die tropische Vegetation. Vom Yokahu-Tower, der nach dem höchsten Gott der Taínos benannt wurde, hat man nicht nur einen guten Überblick über den tropischen Regenwald, sondern bei guten Wetterverhältnissen Sicht bis zu den 100 km entfernten Virgin Islands. Der Big Tree Trail ist bei Spaziergängern am beliebtesten. Dieser rund 3 km lange Rundweg ist bequem zu laufen und führt an den Wasserfällen von La Mina (Badesachen nicht vergessen!) vorbei. Der El Yunque Trail ist gesäumt von zahlreichen Aussichtspunkten und gut begehbar. Radfahrern (Mountain-Bikes) und ›robusten‹ Wandersleuten seien zwei weitere Routen empfohlen (ggfs. eine Übernachtung einplanen): Abenteuerlich wirkt der ca. 12 km lange El Toro Trail, der sich durch alle Vegetationszonen bis zum Gipfel des Berges hochwindet, während der rauhe La Coca Trail zu den gleichnamigen Wasserfällen führt.

Camping ist (kostenlos) möglich, die Erlaubnis dazu wird vom Department of Natural Resources oder im El Yunque Visitor Center an der Route 191, km 11,6 erteilt.

Wer den Nationalpark in Ruhe und ungestört erkunden möchte, sollte den Ausflug während der Woche unternehmen. An den Wo-

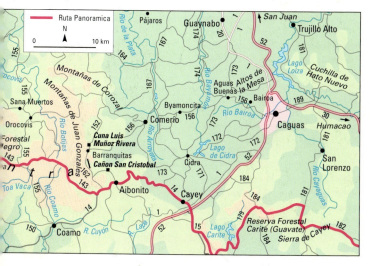

Landesinneres

Der Wasserfall La Coca

chenenden geht es hier dagegen sehr belebt zu. Zur unabdingbaren Ausrüstung gehört ein Regenschutz (denken Sie an die 12 Mio. Schwimmbäder!). In den frühen Morgenstunden kommt es meist zu heftigen Regenschauern, nachmittags ist es etwas trockener. Aber man sollte damit rechnen, mindestens einmal richtig ›geduscht‹ zu werden. Und stellen Sie sich darauf ein, daß es hier gar nicht karibisch heiß ist; vorherrschend sind vielmehr relativ niedrige Temperaturen.

Besuchenswert ist auch die von dem Deutschen Otmar Wiedemann geführte Carib Orchid Growers, eine der größten Farmen der Insel. Sie befindet sich an der Route 186, km 22,1. Sollte die Zeit dazu nicht reichen, kann man die Orchideen der Farm in einem kleinen Laden in Condado (Calle De Diego/Ave. Ashford) erwerben.

Informationen: El Yunque Visitor Center (Route 191, km 11,6, Dez.–März tgl. 9–17 Uhr, April–Nov. tgl. 8.30–16.30 Uhr); Catalina Field Office (Route 191, km 4, ☎ 8 87-28 75, Mo–Fr 8–16.30 Uhr); Department of Natural Resources (☎ 7 24-87 74).

Unterkunft: Am Ende der Route 191 liegt das Gästehaus *Casa Cubny* (Route 191, km 22, Barrio Cubny, ☎ 8 74-62 21, 7 91-10 45) mit eigenem Zugang zu Wasserfällen und einem natürlichen ›Pool‹. Auf Wunsch auch Abendessen (Zimmer ab 55 US-$.)

Verpflegung: Einige Straßenstände in der Gegend um El Yunque bieten hungrigen Reisenden gegrillte Leckereien an. Romantikern und Genießern sei allerdings empfohlen, Proviant mitzunehmen, um an einem der zahlreichen schönen Picknickplätze eine Verpflegungspause einzulegen. Auch reichlich Getränke sollten eingepackt werden. Das Flußwasser ist zwar klar und sieht verlockend aus, man sollte es aber auf keinen Fall trinken.

Anfahrt: Anfahrt über die Routen 3 und 191. Wenn man mit dem Auto in den Nationalpark fährt, sollten nur die regelmäßig von den Rangern frequentierten Hauptparkplätze benutzt werden. Andere Abstellplätze sind beliebte Betätigungsfelder von Dieben. Wertgegenstände nicht im Auto zurücklassen!

Caguas

Südlich von San Juan – 32 km entfernt – liegt inmitten einer abwechslungsreichen Berg- und Hügellandschaft **Caguas**. Der Name des in einem fruchtbaren Tal gelegenen Ortes ist indianischen Ursprungs; Cacique bedeutet Häuptling. An den Ufern des Flusses El Barrero entstand eine kleine Gemeinde, die sich schnell entwickelte und schon im Jahr 1759 eine städtische Struktur besaß. Zu dieser Zeit lebten rund 600 Menschen in Caguas. Heute ist Caguas mit 120 000 Einwohnern die größte Stadt im Landesinnern.

Während ursprünglich die Landwirtschaft mit Zuckerrohr- und Tabakanbau sowie die Milchwirtschaft für viele Menschen in dieser Region die einzige Erwerbsquelle darstellte, hat sich zwischenzeitlich das Bild stark geändert. Zurückzuführen ist dies auf die in den 50er und 60er Jahren begonnene Industrialisierung im Rahmen der Operation Bootstrap (s. S. 25).

Die Plaza Palmer in Caguas ist nicht nur sehenswert, dort sollte man ruhig am Nachmittag eine Pause einlegen. Zu dieser Zeit herrscht hier ein kunterbuntes Treiben, alle Bewohner des Ortes scheinen sich hier zu treffen. Direkt gegenüber der Kathedrale steht die Alcaldía (Rathaus). In der Mitte der Plaza erinnert eine Statue an den Literaten José Gautier Benítez (1848–1880), den wohl bekanntesten Dichter der Insel. Nach seiner Ausbildung zum Infanterieleutnant in der spanischen Militärakademie zog ihn das Heimweh zurück nach Puerto Rico. Er siedelte sich in Caguas an und widmete sich von nun an hauptsächlich seiner schriftstellerischen Tätigkeit und dem Kampf um die Unabhängigkeit der Insel. Das im Ortszentrum gelegene historische Museum (tgl. 9–16.30 Uhr, Eintritt frei) informiert über die Geschichte der Stadt.

Restaurants: Das beste Lokal der Stadt ist das *El Paraíso* (✆ 7 47-20 12), an der Route 1, bei km 29,1 gelegen. Das *Alameda* (✆ 7 43-96 98) an der Route 1, km 33,8 ist ebenfalls empfehlenswert. Im Restaurant *Jardines* (✆ 7 46-62 60, Route 156) gibt's Fisch und Steaks zu moderaten Preisen.

Von Caguas lassen sich Ausflüge in die Sierra de Luquillo und zum **Lago Loíza** unternehmen, oder Richtung Süden in die Sierra de Cayey und zum Naturschutzgebiet **Reserva Forestal Carite,** auch Guavate genannt. Hier sorgen dichter Wald, fast schon ein Dschungel, relativ niedrige Temperaturen und ein kleiner See mit intensiver Blautönung (Charco Azul) für Linderung nach heißen Tagen an der Küste. Die Reserva Forestal Carite liegt östlich von Cayey, nur eine Stunde von San Juan entfernt. Der Cerro La Santa (903 m) ist der höchste Gipfel in diesem Naturschutzgebiet. Auf einem der weiteren Gipfel liegt Nuestra Madre, ein katholisches Meditationszentrum. Es ist umgeben von hübsch angelegten Gärten. Während der Osterzeit kommen Tausende von Pilgern, die glauben, daß hier die Jungfrau Maria erschienen sei.

Eine weitere schöne Strecke führt zum Lago Cidra, der San Juan mit Trinkwasser versorgt. Deshalb ist Baden hier verboten. Angler können jedoch mit einem sicheren Fang rechnen.

Cayey und die Ruta Panoramica

Die Umgebung von **Cayey** ist ein ehemals dicht besiedeltes Indianergebiet, an das heute noch Petroglyphen und die Fiesta del Indio erinnern. Die 1774 gegründete Stadt ist ein wichtiges Zentrum der Textilindustrie Puerto Ricos. Bekannt ist sie auch für die hier produzierten Zementsteine und für das gute Baseball Team, das sich vorwiegend aus Studenten der hiesigen Hochschule zusammensetzt. Typisch für den Südosten der Insel sind auch die in Cayey zu findenden Tabakplantagen. Die Tabakblätter von Consilidated Cigars werden direkt im Ort verarbeitet und weltweit exportiert. Direkt an der Ortseinfahrt liegt ein Einkaufszentrum. Wer ein paar Tage in den Bergen verbringen möchte, kann sich hier bequem und billig mit den nötigen Dingen versorgen.

Restaurants: *Miramelinda* (✆ 7 38-07 15, Route 7737, km 2,8); *Batey de Toñita* (✆ 7 38-18 90, Route 7737, km 2,1); *Jardin de Chiquitin* (✆ 2 63-28 00, Route 1, Int. 14, Frente Urb. Las Planicies).

Abenteuerlich sind die kleinen Straßen, wunderschön wild und gefährlich zugleich, die von Cayey aus in die umliegende Bergwelt führen. Rustikale Dörfer, Seen und eine tropische Waldszenerie geben Besuchern oft eine bessere Einsicht in das Leben auf der Insel und die puertoricanischen Traditionen, als es die Küstenstädte vermögen. So reicht manchmal schon ein Besuch in einem *colmado* – einem Tante-Emma-Laden, Bar und Treffpunkt zugleich –, um Kontakt mit der Landbevölkerung zu bekommen. Die in den Bergen lebenden Puertoricaner werden auch als *jíbaros* bezeichnet. Dieser ins Spanische übernommene Begriff stammt noch aus der Zeit der Taíno-Indianer und bedeutet ›Hinterwäldler‹. Während in Deutschland dieses Wort mit negativen Assoziationen verbunden wird, verwendet man ihn auf Puerto Rico im positiven Sinne.

Die *jíbaros,* die überwiegend von der Landwirtschaft leben, gelten als bauernschlau und sehr gesellig. Erziehung und Schulausbildung haben sie zwar in größerem Umfang nie genossen, dafür sind sie aber handwerklich besonders begabt.

Den besten Eindruck vom Inneren der Insel vermittelt die an Cayey vorbei verlaufende **Ruta Pan-**

An der Ruta Panoramica

oramica. Die auf den meisten Straßenkarten farblich besonders gekennzeichnete Strecke zwischen Yabucoa und Mayagüez führt auf die Höhen der Kordilleren, durch Naturschutzgebiete und ländliche Gebirgsstädte, in denen noch der traditionelle Lebensstil der Insel vorherrscht. Vielfalt und Schönheit der Vegetation sind überwältigend: Am Rande der schmalen Straßen und der vielen kleinen Brücken blühen Flammenbäume und große Weihnachtssterne, Hibiscusbäume und Datura. Neben haushohem Bambus finden sich Bananenstauden, Orangen- und Grapefruitbäume, und auf größeren Flächen wird Kaffee angebaut. Das schönste Teilstück der Ruta Panoramica befindet sich zwischen Maricao und dem Gebiet um den Toro Negro. Für diese Strecke benötigt man etwa zwei Stunden.

Aibonito und Coamo

Die kleine, farbenfrohe Stadt **Aibonito** (Fluß der Nacht) erreicht man von Cayey aus über die Route 14. Sie ist mit 800 m über dem Meeresspiegel die höchstgelegene Stadt Puerto Ricos. Erstmalig besiedelt wurde die Region um 1630, als Farmer in das Tal kamen und eine kleine Kapelle bauten, um den weiten sonntäglichen Kirchgang nach Coamo zu vermeiden. 1822 wurde Aibonito von Coamo getrennt und erhielt Stadtrechte.

Landesinneres

Unterwegs im Inselinneren

Die Stadt war einst wichtiges Zentrum des Tabak- und Kaffeeanbaus. Heute werden hier Textilien, elektrische Geräte, Medikamente und Krankenhausbedarfsgüter hergestellt. Einen guten Überblick hat man vom Hügel La Piedra Degetau aus. Sehenswert ist die im Jahr 1825 erbaute Kirche San José mit ihren zwei mächtigen Türmen. Bekannt ist das Blumenfest der Stadt, das jährlich zwischen Ende Juni und Anfang Juli stattfindet. Dann bietet sich dem Besucher ein wahrer floristischer Augenschmaus dar.

Restaurants: Das puertoricanische Restaurant *La Piedra* liegt an der Route 7718, km 0,8 (✆ 7 35-10 34).

Weiter auf der Route 14 in südwestlicher Richtung erreicht man nach 15 km **Coamo,** die drittälteste Stadt Puerto Ricos nach San Juan und San Germán. Gegründet wurde sie 1579, ihr Name geht zurück auf San Blas de Illescas de Coamo, einem aus dem spanischen Illescas übergesiedelten Großgrundbesitzer. Vor der Zeit der Kolonialherren existierten an dieser Stelle zwei indianische Dörfer. Im Gründungsjahr von Coamo lebte hier allerdings nur noch ein einziger Taíno.

An der Plaza des etwas heruntergekommenen Ortes steht, eingerahmt von Bougainvillea-Büschen, die aus dem 17. Jh. stammende katholische Kirche. Dieses Gotteshaus ist der Nachfolgebau einer kleinen, hölzernen Kapelle, die hier schon im 16. Jh. von zwei Jesuiten errichtet worden war. In der

Kirche befinden sich Wandmalereien zweier berühmter puertoricanischer Künstler: José Campeche und Francisco Oller. Das bekannte Gemälde von Oller *Cuadro de las Animas* stellt eine blonde Frau dar, die im Fegefeuer Höllenqualen erleidet. Gerüchte besagen, es handele sich um die Freundin Ollers. Außerdem wird erzählt, daß eine der drei Kirchenglocken einst so laut geläutet habe, daß ihre Schallwellen die Fische vor der Küste sterben ließen und sämtliche Lampen und Gläser in den naheliegenden Häusern zersprangen. Auf Drängen der Bewohner Coamos schweigt diese Glocke nun schon ein ganzes Jahrhundert lang.

Das zweistöckige, elegante Haus am Rand der Plaza dient als historisches Museum (Coamo Museo). Es gehörte einst dem reichsten Farmer der Region und beinhaltet heute noch die vergoldeten Badezimmerarmaturen sowie edle Mahagonimöbel (Di–Fr 8–12 Uhr und 13–16 Uhr, ☎ 8 25-11 50).

Bekannt ist die Stadt für ihre heißen Thermalquellen, die man Richtung Norden über die Route 546 erreicht. Schon die Taíno-Indianer schätzen die Wirkung des Wassers sehr. Hier soll sich der ›Jungbrunnen‹ befinden, den Ponce de Léon sein ganzes Leben lang so verzweifelt gesucht hatte. An den Quellen wurde 1975 das Parador Baños de Coamo gebaut. Das heilende Wasser, 45° warm, wird in einen Pool gepumpt, in dem sich die Gäste dann der ›Verjüngungskur‹ unterziehen können. Wer nicht im Parador übernachtet, kann das öffentliche Bad benutzten, das ebenfalls mit dem gesunden Wasser gespeist wird.

Im Februar findet in Coamo die Fiesta Patronales statt. Zu Ehren der Schutzheiligen San Blas y la Candelaria wird ein Marathon (20 km) durch die hügelige Stadt und Umgebung veranstaltet, an dem auch regelmäßig Läufer aus dem Ausland teilnehmen.

Unterkunft: Das etwas heruntergekommene Parador *Baños de Coamo* (☎ 8 25-22 39, -21 86, Route 546) verfügt über 48 Zimmer, jeweils mit Bad und Balkon, Swimmingpool sowie Tennisplätze (Zimmer ab 60 US-$).

Restaurant: Das Restaurant *Baños de Coamo* (☎ 8 25-22 39, -21 86, Route 546) im Parador bietet als Spezialität einheimische Küche an, jedoch finden sich auch spanische, afrikanische und indische Leckereien auf der Speisekarte.

Barranquitas und das Naturschutzgebiet Toro Negro

Eine weitere Möglichkeit, von Aibonito durch die Cordillera Central Richtung Westen zu fahren, stellen die Routen 162 und 143 dar. Über die erste erreicht man zunächst Barranquitas. Auf dem Weg dorthin kommt man an der 200 m tiefen Schlucht **San Cristóbal** vorbei, die

Landesinneres

Beeindruckend hoch: ein Baumfarn

durch vulkanische Erschütterungen unter der Meeresoberfläche entstanden ist. Auf dem Grund dieser tiefen, dichtbewaldeten Felsenschlucht verläuft der Río Usabón mit zahlreichen Stromschnellen und Wasserfällen. Die Schlucht ist zwar touristisch nicht erschlossen, aber geübte Wanderer können an der Route 156 bei km 17,7 ihre Klettertour über die Felsen beginnen. Genauere Information erhält man bei Exclusive Tours (s. S. 222).

In dem von einem hohen Kirchturm überragten, hübschen Ortchen **Barranquitas** wurde 1859 Luis Muñoz Rivera geboren, der 1946 die ersten Inselwahlen gewann und dann als Gouverneur in La Fortaleza in Viejo San Juan einzog. Die Nähe zum Geburtsort des großen alten Mannes suchen heute noch die amtierenden Regierungschefs: Der Gouverneur besitzt in

Barranquitas ein Wochenendhaus, wo er seine freien Tage bei etwas kühleren Temperaturen als in San Juan verbringt.

Das hölzerne Geburtshaus des von der Bevölkerung als »George Washington von Puerto Rico« bezeichneten Mannes wurde als Museum mit einer Bibliothek hergerichtet. Es steht am Rand der Plaza und zeigt Bilder, Möbel sowie persönliche Gegenstände des großen Puertoricaners (Di, Mi, Fr–So 9–12 Uhr und 13–16.30 Uhr, ✆ 8 57-02 30). Neben den Gräbern von Luis Muñoz Rivera und seinem Sohn wurde an der Calle Berrios ein kleines Mausoleum errichtet (tgl. 8–12 Uhr und 13–16 Uhr).

 Restaurant: *Hacienda Margarita* (✆ 8 57-04 14, Route 152, km 1,7), puertoricanische Speisen und Fischspezialitäten.

Die Reserva Forestal de Toro Negro erreicht man über die Route 143. An der Kreuzung mit der Route 149 biegt man rechts ab und fährt weiter in die Bergwelt. Toro Negro ist eines der schönsten Waldgebiete der Insel. Hier liegt auch der **Cerro de Punta,** mit 1319 m der höchste Berg Puerto Ricos. Erreichbar ist er sowohl zu Fuß als auch mit dem Auto. Interessant für Wanderer ist insbesondere die Erkundung der Inabon-Wasserfälle. Zahlreiche Bäche mit glasklarem Wasser durchfließen den dichten Wald mit baumgroßen Farnen und Bergpalmen. Steile Klippen geben den Blick sowohl auf den Atlantik als auch auf die Karibische See frei (Information bei Exclusive Tours, s. S. 222). Für Ausflügler stehen ein Erholungszentrum mit Swimmingpool, Grillplätzen, Aussichtstürmen und ein Campingplatz zur Verfügung (tgl. 8–17 Uhr).

Zu einiger Bekanntheit ist der **Cerro Maravillas** (1183 m) gelangt, weil hier 1978 zwei politische Morde an jungen Unabhängigkeitskämpfern verübt wurden. Diese Greueltaten führten zu Unruhe unter der Bevölkerung, auch wenn die Regierung immer wieder beteuerte, daß politische Motive bei den Verbrechen nicht im Spiel gewesen seien. Die Hintergründe wurden jedoch nie ganz aufgeklärt.

Jayuya und Adjuntas

Nordwestlich vom Toro Negro liegt der kleine Ort **Jayuya** an der Route 144, von San Juan aus in etwa drei Stunden Fahrtzeit erreichbar (85 km). Auch Jayuya wurde nach einem Häuptling der Taínos benannt. Felsmalereien der Indianer weisen auf die frühe Besiedlung der Gegend hin. Heute ist Jayuya bekannt für Holzschnitzereien. In vielen kleinen Werkstätten kann man zusehen, wie die Handwerker kunstvoll lebensecht wirkende Tiere aus Holzblöcken herausarbeiten.

Alljährlich findet hier vom 19.–22. November das Jayuya Indian Festival statt, bei dem schöne Holzschnitzereien und andere kunsthandwerkliche Fertigkeiten – übernommen von den Taínos – gezeigt und alte indianische Zeremonien und Tänze vorgeführt werden.

Unterkunft: Eine 200 Jahre alte Hacienda inmitten einer Kaffeeplantage wird heute als Parador genutzt. Der abgeschiedene Bau ist ein wahres Juwel für Romantiker. Die *Hacienda Gripiñas* (✆ 8 28-17 17) liegt an der Route 527, km 2,5. Eine Übernachtung in einem der 19 Zimmer kostet ca. 60 US-$. Von der Hacienda führt ein Wanderweg direkt zum Cerro de Punta.

Restaurant: *Hacienda Gripiñas* (✆ 8 28-17 17, Route 527, km 2,5). Das Restaurant der Hacienda bietet klassische puertoricanische Küche an, auf der Speisekarte stehen aber auch zahlreiche internationale Gerichte.

Adjuntas liegt südwestlich von Jayuya an der Route 135, nur einen Katzensprung von der Ruta Panoramica entfernt. Das Städtchen, einst umgeben von großen Kaffeeplantagen, ist heute bekannt für die hier wachsenden Zitronen, die zu Saftkonzentraten und Kuchen verarbeitet werden.

Unterkunft: An der Plaza im Stadtkern steht das Hotel *Monte Rio* (✆ 8 29-37 05). Es ist eine der billigsten Unterkünfte der Insel, aber dennoch nett und sauber. Relativ neu ist das Hotel *Villas de Sotomayor* (✆ 8 29-51 05, 1717, Route 10, km 36,3) mit 21 Villas für je 1–4 Personen. Swimmingpool, Parkplatz, Pferde- und Fahrradverleih.

Utuado

Utuado liegt inmitten der Berge am Río Arecibo. Erreichbar ist die Stadt von Adjuntas aus über die Routen 10 und 11 in Richtung Norden. Fehlende Straßen und Handelsverbindungen führen dazu, daß die Bewohner der Ortschaft in der Vergangenheit ein isoliertes Leben führten und an der Entwicklung der Insel kaum teilnahmen. Zeitgenossen berichteten, daß die Menschen ihr Dasein in »tiefster Unwissenheit« verbrachten.

Heute ist die Kleinstadt ein Schul- und Einkaufszentrum für die umliegenden Bergdörfer. In den lebhaften Straßen reiht sich ein Geschäft an das andere, und in den Mittagsstunden stürmen die Schüler in ihren Uniformen die vielen Imbißbuden. Die Plaza wirkt schmucklos, im Gegensatz dazu ist die Iglesia San Miguel mit dem angebauten gleichnamigen Colegio beachtenswert. Architektonisch gelungen ist auch die aus dem Jahr 1929 stammende Alcaldía. Der klassische, spanische Bau mit den Säulengängen befindet sich schräg gegenüber der Kirche.

Westlich von Utuado, an der Route 111, km 12,3 (120 km von San Juan entfernt), liegt der **Parque Ceremonial Indígena,** eine ehemalige Kultstätte der Taíno-Indianer. Die Anfahrt ab Utuado durch die typische Kordillerenlandschaft beansprucht mehr Zeit, als man aufgrund der kurzen Entfernung an-

Utuado

nehmen könnte. Die Straße ist schmal und extrem kurvenreich, dafür bietet sie aber einen ausgezeichneten Ausblick auf die Berglandschaft.

Auf dem Gelände des Parque Ceremonial Indígena, das sich bis zum Río Tanamá erstreckt, sind Wege und Plätze sowie Reihen von Monolithen zu sehen, die z. T. mit Gravierungen (Petroglyphen) versehen sind. Auf den hier sichtbaren, großen Feldern *(bateyes)* haben die Taínos einen dem Fußballspiel ähnlichen Sport ausgeübt. Die Kultstätte, auf der heute überall große Royal-Palmen und Guavenbäume wachsen, ist etwa 800 Jahre alt. Beim Parkeingang befindet sich ein winziges Museum (Anlage und Museum tgl. 9–16.30 Uhr, Eintritt frei).

Nordöstlich von Utuado liegt der Stausee **Lago Dos Bocas.** Wer Lust auf einen kleinen Bootsausflug hat, folgt der Route 10. Kurz hinter der kleinen Bergkirche Iglesia Metodista Unida Dos Bocas befindet sich der Anlegeplatz (km 68) und ein vergittertes, schäbiges Restaurant. Hier fahren regelmäßig Boote die Einheimischen zu ihren an den Seeufern gelegenen Häusern. Fremde sind zur (kostenfreien) Mitfahrt herzlich willkommen. Abfahrtszeiten: Mo–Fr: 6.15, 7, 10, 11.15, 13, 14, 16 und 17 Uhr; Sa und So 7.45, 10, 11, 13, 15, 17 Uhr.

Landschaftlich reizvoller ist der **Lago Caonillas,** nur wenige Kilometer südlich vom Lago Dos Bocas. Den besten Überblick über den in ein üppiges, grünes Bergtal eingebetteten See hat man von der Route 140 aus, bei der Imbißbude El Torpedo. Aufgrund des reichen Fischvorkommens finden sich an den Wochenenden viele Angler hier ein.

Über die Route 10 erreicht man von Utuado aus den weiter nördlich gelegenen, 2500 ha großen Nationalpark **Reserva Forestal Río Abajo.** Großflächig sind hier im Rahmen eines Wiederaufforstungsprogrammes Kiefern, Mahagoni- und Teakholzbäume angepflanzt worden. Während eines Spazierganges durch die Wälder geben zahlreiche Aussichtspunkte einen schönen Blick auf das umliegende Karstland frei.

Unterkunft: Der Parador *Casa Grande* (✆ 8 94-39 39, Route 612, km 0,3, Zimmer ab 60 US-$) sei jedem wärmsten ans Herz gelegt! Er befindet sich auf dem Gelände einer alten Kaffeeplantage, zwischen den Seen Dos Bocas und Caonillas (Angelausflüge werden angeboten). Er zählt zu den wenigen wirklich empfehlenswerten Paradores. Nach Möglichkeit sollte man hier mindestens eine Nacht verbringen! Jede der komfortabel eingerichteten und sauberen Holzhütten verfügt über eine eigene Terrasse mit Blick auf das Panorama der wilden Bergwelt in der tiefen Schlucht.

Restaurants: Sehr gute puertoricanische Küche bietet das Restaurant des Paradors *Casa Grande* (✆ 8 94-39 39, Route 612, km 0,3). Relativ teuer ist das *El Dujo* (Route 140, km 7, 8, ✆ 8 28-11 43).

Grito de Lares
Der Schrei nach Freiheit

»Freiheit oder Tod! Lang lebe das freie Puerto Rico.« Das war der Leitspruch der puertoricanischen Unabhängigkeitsbewegung, die im September des Jahres 1868 von Lares ausging. Um Puerto Rico von der Geißel der verhaßten spanischen Kolonialherrschaft zu befreien, hatte sich zu Beginn jenes Jahres in Santo Domingo erstmalig ein Revolutionskomitee konstituiert mit der Zielsetzung, durch den Einsatz von Waffen in der Heimat den Weg frei zu machen für eine demokratische Republik.

Versuche, führende Liberale für die Bewegung zu gewinnen, scheiterten zunächst, da diese den Einsatz von Gewalt ablehnten. Dennoch konnte sich eine erste revolutionäre Zelle in Mayagüez bilden, eine zweite folgte in Lares. Auch in anderen Städten fand man Unterstützung, wie in San Sebastián und Ponce. Den Revolutionären unter der Führung von Ramón Emeterio Betances gelang es, ausreichende finanzielle Mittel für den Kauf von Gewehren und Kanonen in den USA zu sammeln. Komplettiert wurde die Revolutionsausrüstung durch eine eigene Flagge und ein Revolutionslied (La Borinqueña). Schon bald fühlten sich die Mannen um den demokratisch gewählten Führer Manuel Rojas stark genug, um sich gegen die Obrigkeit aufzulehnen.

Am 23. September 1868, kurz vor Mitternacht, erreichte Manuel Rojas, mit 400 bewaffneten Anhängern aus der Region um Camuy kommend, die schlafende Stadt Lares und nahm sie ohne Widerstand ein. In den frühen Morgenstunden des folgenden Tages riefen die Revolutionäre die Republik von Puerto Rico aus, und eine erste provisorische Regierung unter Francisco Ramírez Medina wurde eingesetzt.

Maricao, Lares und die Cavernas del Río Camuy

An der westlichen Seite der Cordillera Central liegt kurz vor Mayagüez **Maricao**. Der Name der 1874 gegründeten Stadt ist indianischen Ursprungs. Südöstlich des kleinen Kaffeehandelszentrums, in dem jedes Jahr im Februar ein nettes Erntefest stattfindet, breitet sich das Naturschutzgebiet des Monte de Estado aus. Dieses auf der Route 120 zu durchquerende Reservat ähnelt einem Dschungel mit einer artenreichen Vogelwelt, insbeson-

Anschließend marschierten 200 Rebellen nach San Sebastián. Sie glaubten, auch diese Stadt leicht einnehmen zu können. Aber die spanische Obrigkeit war bereits vom Vorfall in Lares informiert und hatte die in San Sebastían stehenden Truppen mobilisiert und Verstärkung in die Region geschickt. Rojas und seine Männer wurden von einem Kugelhagel empfangen und mußten sich nach schweren Verlusten zurückziehen. Die Überlebenden suchten Zuflucht in den umliegenden Wäldern, die Spanier dicht auf ihren Fersen. Die meisten wurden gefangengenommen, andere wurden in Feuergefechten erschossen. Noch bevor die Revolution richtig begonnen hatte, war sie bereits vorbei.

Rojas und sieben weitere Rebellenführer wurden am 5. Oktober 1868 in der Nähe von Lares festgenommen und schon kurz darauf von einem puertoricanischen Gericht unter dem Vorsitz eines spanischen Generals zum Tode verurteilt. Später wurden sie vom Gouverneur begnadigt und das Urteil in eine zehnjährige Gefängnisstrafe in Spanien umgewandelt. Sie hatten noch mehr Glück: Sie mußten die Zeit nicht absitzen, da sie schon kurze Zeit später – im Jahr 1869 – aufgrund einer Amnestie freigelassen wurden. Weniger glücklich waren die knapp 500 ›einfachen‹ Rebellen, die in überfüllten Gefängnissen in Arecibo und Aguadilla einsaßen. Viele von ihnen starben an einer Gelbfieberepidemie, die sich bei den schlechten Haftbedingungen schnell ausbreitete.

Auch wenn Grito de Lares scheiterte, mit dieser Bewegung war der Startschuß für die politische Autonomiebewegung auf Puerto Rico gefallen, die sich in den folgenden Jahren in weiteren Revolutionsplänen und in der Bildung von politischen Parteien wie der Partido Autonomista Puertoriqueño zeigte. Einen endgültigen Schlußstrich unter rund 400 Jahre spanischer Kolonialherrschaft setzte der Einmarsch der US-amerikanischen Truppen im Jahr 1898.

dere Falken. Vom Aussichtsturm des Parks kann man bei schönem Wetter das ganze Land bis hin zur Küste überblicken. Südlich Maricaos, am Ende der Route 410, befindet sich die Maricao Fish Hatchery. Hier werden Süßwasserfische großgezogen, die entweder in den Seen ausgesetzt oder an Farmen weiterverkauft werden (tgl. 8–12 und 13–16 Uhr).

Unterkunft: *Hacienda Juanita* (✆ 8 38-25 50, Route 119), alte Kaffeeplantage mit 21 Zimmern sowie Restaurant und Tennisplätzen.

Nordöstlich von Maricao, an der Route 111, befindet sich **Lares**

(18 000 Einw.). Im Jahr 1827 erhielt die mitten in einer fruchtbaren Hügellandschaft gelegene Ortschaft die Erlaubnis vom damaligen Gouverneur De la Torre, eine von Pepino unabhängige Gemeinde zu bilden. Der Name der Stadt geht zurück auf den spanischen Kolonialisten Amador de Lariz, der hier im 16. Jh. eine Hacienda aufbaute. Im Zentrum der Stadt steht eine große Kirche im spanischen Kolonialstil (19. Jh.).

Das am Río Guajataca liegende, verschlafene Provinznest ist für viele der Geburtsort des modernen politischen Bewußtseins der Bevölkerung aufgrund des *Grito de Lares,* der Proklamation von Lares. Auf einem weißen Obelisk in der Mitte der Plaza de la Revolución sind die Helden der Revolution namentlich aufgeführt. In jedem Jahr findet im September ein Unabhängigkeitstag statt, der an das Jahr 1868 erinnern soll.

Die besondere Attraktion in Lares ist ein auf der ganzen Insel bekannter Eisladen: Heladería Lares. Das Geschäft liegt direkt an der Plaza, neben der Kirche. Inhaber S. Barreto Híjo hat seinen Laden am Unabhängigkeitstag des Jahres 1968 gegründet. Er stellt sein Eis heute noch selbst her. Neben den gängigen Geschmacksrichtungen wie Erdbeere oder Vanille bietet Híjo Gemüseeis an: Tomaten-, Erbsen- oder Bohneneis finden sich genauso in der Vitrine wie Mais- und Kartoffeleis. Bei vielen Sorten hat man die Qual der Wahl. Wer sich nicht entscheiden kann, sollte einmal Arroz, Reiseis mit Zimt, probieren.

2 km nördlich von Lares liegt an der Route 129, km 19,8, der **Parque de las Cavernas del Río Camuy.** Die Tourismusbehörde wirbt stolz, bei diesem Höhlensystem handle es sich um eine der eindrucksvollsten wissenschaftlichen Entdeckungen der Höhlenforschung überhaupt. Aber auch unabhängige Forscher sind begeistert und stufen die Camuy-Höhlen als spektakulär ein.

Wenn der Río Camuy im Blue Hole unter der Erde verschwindet, beginnt er seine Reise durch das drittgrößte Höhlensystem der Welt. Der Höhleneingang mit seinen herabhängenden Stalagmiten erinnert an den Eingang einer Kathedrale. Die Schluchten und Höhlen sind oft von gewaltigen Ausmaßen; so hat beispielsweise das Tres Pueblos Senkloch (hier treffen die Gemeindegrenzen von Camuy, Hatillo und Lares zusammen) einen Durchmesser von rund 220 m und ist gleichzeitig mehr als 110 m tief. Entdeckt wurden die Höhlen, die von den Indianern schon als Kultstätte benutzt worden waren, im Jahr 1958. Russell und Jeanne Gurnee, José Limeres sowie Bob und Dorothy Reville waren die ersten Forscher, die einen tieferen Einblick in eine der Höhlen gewannen. Seit 1976 arbeitet man an der weiteren Erforschung der Höhlen.

Um das empfindliche ökologische Höhlensystem mit Flora und

Maricao, Lares und die Cavernas del Río Camuy

Fauna zu schützen, hat die Regierung Puerto Ricos das Land oberhalb der Höhlen gekauft. Gleichzeitig hat sie es begrenzt für den Tourismus erschlossen: Gut ausgebaute Straßen, ein großzügig bemessener Empfangsbereich mit Restaurants, Picknickplätzen und Souvenirläden sowie elektrisch angetriebene Wagen stehen für den Höhlenbesuch bereit. 45-minütige Touren mit Führern durch die Caverna Empalme mit ihren gigantischen Stalagmiten und Stalagtiten vermitteln einen guten Einblick in die ›Unterwelt‹. Vor einer Besichtigung empfiehlt sich die Teilnahme an der Vorführung eines Videofilmes im Empfangsbereich.

Bei einem Rundgang durch die Höhlen ist immer wieder die eigene Vorstellungskraft wichtig; die Führer ›sehen‹ so interessante Figuren oder ganze Figurengruppen in den Tropfsteinformationen, wie beispielsweise die Heilige Familie. Real sind dagegen die unzähligen Fledermäuse. Tagsüber schlafen sie allerdings, sie sind nur selten zu hören oder zu sehen. Man sollte sich allerdings davor hüten, Geländer oder Felsen zu berühren: Die Fledermäuse haben überall ihren Kot hinterlassen, der bestialisch an den Händen stinkt und nur mit gründlicher Reinigung wieder zu entfernen ist.

Der Höhlenpark ist Di–So von 8–16 Uhr geöffnet (möglichst frühmorgens besuchen, sonst u. U. lange Wartezeiten!). Höhlenflora und -fauna sowie Tropfsteinbildungen ziehen täglich viele Besucher an. Allein zwanzig Führer sind im Park beschäftigt. Deshalb wird empfohlen, wegen evtl. Änderungen der Öffnungszeiten oder Platzverfügbarkeit des Parks vor einem Besuch anzurufen (✆ 7 63-05 68, 8 98-31 00). Der Eintritt kostet für Erwachsene 7 US-$.

Wem der Río Camuy Cave Park zu überfüllt erscheint, der kann ganz in der Nähe eine kleine Höhle, die **Cueva de Camuy** (Route 486, km 11,1) besuchen. Mit seiner Cafeteria, einer Pony-Ranch und einer Wasserrutschbahn ist der kleine Park ein geeignetes Familienausflugsziel (Mo–Sa 9–17 Uhr und So 9–21 Uhr, Eintritt: Erwachsene 2 US-$, ✆ 8 98-27 23).

Eine interessante Alternative zu den ausgetrampelten Touristenpfaden bietet der Puertoricaner Rossano Boscarino (✆ 7 88-54 61, Cataño) den Kunden seines Unternehmens Adventuras Tierra Adentro. Für 50 US-$ pro Tag veranstaltet er Touren durch bislang touristisch nicht erschlossene Höhlen. Die erforderliche Ausrüstung wird gestellt; alles was man mitbringen muß, ist ein wenig Mut und Kleidung, die auch schmutzig werden darf.

Restaurant: *El Taíno*, (Route 129, km 21,1, ✆ 8 97-68 71), *Las Cavernas* (Route 129, km 19,6, ✆ 8 97-64 63).

Schwesterinseln

Mona – inmitten von Korallenriffs

Vieques – US-Navy, Paso Finos, Meeresleuchten und eine Filmkulisse

Schneeweiße Traumstrände und türkisblaues Wasser – Culebra

Schwesterinseln

Beschaulicher als auf der Hauptinsel geht es auf den vorgelagerten Inseln Mona, Vieques und Culebra zu. Zum Teil muß der Besucher die kleinen Paradiese mit der Navy teilen, die auf Vieques nach wie vor Manöver durchführt. Nichtsdestotrotz erfreut sich die Insel auch als New Yorker Szenetreff großer Beliebtheit. Taucher kommen um Mona und Culebra voll auf ihre Kosten.

Mona

Die Insel liegt 80 km westlich vor Mayagüez, inmitten der nach ihr benannten Passage zwischen Puerto Rico und Hispaniola (Dominikanische Republik und Haitii). Das klare Wasser, unberührte Korallenriffs und unzählige Fische machen die ca. 70 km^2 große Insel zu einem beliebten Ziel für Tauchausflüge. Bis zu 70 m hohe Kliffs mit zahlreichen Höhlen bilden ein baumbestandenes Plateau, das Schatten spendet, wenn an den weißen, feinsandigen Stränden die Sonne erbarmungslos brennt. Große Leguane teilen sich die unbewohnte Insel mit vielen verschiedenen Vogelarten.

Früher lebten hier Taíno-Indianer, bevor Piraten 300 Jahre lang Mona als Hauptquartier und Versteck nutzten. Danach kamen die Beutejäger, die die Insel nach vergrabenen Piratenschätzen durchkämmten. Heute kann Mona nur mit behördlicher Genehmigung von wenigen Tauchern, Tagesausflüglern und einigen Seglern besucht werden.

Bootsfahrten nach Mona können im Hafen von Mayagüez oder von Rincón aus organisiert werden. Einige Veranstalter und auch Fischer bieten die Überfahrt an, die allerdings nicht empfehlenswert ist für

Grüner Leguan

Leute, die zur Seekrankheit neigen: Das Meer in der Mona-Passage ist oft rauh, Wind und hohe Wellen lassen die Bootsfahrt für so manchen zur Qual werden. Auf der Insel angekommen, wird man allerdings entschädigt durch deren Schönheit, und die Unannehmlichkeiten der Reise sind schnell vergessen.

Da die Insel sauber bleiben soll, muß jeglicher Abfall wieder mitgenommen werden. Wer sich nicht daran hält, muß mit empfindlichen Strafen rechnen.

Informationen: Das Department of Natural Resources in San Juan (✆ 7 24-87 74) stellt die erforderliche Besuchsgenehmigung aus.

Vieques

16 km vor der Ostküste Puerto Ricos liegt Vieques, eine rund 130 km² große Insel, die geologisch schon den Jungferninseln zuzurechnen ist und seit 1854 zu Puerto Rico gehört. Erstmalig besiedelt wurde Vieques von den Taíno-Indianern, die sie *bieques* (kleine Insel) nannten. Später taufte Kolumbus die Insel auf den Namen Graciosa, englische Piraten nannten es schließlich Crab Island wegen der hier – auch heute noch – weit verbreiteten Landkrabben, die in den frühen Morgenstunden am besten zu beobachten sind (sie sind allerdings nicht zum Verzehr geeignet!).

1524 führte Kapitän Cristóbal de Mandoza, ehemals Gouverneur von Puerto Rico, eine erste umfangreiche Erkundung der Insel durch. Doch die Spanier fanden nicht, wonach sie suchten: Gold. Deshalb war Vieques für die spanischen Konquistadoren genauso wie die Schwesterinsel Culebra in der Folgezeit gänzlich uninteressant. Das Interesse der Spanier erwachte erst, als im 17. Jh. Franzosen versuchten, Vieques zu besetzen. Das Unterfangen scheiterte, die ›Eindringlinge‹ wurden 1647 von den Spaniern vertrieben.

Vierzig Jahre später gelang es einer anglo-französischen Expedition, eine kleine Kolonie zu gründen und Tabak- und Baumwollplantagen anzulegen. Im Jahr 1718 veranlaßte der Gouverneur von Puerto Rico die Zerstörung dieser Siedlung, aber erst mehr als 130 Jahre später bauten die Spanier ihre ersten Häuser auf Vieques. Der Einfluß dieser frühen, nicht-spanischen Kolonisten ist heute noch zu erkennen; auf der Insel sind Namen wie Monrepos, La Source Martineau, Cofí und Leguillou verbreitet. Auch die ersten offiziellen Aufzeichnungen wurden in französischer und englischer Sprache vorgenommen.

Die grüne, leicht hügelige Insel besitzt einen kleinen Regenwald (Cerro El Buey) und ist bekannt vor allem für die wild lebenden Paso Finos, die rund 400 Nachkommen spanischer Pferde (s. S. 114 f.). Oft sieht man sie in kleinen Gruppen

Schwesterinseln

entlang der Strände galoppieren. Charakteristisch für die Insel sind auch die vielen Viehherden und die zahlreich vertretenen Silberreiher. In den Gewässern um Vieques tummeln sich neben den farbenprächtigen Fischen auch große Wasserschildkröten.

Ein größerer Teil der Fläche ist militärisches Sperrgebiet – hier üben US-Marines. Seit 1941 nutzt die US-Navy über 70 % der Insel für Land- und Seemanöver. Entsprechend ruiniert sind diese Regionen. Zugänglich für die Zivilbevölkerung ist nur der östliche Teil, während der westliche Teil mit dem kleinen Regenwald nahezu vollständig gesperrt ist. Der Grund: Hier hat die US-Navy Munitionsdepots errichtet. Rund 150 Soldaten sind auf dem Gelände stationiert, die die explosiven Materialien bewachen oder zu Kampftauchern (US-Navy Seals) ausgebildet werden. Im kleinen verbleibenden mittleren Teil der Insel lebt die rund 8000 Menschen zählende Zivilbevölkerung.

Das Verhältnis zwischen US-Navy und Zivilisten ist nicht spannungsfrei, viele Insulaner sähen lieber heute als morgen den Abzug der Soldaten, die einen Großteil ihres Landes beanspruchen, während der Manöver eine beträchtliche Lärmbelästigung verursachen und zudem den Tourismus beeinträchtigen. Einen Höhepunkt erreichte der permanent schwelende Kon-

Vieques und Culebra

flikt im Juli 1967, als 3000 Bewohner der Insel und 200 Marinesoldaten sich eine Schlacht mit leeren Bierflaschen, Dosen und Steinen lieferten, die erst nach zwei Tagen durch den Einsatz von Wasserwerfern beendet werden konnte. Später wurden Molotow-Cocktails geworfen, woraufhin die Soldaten mit Tränengas reagierten. Beklagt wird von den Insulanern auch, daß die Navy versucht, die Errichtung von neuen Hotels oder Guest-Houses zu verhindern, da sie in der Nähe ihrer Übungsgelände unerwünscht sind. Hoteliers berichten, daß sich die behördlichen Genehmigungsprozesse aufgrund der Einsprüche der US-Basis bis zu sieben Jahre hingezogen haben oder gar verweigert worden sind.

Die Navy läßt jedoch verlauten, daß das Verhältnis zu den Einheimischen ungestört sei und betont dabei, daß sie der größte Arbeitgeber der Insel ist. Allerdings sind die 300 angestellten Zivilisten überwiegend mit wenig qualifizierten Aufgaben betraut: Sie dürfen lediglich Reinigungs- und Wachdienste übernehmen.

Ansonsten arbeitet die einheimische Bevölkerung vor allem in der Landwirtschaft und in der Fischerei. Auch in den wenigen Industriebetrieben finden Insulaner Beschäftigung. Doch sind die insgesamt zur Verfügung stehenden Arbeitsplätze unzureichend, die Folge ist eine hohe Arbeitslosenquote mit entsprechenden sozialen Problemen.

Während die Bevölkerung über die Anwesenheit der Militärs nicht besonders glücklich ist, können sich auf der anderen Seite Besucher über die positiven Aspekte der US-Präsenz freuen. Die wenigen Gästezimmer sorgten dafür, daß eine der schönsten Inseln der Karibik verschont geblieben ist von den Auswirkungen des Massentourismus. Die Anwesenheit der US-Navy spürt man als Tourist auch nur dann, wenn gerade ein Manöver stattfindet. Erfreuen kann man sich an der Landschaft, fantastischen Badestränden, an der Offenheit und Freundlichkeit der Bewohner und nicht zuletzt auch an den für karibische Verhältnisse sehr zivilen Preisen. Die Insel ist auch beliebtes Reiseziel der New Yorker Schwulenszene. Nach Möglichkeit sollte man einen Besuch auf Vieques (oder auf der Schwesterinsel Culebra) in sein Reiseprogramm einplanen.

Im Hauptort **Isabel Segunda** an der Nordküste lebt rund die Hälfte aller Insulaner. Das Städtchen, nach der spanischen Königin Isabel II. (1833–1868) benannt, wurde 1843 gegründet. In dem am Hafen gelegenen Leuchtturm befindet sich ein liebevoll ausgestaltetes Marinemuseum (Mi–So 10–16 Uhr, ✆ 7 41-17 17). Besuchenswert ist auch das oberhalb der Stadt gelegene Fort Isabela (El Fortín Conde de Mirasol), das die Spanier 1854 errichteten. In dem restaurierten Gebäude, das früher als Gefängnis für entlaufene Sklaven, rebellierende Arbeiter und politische Gegner genutzt wurde, ist heute ein Museum untergebracht, das einen guten Einblick in die Geschichte der kleinen Insel gibt (Mi–So 10–16 Uhr, ✆ 7 41-17 17).

In den frühen Morgenstunden ist der Hafen interessant, wenn die Fischer mit ihren Fängen vom Meer zurückkehren und diese zum Verkauf anbieten. Wer Schweinefleisch dem Fisch vorzieht, der sollte samstagmorgens in Isabel Segunda nahe dem Friedhof in der Calle Tomas Perez auf puertoricanische Art geröstetes Schwein probieren. Es ist ein alter Brauch, daß sich Männer des Ortes freitagabends treffen, die geschlachteten Schweine aufgespießt über das offene Feuer hängen und dann 14 Stunden lang rösten. Der bei dieser Arbeit auftretende Durst wird mit beträchtlichen Mengen Bier und Rum gelöscht. Das Ganze erscheint nicht besonders hygienisch, es schmeckt aber trotzdem ausgezeichnet.

Mit 2000 Einwohnern der zweitgrößte Ort der Insel und Hauptanziehungspunkt für Besucher ist **Esperanza** an der Südküste, von Isabel Segunda aus in ca. zehn Minuten mit dem Mietwagen oder dem Público (2 US-$ pro Person) zu erreichen. An die große Zeit während des Zuckerrohranbaus erinnern heute nur noch alte, verrostete Lokomotiven. Der attraktive, kleine Fischerort hat in jüngerer Vergangenheit nicht nur Touristen, sondern auch die Filmindustrie an-

Fort Isabela

gelockt. Im Esperanza Beach Club und in der geschlossenen Pineapple Factory wurde der Spielfilm *Herr der Fliegen* gedreht. Auch Clint Eastwood und andere Hollywood-Stars standen hier schon vor der Kamera.

Esperanza ist heute ein Bade- und Wassersportparadies. Östlich der Ortschaft liegen die schönsten Strände der ganzen Insel: Playa Sombe, ein langgestreckter, weißsandiger Strand (Camping mit Genehmigung möglich), Media Luna und Navio. Noch schöner, aber etwas weiter entfernt und nur über schlechte Straßen erreichbar sind Red, Blue und Green Beach, dafür ist man hier aber um so ungestörter. In der Mosquito Bay kann – besser noch als in Fajardo – das Meeresleuchten beobachtet werden. Nächtliche Bootstouren in die Bucht werden von Sharon Grasso angeboten (✆ 7 41-37 51, Abfahrt von der Casa del Frances). Ihre Boote haben Elektroantrieb und sind daher umweltfreundlich.

Das winzige Museo de Esperanza (Mo–Fr 9–17 Uhr, Calle Flamboyant 138), an der Uferstraße zwischen den vielen Lokalen gelegen, zeigt vor allem Fundstücke aus der vorkolumbianischen Zeit und alte Fotografien. Eine kleine Bibliothek ist bestückt mit Literatur zur Region, zur Pflanzen- und Tierwelt sowie zu Kultur und Geschichte Puerto Ricos. In einem der Räume ist eine Nebenstelle des puertoricanischen Kulturinstitutes untergebracht. Hier können auch einige recht hübsche Souvenirs erstanden werden. Im Garten des Museums pflegen die Angestellten verwundete Tiere.

Unterkunft: Isabel Segunda: Das *Waters Edge* (✆ 7 41-86 66, Zimmer ab 65 US-$) ist ein ordentliches, sauberes Hotel direkt am Meer. Wer sich einen besonderen Luxus gönnen möchte, kann die zum Hotel gehörende private Villa mit schönem Innenhof und Pool mieten (ab 1800 US-$ pro Woche). Weniger empfehlenswert sind das *Sea Gate Hotel* (nahe dem Fort, ✆ 7 41-46 61, ab 35 US-$) und das *Ocean View Hotel* (Plinio Peterson, nahe dem Hafen, ✆ 7 41-36 96, ab 40 US-$).

Esperanza: Das kürzlich eröffnete direkt am Meer gelegene *Inn on the Blue Horizon* (Esperanza, ✆ 7 41-33 18, Zimmer ab 150 US-$) ist eines der schönsten und besten Hotels Puerto Ricos. Geführt wird es von den beiden New Yorkern James Weis und Billy Knight, die ihre exquisiten Möbel und Kunstgegenstände mit auf die Insel gebracht und damit die Räume des Hotels ausgestattet haben. Jedes der bisher drei Zimmer (weitere sind geplant) sowie die offene Hotelloby sind eine Augenweide. Dem Gast fehlt es hier an nichts. Auf Wunsch werden individuelle Ausflüge arrangiert. Das angegliederte Restaurant mit Terrasse steht dem Hotel in nichts nach – geboten wird eine überaus kreative Küche mit puertoricanischen und internationalen Einflüssen auf höchstem Niveau. In unmittelbarer Nähe des Inn's liegt die soeben fertiggestellte *Hacienda Tamarindo* (✆ 7 41-85 25, ab 95 US-$), die liebevoll eingerichtete Zimmer in angenehmem Ambiente anbietet. Ebenfalls zu empfehlen ist *The Crow's Nest* (Route 201, km 1,6, ✆ 7 41-00 11, Zimmer ab 60 US-$), ein kleines Hotel im

Schwesterinseln

Friedhof in Isabel Segunda

hügeligen Hinterland von Esperanza, das v. a. durch seinen wunderschönen Garten und ein exzellentes Restaurant besticht. Das bekannteste Hotel der Insel ist die *Casa del Francés* (Route 966, ✆ 7 41-37 51, Zimmer ab 120 US-$), das auch im Landesinneren liegt. Der Name ist auf den ›liebeskranken‹ Franzosen Gustavo Mourraille zurückzuführen, der dieses Haus 1910 für seine Geliebte, die Marquesa Jeannine Clementine Suzanne Masc errichtete und sie dorthin entführte. Die junge Dame aus Paris fühlte sich allerdings in dem neuen Heim nicht wohl und floh bald zurück in die Seine-Metropole. Hinter dem auf einem Hügel stehenden Hotel befindet sich ein Swimmingpool für die Gäste, der umgeben ist von Orchideen, Bananenstauden, Mangobäumen, Aloeen, Bambus und Kokospalmen. Für den Fußmarsch bis zum Strand benötigt man etwa 15 Minuten. An dem auf den ersten Blick herrschaftlichen Haus nagt unverkennbar der Zahn der Zeit: Termiten haben am Holz der Casa großen Gefallen gefunden, das gesamte Gelände wirkt schmuddelig und ungepflegt, auch mit den hygienischen Einrichtungen steht es nicht zum besten. Weitere Hotels und Guesthouses: *Bananas* (✆ 7 41-87 00, Uferstraße, Esperanza, Zimmer ab 40 US-$), *Trade Winds* (✆ 7 41-86 66, Uferstraße, Esperanza, Zimmer ab 65 US-$). Eine gute Alternative zum Hotel ist die Anmietung eines Apartments. Hier sind vor allem die *Acacia Apartments* (Acacia Street 236, Esperanza, ✆ 7 41-18 56, ab 75 US-$) zu empfehlen, die von den zwei Deutschen Jürgen Meuser und Manfred Kissel geführt werden. In den funktional eingerichteten Apartments mit Küche fühlt man sich sofort wohl.

Restaurants: Isabel Segunda: Gute spanische Küche bieten das *La Paella* (✆ 7 41-33 00) und die *Taverna Española* (✆ 7 41-17 75, nahe dem Rathaus). Typisch puertoricanisch geht es im *El Lechoncito* (✆ 7 41-07 70, gegenüber Morales Supermarkt) zu, wo man

Vieques/Culebra

unbedingt die gut zubereiteten Geflügelspezialitäten probieren sollte.
Esperanza: Hier sind vor allem die Restaurants des *Crow's Nest* (Route 201, km 1,6, ✆ 7 41-00 33) und des *Inns on the Blue Horizon* (✆ 7 41-33 18) zu empfehlen. Ausgezeichnete Fischspezialitäten werden in der *Posada Vistamar* (✆ 7 41-87 16) geboten. Leckere Snacks zu vernünftigen Preisen gibt es im *Bananas* (✆ 7 41-87 00, Uferstraße), in dem man auch die ausgezeichneten Drinks probieren sollte.

Ärzte: Isabel Segunda: Grupo Médico Familiar del Este (✆ 7 41-85 69, 112 Muñoz Rivera); Dr. Federico G. Campos (✆ 7 41-58 01, 107 Muñoz Rivera).
Apotheken: Isabel Segunda: Farmacia San Antonio (✆ 7 41-83 97, 333 Antonio G. Mellado).

Anreise: Fährverbindungen zwischen Fajardo und Vieques: Mo-Fr: Fajardo–Vieques: 9.30 und 16.30 Uhr; Vieques–Fajardo: 7 und 15 Uhr; Sa und So: Fajardo–Vieques: 9, 15 und 18 Uhr; Vieques-Fajardo: 7, 13 und 16.30 Uhr. Zudem verkehren Cargo-Schiffe, auf denen der Transport von Autos möglich ist (rechtzeitig reservieren!). Auskunft und Reservierung in Fajardo (✆ 8 63-07 05, 8 63-08 52) und bei der Ports Authority Vieques (✆ 7 41-47 61). Die Überfahrt dauert etwa eine Stunde. Kosten: 4 US-$ für eine einfache Fahrt unter der Woche, an Feiertagen und Wochenenden 5 US-$. Autos können in Fajardo auf einem bewachten Parkplatz nahe dem Hafen abgestellt werden (Parkgebühren 3 US-$ pro Tag).

Anreise: Angeboten werden Flüge sowohl ab Fajardo als auch ab San Juan. Vieques Air Link (✆ 7 22-37 36, 7 23-98 82) fliegt die Strecke täglich viermal ab San Juan und siebenmal ab Fajardo. Weitere Anbieter sind Sunaire Express (✆ 5 95-95 01) und Isla Nena (✆ 7 41-63 62).

Culebra

Culebra liegt rund 30 km östlich vor Puerto Rico. Mit einer Ausdehnung von nur 28 km² ist die Insel, die geologisch ebenso wie Vieques den Virgin Islands zugerechnet wird, wesentlich kleiner als die Nachbarinsel. Dennoch besitzt Culebra eine eigene Flagge: fünf vertikale Streifen, drei davon gelb, zwei grün; in der Mitte findet sich eine Darstellung der Umrisse der Insel.

Auch Culebra wurde von Kolumbus im Jahr 1493 entdeckt. Die ersten Bewohner waren Taíno-Indianer, die in den nachfolgenden Jahrhunderten Zuflucht vor den spanischen Konquistadoren und der Kolonisation auf der Hauptinsel suchten. Piraten planten von hier aus ihre Raubzüge und Überfälle. Um 1880 kamen erste Siedler von Puerto Rico, die auf Culebra Tamarind- und Cashewbäume sowie Kokosnußpalmen anpflanzten. Wenige Jahre später, nach dem Sieg der USA im Spanisch-Amerikanischen Krieg, baute die Navy einen Stützpunkt auf der Insel. Seit 1909 ist die Insel Naturschutzgebiet und damit eines der ältesten National Wildlife Refuges der USA.

Viel Ruhe hatten Tiere und Menschen auf Culebra allerdings nicht.

Schwesterinseln

Nach dem Zweiten Weltkrieg begann die Navy mit dem Mißbrauch der Insel als Schieß- und Bombenabwurfplatz. Tag und Nacht waren Explosionen und Flugzeuglärm zu hören. Die damals nur 800 Bewohner der Insel protestierten, zunächst friedlich, dann – als keine Reaktionen erfolgten – mit Molotow-Cocktails, wie ihre Nachbarn auf Vieques. Dieser Protest zeigte schließlich Wirkung. 1975 wurden die militärischen Übungen auf der Insel ganz eingestellt.

Die Hügel der ›ausgefransten‹ Insel sind bis zu 100 m hoch (Monte Resaca). Es regnet nur selten und tagsüber ist der Himmel fast immer wolkenlos. Aufgrund der Trockenheit wird die Insel landwirtschaftlich kaum genutzt und ist deshalb in ihrem ursprünglichen Zustand weitestgehend erhalten geblieben. Fauna und Flora sind vielfältig und die Insel ist Heimat zahlreicher Seevögel, die hier ihre Nistplätze bauen.

Nur rund 2000 Bewohner zählt die Insel heute, die meisten von ihnen leben von der Fischerei oder arbeiten in einer größeren, nordamerikanischen Pharmafabrik, dem einzigen Industriebetrieb der Insel. In den letzten Jahren ist die Insel zunehmend auch Wahlheimat von ›Aussteigern‹ aller Herren Länder geworden. Hauptort ist **Dewey**, benannt nach dem Admiral George Dewey, einst Kommandeur der asiatischen US-Flotte. Die kleine Ortschaft, auf der südwestlichen Landzunge an der Ensenada Honda gelegen, mit nur wenigen Straßenzügen und einfachen Häusern, bietet dem Besucher nicht viel. (Übrigens: Es ist verboten, in der Ortschaft mit nacktem Oberkörper herumzulaufen!).

Interessanter ist eine Erkundungstour über die Insel. Voraussetzung dafür ist allerdings die Anmietung eines Autos, zweckmäßigerweise direkt am Flughafen oder in Dewey Town. Ein Jeep, den man bei den sehr schlechten Straßenverhältnissen (Schotterwege mit vielen tiefen Schlaglöchern) auf jeden Fall benötigt, kostet pro Tag bei den Vermietern zwischen 45 und 55 US-$. Eine vielleicht noch bessere Möglichkeit zur Erkundung der Insel bietet sich zu Wasser. Boote können für einen halben oder einen ganzen Tag in Dewey Town gemietet werden. Damit werden selbst die unzugänglichsten und verstecktesten Ecken der Insel erreichbar.

Trotz der Schönheit der Insel hat sich der Tourismus noch sehr wenig entwickelt. Auf Culebra findet der Europäer das, was er von der Karibik erwartet: Kilometerlange, menschenleere weiße Sandstrände mit klarem, türkisblauem Wasser. Zu den schönsten Stränden der Insel gehört sicherlich der im Nordwesten gelegene **Playa Flamenco.** Der Name rührt daher, daß hier unzählige Flamingos lebten, bis die Amerikaner 1945 mit der Bombardierung des Strandes zu Übungszwecken begannen. Heute sieht man keinen einzigen Flamingo

Culebra

An der Playa Flamenco

mehr. Während der Woche ist es hier menschenleer, nur alle paar hundert Meter liegt ein Sonnenhungriger, manchmal sind sogar nur die Rangers und die Polizei unterwegs. An Wochenenden ändert sich dies allerdings, da viele Puertoricaner die Insel als Erholungsdomizil benutzen. Aber auch dann noch wird man ein einsames Plätzchen finden können. In unmittelbarer Nähe des Strandes liegt, unter schattigen Bäumen versteckt, ein Campingplatz. Weniger schön ist allerdings, daß kurz vor Flamingo Beach ein kleiner Binnensee liegt, der bestialisch stinkt.

Nicht ganz so bekannt, dafür aber nicht schlechter, ist der **Playa Soni,** an der östlichen Küste der Insel gelegen und erreichbar von Dewey aus über die Route 250, die sich auf dem letzten Stück in eine miserable Schotterpiste verwandelt. Auch hier findet sich ein langer, schneeweißer Sandstrand. Viele der hier wachsenden Palmen sind allerdings ›geköpft‹; ein noch heute sichtbares Zeichen für das Wüten des Hurrikans Hugo im Jahr 1989. Soni Beach ist die Heimat seltener Wasserschildkröten, die ihre Eier im Sand vergraben. Aus diesem Grund darf mit Fahrzeugen nicht über den Strand gefahren werden. In Sichtweite befinden sich zudem zwei kleinere Inseln: Die weiter nördlich gelegene heißt Cayo Norte, die westlicher gelegene heißt Culebrita (hier befindet sich der Playa Tortuga, einer der schönsten Strände der ganzen Region).

Ein weiterer, sehr empfehlenswerter Badeort ist **Tamarindo Beach,** an der Westküste gelegen. Erreichbar ist er von Dewey aus über die Route 251 in Richtung Flamingo Beach, nach zwei Drittel des Weges folgt man einer schmalen Abzweigung nach links. Auch vor Tamarindo Beach liegt eine kleine Insel, ebenfalls mit einem herrlichen Strand: Luis Peña Cay.

Culebra ist bekannt für seine ausgezeichneten Tauchreviere, vor allem nahe den winzigen vorgelagerten Koralleninseln. Tauchtouren, Verleih von Tauch- und Schnorchelgerät bieten in Dewey an: Paradise Divers, Bob u. Julia Perkins (✆ 7 42-35 69) oder Caribbean Marine Service, Gene Thomas (✆ 7 42-35 55).

Informationen: Mrs. Karen Fischbach, Tourism Officer, ✆ 7 42-32 91, P.O. Box 189, Culebra, P.R. 00645.

Unterkunft: Das Angebot ist aufgrund des recht schwachen Touristenstroms begrenzt, Luxusunterkünfte fehlen bislang. Meist werden Apartments oder Zimmer vermietet: Besonders zu empfehlen ist der *Club Seabourne,* unter der Leitung von Ann Dekker und ihrem deutschen Mann Hans. Die Hotelanlage mit Pool liegt am Hang und gibt den Blick frei auf eine schöne Bucht. Die kleinen, rosa gestrichenen Villas sind hübsch eingerichtet und sauber, hier fühlt man sich sofort wohl (Fulladosa Rd., ✆ 7 42-31 69, Zimmer ab 65 US-$). *Posada La Hamaca* (✆ 7 42-35 16, Hotelzimmer und Apartments für 45 US-$, nahe der Draw Bridge gelegen); *Villa Fulladoza* (✆ 7 42-35 76, Studios u. größere Apartments ab 45 US-$), *Villa Bohème* (✆ 7 42-35 08, Apartments ab 55 US-$); *Tamarindo Estates* (✆ 7 42-33 43, Vermietung von kleinen Häusern); *Culebra Island Chalets* (✆ 7 42-03 33, luxuriöse Villas mit ein oder zwei Schlafzimmern).

Restaurants: Das beste Restaurant der Insel ist im *Club Seaborne.* In angenehmer Atmosphäre werden Fischspezialitäten, aber auch gute Fleischgerichte angeboten. Für deutsche Gäste wird auch schon einmal Rotkohl gekocht. In Dewey gibt es nur wenige Lokale: Empfehlenswert ist vor allem *Mamacitas* (✆ 7 42-31 76), wo amerikanisch inspirierte Gerichte geboten werden (gute Drinks!!). Für Frühstück und Mittagessen bietet sich das *Café Culebra* an, gute Sandwiches und Hamburger gibt es im *Culebra Deli.* Italienische Gerichte bietet *Chuck's Pizza* an. Kuchen, aber auch Mittagessen wird in *Milka's Bakery* angeboten.

Außerhalb der Stadt findet man das nahe dem Airport gelegene *Happy Landing* (kreolische Küche, sehr gut!), das *Cafe Flamenco* (kreolische Küche; Reservierungen für Abendessen erforderlich!) und das *El Caobo* (kreolische Küche). Sandwiches gibt es im *El Batey.*

Anreise: Erreichbar ist Culebra mit Fähren ab Fajardo in etwa eineinhalb Stunden, es existieren allerdings nur wenige Verbindungen. Auskunft und Reservierung: Fajardo (✆ 8 63-07 05, 8 63-08 52), Culebra (✆ 7 42-31 61). Die Überfahrt kostet nur wenige Dollar. Sofern ein Auto mitgenommen werden soll, muß eine Woche im voraus ein entsprechender Platz gebucht werden. Fajardo–Culebra: Mo–Sa

Culebra

Schwarzer Engelsfisch vor Gorgonie

16 Uhr, Fr und Sa zusätzlich 9 Uhr. An Sonn- und Feiertagen 8 und 14.30 Uhr. Culebra–Fajardo: Mo–Fr 7 Uhr, Fr zusätzlich 14 und 18 Uhr, Sa 7, 14 und 17.30 Uhr. An Sonn- und Feiertagen: 13 und 16.30 Uhr.

Anreise: Häufiger als die Fähren verkehren Flugzeuge. Eine herrliche Aussicht kann man auf dem kurzen Flug von San Juan oder Fajardo nach Culebra genießen. Anbieter: Flamenco Airways, ✆ 7 25-77 07, Isla Grande Airport, ✆ 8 63-33 66, Fajardo Airport. Auch Caribbean Air Carrier (✆ 8 60-47 00) und Professional Air Express (✆ 8 60-42 22) fliegen Culebra an.

Autoverleih: Culebra Car Rentals (✆ 7 42-32 77); Prestige Car Rental (✆ 7 42-35 46, direkt am Airport); Willie Sulis (✆ 7 42-35 37, billig).

Exotische Früchte

Besonders erntefrisch kann man die Exoten im Landesinnern, in den vielen kleinen Ortschaften am Straßenrand oder direkt bei den Produzenten kaufen. Um die Orientierung ein wenig zu erleichtern, sei nachfolgend eine Auswahl karibischer Früchte kurz beschrieben.

Caimito
Sternapfel; Farbe dunkelrot, manchmal auch hellgrün. Die Caimito hat die Größe eines Tennisballs, das gelatineartige Fruchtfleisch ist dunkelrot, lila, pink und weiß. Halbiert man die Frucht, ist deutlich ein weißer Stern in der Mitte erkennbar. Im Geschmack mild und süß. Vorsicht beim Kauf: Unreife Früchte sind nicht genießbar!

Carambola
Sternfrucht; Farbe gelbgrünlich bis gelborange. Besitzt die Größe einer Apfelsine. Schneidet man die Frucht in Scheiben, erhält man wunderschöne, fünfrippige Sterne. Die süßliche Frucht gleicht im Geschmack einer Mischung aus Apfel, Traube und Zitrone. Wird sowohl roh als auch gekocht verwendet und häufig zur Dekoration von Drinks und Speisen benutzt, seltener für Säfte, Sorbets und Pudding.

Exotische Früchte

Chirimoya
Zimtapfel; gehört zur Familie der Annonas. Im Aussehen gleicht er einer gekochten Artischocke. Das süße, milchige Fruchtfleisch erinnert im Geschmack – je nach Sorte – an Honig, Banane, Mango und Ananas. Die Chirimoya wird gegessen wie eine Avocado. Man löst mit Hilfe eines Löffels das Fruchtfleisch aus der Schale. Anderweitige Verwendung auch in Mousses, Cremes und Shakes.

Corazón
Jamaica-Apfel; gehört ebenfalls zur Annona-Familie. Die Frucht ist rotbraun oder gelblich gefärbt und schmeckt ähnlich wie die Chirimoya; sie wird auch wie diese verwendet.

Guanábana
Guanabana; grüne, birnenförmige Frucht, die rundherum von Stacheln umgeben ist. Aus dem süßsauren Saft des weißen Fruchtfleisches werden erfrischende Drinks und Eiscremes hergestellt.

Guayaba
Guave; Farbe der Schale ist gelblichgrün, ähnelt der Limone. Das Fruchtfleisch kann weiß, gelb, rosa, rot oder pfirsichfarben sein, abhängig von der jeweiligen Sorte. Die Größe variiert, sie kann einen Durchmesser von 2,5 bis 10 cm haben. Die Frucht ist reich an Vitamin C, Eisen und Calzium. Fruchtiger Geschmack, wird deshalb häufig verwendet für Säfte, Marmeladen, Sorbets, Eis und Kuchen.

Mamey Amarillo (Zapote de Niño)
Mamey-Apfel; dicke, braune Fruchtschale, orangerotes Fruchtfleisch. Im Geschmack süßlich, wird roh oder gekocht gegessen. Aus den Blüten wird ein Likör namens ›Créme de Creóle‹ hergestellt.

Mango
Mango; die ›Königin der Früchte‹, wird schon seit über 4000 Jahren kultiviert. Die Schale der ovalen, rundlichen Frucht kann verschiedene Farben haben: rötlich, orange, gelblich oder gelbgrün bis grün, je nach Sorte. Das orangefarbene Fruchtfleisch ist zart, saftig und süßlich bis süß-sauer. Ob eine Mango reif ist, läßt sich am besten an ihrem dann fruchtigen Duft erkennen. Sie findet Verwendung als Chutney, Marmelade, Eiscreme, Mousse. Besonders die Asiaten lieben den Mangosaft.

Exotische Früchte

Maracuyá
Passionsfrucht; Form gleicht der einer Mandarine. Je nach Sorte ist die Schale braun oder rötlich-grün. Das weißlich-gelbe Fruchtfleisch besteht mehr oder weniger aus einer Vielzahl eßbarer Kerne. Die unreife Frucht hat eine glatte Schale und schmeckt säuerlich. Die Schale der reifen Maracuyá wirkt dagegen verschrumpelt, das Fruchtfleisch ist süß. Aus der Frucht werden hervorragende Säfte, Eis und Saucen hergestellt. Die Maracuyá kann auch einfach halbiert und ausgesaugt oder mit dem Löffel gegessen werden.

Papaya
Papaya; die Schale der großen Frucht ist grün, orange, rötlich oder gelb. Man ißt die Papaya, indem man sie halbiert, wie bei einer Honigmelone die Kerne entfernt und etwas Limonensaft auf das orangegelbe Fruchtfleisch träufelt. Aus der Frucht werden Säfte, Marmeladen, Eiscremes und Saucen hergestellt. Oft findet sie Verwendung in Obst- und Meeresfruchtsalaten. Die grüne Papaya wird gekocht als Beilage zu Fisch und Fleisch gereicht.

Tamarindo
Tamarindfrucht; bohnenförmig, mit harter, aprikosenfarbener oder bräunlicher Schale. Um das aromatische, süß-saure Fruchtfleisch zu genießen, wird die Frucht aufgeknackt und die Kerne werden abgelutscht. Häufige Verwendung findet die Tamarindo in Saucen (Worcestershire), Chutneys, Marmeladen, Sorbets und Currys.

Zapotillo
Sapotille oder Nispero; die Schale ist rotbraun, die Größe entspricht der einer Orange. Das aprikosenfarbene Fruchtfleisch ist weich und saftig und ähnelt im Geschmack einer Birne mit Zimt. Die Früchte sind erst dann genießbar, wenn sie sich weich wie überreife Pfirsiche anfühlen. Die Kerne sollten entfernt werden. Aus der Frucht werden Dessert-Saucen, Mousses und Sirup hergestellt.

Die wichtigsten Sehenswürdigkeiten im Überblick

In San Juan
Die Festungsanlagen Castillo de San Felipe del Morro und San Cristóbal
Die Residenz des Gouverneurs, La Fortaleza
Die spätgotische Kathedrale von San Juan
Die Iglesia de San José und die gleichnamige Plaza
Die Plaza de Armas mit Alcaldía und Real Intendencia
Der Convento de Santo Domingo
Die Casa Blanca, ehemals Wohnsitz der Familie von Juan Ponce de León

In Ponce
Der gesamte Ortskern der ›Perla del Sur‹
Das rot und schwarz angemalte Feuerwehrhaus, Parque de Bombas
Die Catedral Nuestra Señora de la Guadalupe
Das von Eduard Durell Stone entworfene Museo de Arte

Landschaften
Der Regenwald El Yunque 55 km östlich von San Juan
Eine Fahrt entlang der Panorama-Straße durch das Landesinnere
Das tropische Kegelkarstgebiet bei Arecibo
Die landschaftlich besonders reizvolle Reserva Toro Negro

Natur- und Strandparadiese
Vieques und Culebra, Inseln mit exzellenten Bademöglichkeiten
Mona Island, ein Tauchparadies
Zahlreiche kleine Koralleninselchen um Puerto Rico, vor allem Cayo Icacos und Isla Palominos
Balneario de Luquillo

Sonstiges
Das Parador Casa Grande
Die Ausgrabungsstätte Parque Ceremonial Tibes
Das Observatorio de Arecibo, das größte Radar- und Radioteleskop der Welt
Die Cavernas del Río Camuy, ein Höhlensystem mit unterirdischen Flüssen
Die alte Kaffeeplantage Hacienda Buena Vista

Abbildungsnachweis

Archiv für Kunst und Geschichte, Berlin 94
A. M. Begsteiger, A-Gleisdorf 73, 80
Fridmar Damm, Köln 82, 117, 142
IFA-Bilderteam, Düsseldorf 61/62, 104/105, 111, 146, 156/157 (alle Abb. Welsh)
Helga Lade, Frankfurt 33, 34, 75, 87, 176/177 (alle Abb. Welsh)
Mauritius, Mittenwald 149 (O'Brien)
Gerald Nowak, Fürstenfeldbruck 21, 116, 209
Marie Luise Oertel, Odenthal 2/3, 23, 29, 96, 100, 162/163, 188, 196/197
Okapia, Frankfurt 159 (Kiepke/Naturbild), 179 (Nikoletseas), 198 (Cooke), 210 (Büttner/Naturbild), 212 (Büttner/Naturbild)
Photo Press, Stockdorf 112 (Rita)
W. Rudolph, München 65
Norbert Schmitz, Köln Umschlagklappe vorne, Umschlagklappe hinten, Umschlagrückseite oben, Umschlagrückseite unten, 1, 26, 47, 50, 52/53, 55, 69, 70, 76, 77, 91, 103, 107, 115, 121, 125, 126, 132/133, 136/137, 139, 144, 147, 150, 153, 155, 167, 168, 170/171, 186, 202, 204, 207, 213
Ullstein Bilderdienst, Berlin 39
Anno Wilms, Berlin 134/135, 165, 175, 182, 214
Hans Winterberg, Hannover Titelbild, 10/11, 17, 19, 30/31, 118/119, 185

Alle weiteren Abbildungen stammen aus dem Archiv des Autors.

Bitte schreiben Sie uns, wenn sich etwas geändert hat!
Alle Angaben in diesem Buch wurden vom Autor nach bestem Wissen erstellt und von ihm und dem Verlag mit größtmöglicher Sorgfalt überprüft. Doch sind Änderungen und Fehler leider nicht vollständig auszuschließen. Daher erfolgen die Angaben – wie wir im Sinne des Produkthaftungsrechts betonen müssen – ohne jegliche Verpflichtung oder Garantie des Verlages oder des Autors. Beide übernehmen keinerlei Verantwortung und Haftung für etwaige inhaltliche Unstimmigkeiten.
Wir bitten um Verständnis und werden Korrekturhinweise dankbar aufgreifen: DuMont Buchverlag, Postfach 10 10 45, 5 04 50 Köln.

Tips und Adressen

Reisevorbereitung	
Informationsstellen	218
Diplomatische Vertretungen	218
Einreisebestimmungen	218
Gesundheitsvorsorge	218
Reisegepäck	219
Reisezeit	219
Anreise	
... mit dem Flugzeug	219
... mit dem Kreuzfahrtschiff	220
Reisen auf Puerto Rico	
... mit dem Flugzeug	220
... mit dem Bus	220
... mit Públicos	220
... mit dem Taxi	221
... mit dem Mietwagen	221
... mit einer Sightseeing Tour	222
Island Hopping	222
Vorschläge für Ausflüge	222
Unterkunft und Essen	
Unterkunft	223
Die puertoricanische Küche	224
Kulinarisches Lexikon	225
Urlaubsaktivitäten	
Angeln und Hochseefischen	227
Golf	227
Reiten	227
Schwimmen	228
Segeln und Rudern	228
Surfen und Windsurfen	229
Tauchen und Schnorcheln	229
Tennis	229
Wandern	229
Wasserski und Jetski	230
Informationen von A bis Z	
Auskunft	230
Baden	230
Buchhandlungen	231
Diplomatische Vertretungen	231
Feste und Veranstaltungen	231
Geld und Geldwechsel	233
Gewichte und Maße	234
Medizinische Versorgung	234
Notfälle	234
Öffnungszeiten	235
Sicherheit	235
Sitten und Umgangsformen	235
Shopping	235
Spielcasinos	236
Sprache	236
Steuern	236
Strom	236
Tankstellen	237
Telefon	237
Trinkgelder	237
Verkehr	237
Zeit	237
Register	238

Reisevorbereitung

Informationsstellen

Informationen im deutschsprachigen Raum sind erhältlich beim Fremdenverkehrsbüro Puerto Rico, Abraham-Lincoln-Str. 2, 65189 Wiesbaden, ✆ 0611/9772312, Fax 0611/9772319.

Diplomatische Vertretungen

... in der Bundesrepublik Deutschland
Deichmanns Aue 29, 53179 Bonn, ✆ 02 28/3 39 29 63, Fax 02 28/3 39 26 23.
... in Österreich
Boltzmanngasse 16, 1091 Wien IX, ✆ 01/31 55 11.
... in der Schweiz
Jubiläumsstr. 93, 3005 Bern, ✆ 0 31/43 70 11.

Einreisebestimmungen

Für die Einreise aus der Bundesrepublik, Österreich und der Schweiz genügen bei einem Aufenthalt von bis zu drei Monaten ein noch mindestens ein halbes Jahr gültiger Reisepaß und ein Rückflugticket. Bei der Einreise muß ein ausgefülltes Formular abgegeben werden, das während des Fluges verteilt wird.

Gegenstände für den persönlichen Bedarf des Reisenden, 50 Zigarren oder 200 Zigaretten, 1 l alkoholische Getränke (Personen über 21 Jahre) sowie Geschenke im Wert bis zu 100 US-$ dürfen zollfrei eingeführt werden. Auch übliche Reisegegenstände wie Foto- und Filmausrüstung sowie Laptops können problemlos mitgebracht werden. Verboten ist die Einfuhr landwirtschaftlicher Produkte.

Die Ein- und Ausfuhr von US-$ und ausländischen Währungen unterliegt keinerlei Beschränkungen. Überschreitet der Gesamtbetrag 5000 US-$, muß er deklariert werden.

Gesundheitsvorsorge

Puerto Rico ist ein ›gesundes‹ Pflaster. Z. Z. sind keine Impfungen vorgeschrieben. Empfehlenswert ist eine Hepatitis-Prophylaxe. Ärzte und Tropeninstitute geben hierzu Auskunft.

In fast allen Flüssen der Insel tritt eine Bakterienart (Chisto) auf, die bei einer Infektion die inneren Organe ernsthaft schädigt. Deshalb sollte man grundsätzlich kein Flußwasser trinken. Schnecken sind manchmal Träger von Parasitenlarven und übertragen Bilharziose. Die Gefahr ist gering, dennoch sollte man sich in acht nehmen.

Häufiger sind Durchfall, Sonnenbrand und Insektenstiche. Gegen ersteres sollte man mit einem guten Durchfallmittel gewappnet sein. Sonnenbrände können durch richtiges Verhalten, Insektenstiche durch entsprechende Mittel vermieden werden.

Reisevorbereitung

Deutsche Krankenscheine werden grundsätzlich nicht akzeptiert, daher ist der Abschluß einer Zusatzversicherung empfehlenswert. Bei Bedarf vermitteln Hotels geeignete Ärzte.

Reisegepäck

Obwohl Puerto Rico zu den Vereinigten Staaten gehört, dominieren lateinamerikanisch geprägte Sitten. Viel Wert wird auf korrekte Kleidung gelegt, v. a. zu offiziellen und festlichen Anlässen sowie in besseren Restaurants, Hotels und auf den meisten Kreuzfahrtschiffen. Für den Abend und für klimatisierte Räume sollte man eine leichte Jacke dabei haben. Ein Regenschirm kann bei tropischen Regenschauern nützliche Dienste leisten.

Reisezeit

Die Lage der Insel in den äußeren Tropen bewirkt ein feuchtwarmes Klima, bei dem sich eine sommerliche Regenzeit mit einer winterlichen Trockenzeit abwechselt. In den Monaten Mai bis September fallen daher die meisten Niederschläge. Meist am Nachmittag kommt es dann zu ausgiebigen Regenfällen. Die durchschnittlichen Tagestemperaturen liegen bei 24–29 °C, der heißeste Monat ist mit 31 °C der September. Auch die das ganze Jahr über angenehmen Wassertemperaturen (25–27 °C) machen Puerto Rico zu einem ganzjährig beliebten Urlaubsgebiet. Zwischen Weihnachten und Ostern läuft auf der Insel die touristische Hochsaison.

Anreise

... mit dem Flugzeug

Puerto Rico verfügt über die besten Flugverbindungen der Karibik. Condor fliegt San Juan ab Frankfurt an, Air France, British Airways und Iberia z. B. unterhalten ebenfalls direkte Verbindungen. Ab Zürich fliegt die Chartertochter der Swissair, Balair. Zudem besteht die Möglichkeit der Anreise über das amerikanische Festland, vor allem über New York und Miami, letzteres nur zwei Flugstunden von San Juan entfernt. Ein gutes Reisebüro sollte in der Lage sein, die jeweils optimalen Verbindungen herauszufinden. Je flexibler man dabei mit den Reiseterminen und -strecken ist, desto geringer die Kosten.

Alle internationalen Flüge landen auf San Juans Muñoz Marín International Airport im Stadtteil Isla Verde. Von hier aus dauert eine Taxifahrt ca. 20 Min. in die Stadt. Außerdem verkehren mehrere Shuttle-Busse.

Bei Fragen, etwa wegen der Rückbestätigung, wende man sich in San Juan an die Büros der Fluglinien.

Anreise

... mit dem Kreuzfahrtschiff

San Juan ist eine Drehscheibe für Kreuzfahrtschiffe. Informationen über Ankunfts- und Abfahrtszeiten erteilt das Tourism Information Center in La Casita (✆ 7 22–17 09), in der Nähe von Pier 1 in Viejo San Juan.

Viele Reedereien und Veranstalter bieten ein- bis zweiwöchige Reisen an, die auch kurzfristig gebucht werden können: Carnival Cruise Line (✆ 3 27-73 73); Chandris Cruises (✆ 7 23-71 00), Costa Cruises (✆ 4 62-67 82); Cunard Line (✆ 5 28-62 73); Exploration Cruise Line (✆ 4 26-06 00); Norwegian Cruise Line (✆ 3 27-70 30); Princess Cruises (✆ 4 21-05 22); Royal Caribbean Cruise Line (✆ 3 27-67 00); Royal Cruise Line (✆ 2 27-45 34); Sitmar Cruises (✆ 4 21-08 80).

Reisen auf Puerto Rico

... mit dem Flugzeug

Von San Juan (Muñoz Marín International Airport in Isla Verde und Isla Grande Airport in Santurce) aus bestehen regelmäßige Flugverbindungen nach Mayagüez, Ponce, Culebra und Vieques. Es können auch Lufttaxis (kleine Propellermaschinen oder Hubschrauber) gemietet werden: Airport Aviation Services (✆ 7 91-09 69), Luis Muñoz Marín Airport, Isla Verde; American Eagle ✆ 7 49-17 47; Eastern Metro Express (✆ 7 28-31 31), Ave. Ashford 1050, Condado; Flamenco Airways Inc. (✆ 7 23-81 10, 7 25-77 07), Isla Grande Terminal, Santurce; Hill Helicopters (✆ 7 23-33 85), Isla Grande Terminal, Santurce; Antilles Helicopters (✆ 7 23-52 40), Isla Grande Airport, Santurce; Helicorp Inc. (✆ 7 50-02 43, 7 21-70 45); Vieques Air-Link (✆ 7 22-37 36); Isla Nena (✆ 7 41-63 62).

Auskünfte über Fluggesellschaften und Verbindungen kann man in Hotels und lokalen Reisebüros einholen.

... mit dem Bus

Die Metropolitan Bus Authority (✆ 7 63-41 41 oder 2 50-60 64) unterhält – im Gegensatz zu den ländlichen Regionen – einen recht umfassenden Linienverkehr im Großraum San Juan. Bushaltestellen sind zu erkennen an den gelben Pfosten oder Metalltafeln mit der Aufschrift *Parada* oder *Parada de Guaguas*.

... mit Públicos

Públicos sind Gemeinschaftstaxis, die tagsüber überall auf der Insel verkehren und meist an der Plaza der einzelnen Ortschaften abfahren. Man erkennt sie an den gelben Nummernschildern und den Buchstaben ›P‹ oder ›PD‹ an der Frontseite des Fahrzeuges. Die jeweilige Route ist auf der Windschutzscheibe vermerkt. Der Transport ist relativ unkompliziert, da man überall ein- und aussteigen kann, die Preise sind sehr niedrig. Meist fahren diese Minibusse nur recht kurze Strecken, so daß man bei einer längeren zurückzulegenden Distanz häufig umsteigen muß.

... mit dem Taxi

Die meisten Taxen sind alt und klapprig, die Tarife allerdings günstiger als in Mitteleuropa. Eine Fahrt vom Flughafen zu den Hotels in San Juan (ca. 10 km) kostet nicht mehr als 17 US-$. Pro Gepäckstück sind zusätzlich zum Fahrtpreis 0,50 US-$ zu entrichten. Nahezu alle Taxen verfügen über ein Taxameter. Achten Sie darauf, daß dieses bei Fahrtantritt eingeschaltet wird. Manchmal bieten die Fahrer – insbesondere am Flughafen – den ankommenden Touristen weit überhöhte Pauschalpreise für bestimmte Strecken an. Taxen stehen am Flughafen, an den Hotels und an markierten Stellen in den Stadtgebieten zur Verfügung. Bestellt werden können sie unter ✆ 7 23-24 60.

... mit dem Mietwagen

Für Inselerkundungen empfiehlt sich die Anmietung eines Wagens. Auf Puerto Rico sind alle großen Autoverleihfirmen sowie viele kleine Unternehmen vertreten. Avis, Budget, Hertz und National haben Büros im Ankunftsterminal des Muñoz Marín Airport. Die Wagen können bereits vor Antritt der Reise reserviert werden und werden zu günstigeren Tarifen als in Deutschland angeboten (japanischer Kleinwagen ca. 35 US-$ pro Tag, keine Kilometerbegrenzung). Man sollte eine Versicherung abschließen, die mit etwa 6–7 US-$ pro Tag (Vollkasko) extra berechnet wird.

Mindestalter für die Anmietung eines Autos ist 21 Jahre. Einige Unternehmen verlangen die Vorlage eines internationalen Führerscheines, im Regelfall wird jedoch die nationale Fahrerlaubnis anerkannt. Erwartet wird die Bezahlung mit einer international gängigen Kreditkarte. Ohne sie bekommt man das Auto nur nach langen Verhandlungen und gegen Hinterlegung einer hohen Kaution.

Folgende Firmen vermieten Fahrzeuge unterschiedlicher Preisklassen: AAA, Isla Verde (✆ 7 91-14 65, 7 91-26 09); Afro, San Juan (✆ 7 24-37 20, 7 23-82 87); Avis, San Juan ✆ (800) (8 74-35 56); Budget, Condado (✆ 7 91-36 85); Charlie, San Juan (✆ 7 28-24 18); Discount, San Juan (✆ 7 26-14 60); Hertz, San Juan (✆ 7 91-08 40); L & M, San Juan (✆ 7 25-83 07); Leaseway, San Juan (✆ 7 91-59 00); Luchetti, San Juan (✆ 7 23-23 06); National, San Juan (✆ 7 91-18 05).

»For those days you don't feel like driving« – dafür bieten viele Unternehmen in San Juan und Umgebung ihre Limousinen mit Chauffeuren an.

... mit einer Sightseeing Tour

Folgende Veranstalter bieten Sightseeing Tours unterschiedlichster Art an: American Sightseeing/Travel Services Inc. (✆ 7 24-62 81, 7 25-46 65); Attabeira Educative Travel (✆ 7 67-40 23; Colonial Adventure Walking Tours (✆ 7 29-01 14); Exclusive Tours (✆ 7 25-13 01, Fax 7 25-13 42); Gray Line Sightseeing Tours of Puerto Rico (✆ 7 27-80 80); Hill Aviation Tours (✆ 7 23-33 85); Normandie Tours (✆ 7 22-63 08); Rico Suntours (✆ 7 22-20 80; 7 22-60 90); Turísmo Internacional (✆ 7 21-13 47); United Tour Guides (✆ 7 25-76 05, 7 23-55 78); Vip Coach & Tours (✆ 7 83-60 96).

Besonders zu empfehlen ist Exclusive Tours (✆ 7 25-13 01, Fax 7 25-13 42), Castillo del Mar, Suite 1261, Isla Verde, Puerto Rico 009 79, deren Angebote auf deutschsprachige Touristen abgestimmt sind. Biologen und US-National Forest Rangers begleiten auf Wunsch die Nature Walks. Wer möchte, kann sich sein individuelles Programm von Exclusive Tours zusammenstellen lassen (Einzel- und Gruppenreisen).

Island Hopping

Puerto Rico bietet mit seinem internationalen Flughafen in San Juan und zahlreichen Flügen zu den karibischen Nachbarinseln gute Voraussetzungen zum Island Hopping. Bei der Vielzahl der möglichen Ziele hat man die Qual der Wahl. Als ›Insider‹- Tip gilt die winzige Jungferninsel St. John. Weitere Informationen: St. Thomas Tourist Information (✆ 7 74-87 84).

Ebenfalls zu empfehlen ist die zu den West Indies gehörende ehemalige britische Kolonie St. Lucia nahe Martinique und St. Vincent. Weitere Informationen: St. Lucia Tourist Office, Tannenwaldallee 76 A, 61348 Bad Homburg, ✆ 0 61 72-30 44 31.

Vorschläge für Ausflüge

Für ein- und mehrtägige Ausflüge (vor allem von San Juan aus) bieten sich viele Ziele an, nachfolgend seien die besten aufgeführt:

Ponce: Nicht nur für kulturhistorisch Interessierte ein besonderer Leckerbissen im Süden der Insel. Neben der Plaza sollte man dem Kunstmuseum besonderes Augenmerk widmen. Leicht zu erreichen sind auch die Hacienda Buena Vista und der Parque Ceremonial Tibes. Der Ausflug von San Juan nach Ponce (ca. 120 km, einfache Strecke) kann an einem Tag bewältigt werden.

Ruta Panoramica: Mehr Zeit (zwei bis drei Tage) benötigt man für die 270 km lange, landschaftlich sehr reizvolle Ruta Panoramica, die Yabucoa im Südosten mit Mayagüez an der Westküste verbindet. Wer nicht so viel Zeit investieren möchte, sollte zumindest ein Teilstück der Straße fahren. Am schnellsten gelangt man von San Juan aus über die Route 52 zur Ruta Panoramica (in ca. einer Stunde bis Cayey). Die Fahrt über ein beliebiges Teilstück sollte man sich nicht entgehen lassen! Sofern mehr Zeit verfügbar ist, sollte man sich in Richtung Adjuntas orientieren und eine Übernachtung in einer alten Hacienda einplanen.

Arecibo, das Karstland und das Observatorium: Diese Reise kann von San Juan aus leicht an einem Tag bewältigt werden: Über die Route 2 fährt man vorbei an großen Ananasfeldern bis Arecibo (80 km) und dann durch das Karstland über die Routen 651, 653 und 625 bis zum Observatorium. Wer dann noch Zeit hat, kann bis nach Isabela fahren, um sich hier in der hübschen Stadt oder am Strand von den Strapazen der Besichtigung zu erholen.

San Germán: Besuchenswerte kleine Stadt im Südwesten der Insel. Nach der Stadtbesichtigung kann man unter den nahegelegenen Stränden auswählen: z. B. Boquerón, Joyuda und La Parguera. Die Reise ist von San Juan aus an einem Tag zu bewältigen (ca. 160 km, einfache Strecke), besser plant man aber eine Übernachtung in der Region ein. Dann kann etwa in La Parguera noch das Meeresleuchten beobachtet werden.

El Yunque und der Balneario de Luquillo: Für jeden, der noch nicht in einem Regenwald war, ist der Besuch im El Yunque ein ›Muß‹. Sofern man keine langen Wanderungen unternimmt, kann man anschließend am nahegelegenen Luquillo Beach noch einige erholsame Stunden verbringen. Von San Juan aus in ca. 40 Minuten erreichbar.

Culebra: Wirklich prächtige Traumstrände bietet die kleine vorgelagerte Insel östlich von Fajardo. Für den Strandurlaub ist dies genau richtig. Je nach Geschmack entweder ein- oder mehrtägigen Aufenthalt einplanen.

Vieques: Auch die etwas größere Schwesterinsel Culebras ist ein ideales Strand- und Wassersportgebiet. Man sollte sich hier mindestens einen Tag aufhalten, besser ist jedoch ein mehrtägiger Aufenthalt.

Unterkunft und Essen

Unterkunft

Für jeden Urlaubswunsch und für jedes Budget gibt es entsprechende Übernachtungsmöglichkeiten. Wer den Luxus in großzügigen Resorts sucht, findet ihn entlang der Strände von Condado, Isla Verde, Dorado oder Humacao. Aber auch preisgünstigere, komfortable Familienhotels bieten Pool und Tennisplatz. Die Paradores, Landgasthäuser, oft im altspanischen Kolonialstil, stellen eine Alternative zu herkömmlichen Hotels dar. Sie liegen in historisch interessanten oder landschaftlich reizvollen Gegenden und sind relativ preisgünstig. Die Preise variieren im Jahresverlauf (Hochsaison Mitte Dez. bis Ende April). Die Hotellandschaft auf Puerto Rico ist dadurch gekennzeichnet, daß bislang überwiegend reiche Nordamerikaner ihren Urlaub hier verbrachten. Entsprechend anspruchsvoll und luxuriös sind die Häuser eingerichtet, die Preise liegen recht hoch.

Eine Alternative zu den Hotels – gerade für Familien – stellen **Ferienwohnungen** dar.

Erstklassige **Apartments** in San Juan vermietet Heidi Steiger (727-6248, 2019 Cacique, Santurce, PR 00911). Billiger und einfacher sind die Zimmer von Borinquen Royal (✆ 7 28-84 00, 58 Ave. Isla Verde, Isla Verde). In Luquillo bietet die Firma Playa Azul Realty (✆ 8 89-34 25, Box 386, Luquillo, PR 00673) Feriengästen Studios und Apartments (ab 800 US-$/Monat) an.

Camping ist in der Karibik wenig verbreitet. Die Plätze werden überwiegend von den Insulanern benutzt und sind während der Ferienzeit und an den Wochenenden meist gut besucht. Die wenigen Plätze sind oft schlecht oder unzureichend ausgestattet, v. a. was die Sicherheit betrifft. Auf Puerto Rico gibt es einige Campingplätze, z. B. im El Yunque Regenwald, in der Cordillera Central, nahe dem Lago Patillas und auf Culebra, nahe dem Playa Flamenco. Auch auf Vieques kann man seine Zelte direkt am Strand aufschlagen.

Weitere Informationen: Recreation Development Company (✆ 7 22-15 51, 7 22-17 72) oder Department of Natural Resources (7 23-17 70).

Die puertoricanische Küche

Das kulinarische Angebot auf Puerto Rico ist vielfältig. Typisch sind in Öl gebratene oder in *calderos* (gußeiserne, runde Kessel) gekochte Speisen. Die reichhaltige Verwendung von Pfeffer, Ingwer, Nelken, Zimt und Curry gibt den Speisen die notwendige Würze. Rindfleisch steht selten auf dem Speiseplan, statt dessen gibt es viel Schweinefleisch und Geflügel. Beliebte Beilagen sind Reis und Bohnen sowie Plantain-(Koch-)Bananen, Kürbis und Jamswurzel.

Hummer, Krebse, Krabben und Austern werden in der Karibik und im Atlantik gefangen oder auf Farmen gezüchtet. Hummer wird aber auch aus dem US-Staat Maine importiert, dem aufgrund der Geschmacksintensität so mancher den Vorzug gibt. Fischliebhabern wird häufig Red Snapper und Thunfisch angeboten, etwas seltener Marlin und Mai Mai.

Typische Restaurants, die heimische Spezialitäten anbieten, sind selten luxuriös oder übermäßig teuer. Unter Puertoricanern scheint die Regel zu gelten: Das Äußere eines Lokales sagt noch lange nichts über die Qualität seiner Speisen. Empfohlen seien die *fondas*, kleine Lokale, in denen ein mehrgängiges Menü nebst Getränke schon für wenig Geld zu haben ist.

Wer keine Zeit zum gemütlichen Restaurantbesuch hat, dem seien die kleinen Leckereien in den zahlreichen Snack-Bars und Cafeterias empfohlen. An den Straßenrändern finden sich viele *lechoneras*. Diese Bratstände bieten Schweinefleisch und

Hähnchen an. Das Essen ist billig und wird schnell serviert.

Beliebt bei Puertoricanern, Europäern aber meist unbekannt, sind Fruchtsäfte wie Guanábana, Ajonjolí, Toronja, Acerola, Guayaba, Mabi und Parcha. Diese Drinks schmecken ausgezeichnet und werden überall auf der Insel angeboten. Ebenfalls großer Beliebtheit erfreuen sich Zuckerrohrsaft und Kokosmilch. *Cocos frios* sind gekühlte, grüne Trinkkokosnüsse, die am Straßenrand verkauft werden.

Ein ausgezeichnetes Aroma besitzt der auf Puerto Rico angebaute Kaffee. Er ist recht stark und wird von den Einheimischen mit Milch und Zucker *(cafe con leche)* getrunken. *Pocillo* oder *cafe negro* genießt man, wie Espresso, nach dem Essen aus kleinen Tassen.

Die Puertoricaner sind große Biertrinker. Neben einheimischen Sorten wie Medalla, dem Marktführer, India und La Corona erhält man in jeder Bar nordamerikanisches Bier, insbesondere Budweiser. Aber auch deutsches Bier (Becks) und andere europäische Marken (Heineken) sind auf der Insel verbreitet.

Wein spielt dagegen eine untergeordnete Rolle. Häufig werden auf Puerto Rico kalifornische Tropfen angeboten. Diese Weine sind meistens preiswerter als die angebotenen, lieblichen deutschen Produkte oder einige französische und italienische Tropfen.

Da es im Gegensatz zum US-Festland keine Beschränkungen für den Verkauf von Alkohol (Blue laws) gibt, sind überall auf der Insel Bier, Wein und Spirituosen erhältlich.

Basis für die vielen tropischen, mehr oder weniger starken Cocktails wie Bloody Mary, Cuba Libre, Daiquiri und Cocoloco ist der weltbekannte puertoricanische Rum. Kein Tourist sollte die Insel verlassen, ohne nicht wenigstens einmal eine Piña Colada getrunken zu haben. Dieses eiskalt servierte Nationalgetränk Puerto Ricos besteht aus Kokosnußcreme, Ananassaft und Rum. Wer es allerdings den Einheimischen gleichtun will, der trinkt Rum nur mit Wasser und Eis!

Kulinarisches Lexikon

Vorspeisen

Asopao	Reissuppe mit Huhn oder Meeresfrüchten
Chicarrón	Knusprige Krustenstücke vom Schwein
Ensalada de pulpo	Tintenfischsalat
Habichuelos negros	Schwarze Bohnensuppe
Mofongo	Aus Kochbananen, manchmal mit Schinkenstückchen, wird meist mit einer rötlichen, scharfen Soße (mojito) serviert

Unterkunft und Essen

Sopa de cebolla — Zwiebelsuppe mit Käse
Tostones — In Teig gebratene Bananenhäppchen
Weitere beliebte Starter sind Avocados, Fische und Schalentiere oder salzige Bananenchips (Plantain Chips).

Hauptgerichte

Arroz y habichuelas — Reis mit Bohnen (rot, weiß, pink oder schwarz), meist mit Schweine-, Hühner- oder Rindfleisch
Arroz con gandures — Gelber Reis mit Eiern
Arroz con pollo — Reis mit Huhn
Bacalao a la Viscaino — Getrockneter Dorsch in kräftiger Tomatensoße
Carne mechada — Gegrilltes Rindfleisch mit Schinken, Zwiebeln und Gewürzen
Lechón asado — Spanferkel
Paella — Reispfanne mit Meeresfrüchten
Pescado gaisado — Fischgulasch mit Garnelen und Muschelfleisch, in Tomaten, Zwiebeln, Knoblauch und Kräutern zubereitet; gilt als besondere Spezialität
Piononos — Schweinefleisch mit Bananen und Bohnen; beinahe schon Nationalgericht
Serenata — Kalt servierter Kabeljau, in Öl und Weinessig mit Zwiebeln, Avocados und Tomaten zubereitet

Desserts

Arroz con dulce — Milchreispudding
Bien me sabe — Süßlich schmeckender Kuchen mit Kokossoße
Cazuala — Kürbis- und Kokospudding
Flan — Karamelpudding
Sopa borracha — Rumkuchen
Tembleque — Kokospudding
Queso de hoja — Milder Weichkäse mit einheimischer Konfitüre oder Obst serviert

Snacks

Pastelillos — Fritierte Teigtaschen, gefüllt mit Fleisch, Käse oder Fisch, seltener mit Marmelade oder Früchten
Alcapurrias — Fritierte Fleisch-, Krabben- oder Fischstücke mit Bananen
Bacalaitos fritos — Pfannkuchen, in Dörrfischöl gebacken
Amarillos en dulce — In Zimt, Zucker und Rotwein gebackene Bananen

Urlaubsaktivitäten

Angeln und Hochseefischen

In den Binnengewässern Puerto Ricos leben zahlreiche Fische wie der Katzenwels, der Flußbarsch und der Sunfish, denen das Hauptaugenmerk der Angler gilt. Beliebte Angelreviere sind Lago Dos Bocas nahe Utuado, Lago Toa Vaca in Villalba, Lago Yauco und Lago Guajataca in Quebradillas. Die notwendige Ausrüstung muß allerdings mitgebracht werden, da es an den Seen keinen Verleih gibt.

Richtig spannend wird es beim Hochseefischen. In den Gewässern um Puerto Rico, immer wieder Austragungsort für Wettkämpfe, bei denen über 30 Weltrekorde aufgestellt worden sind, tummeln sich der blaue und weiße Marlin, Barrakuda, Schwertfische, Thunfische, Makrelen und viele andere Fischarten. Für das Big Game Fishing stehen vollständig ausgerüstete Sportfischer-Yachten inklusive Mannschaft zu Verfügung, die für einen halben oder ganzen Tag gechartert werden können. Die Kosten liegen zwischen 350 und 1200 US-$. Maximal sechs Personen dürfen mitfahren. Benitez Deepsea Fishing (✆ 7 23-22 92); Condado Beach-La Concha (Captain Jorge L. Torruella, Condado, ✆7 24-14 08); Hotel Palmas del Mar (Captain Mike Benitez, Humacao, ✆ 8 52-60 00, Captain Mike Benitez gilt als einer der weltbesten Sportfischer), Parguera Fishing Charters (✆ 3 82-46 98); Marina El Conquistador (✆ 7 89-55 64); Western Tourist Services (✆ 8 34-40 08).

Golf

Auf Puerto Rico findet sich eine größere Anzahl von Championship-Golfplätzen. Sowohl das Hyatt Regency Cerromar als auch das Hyatt Dorado Beach Hotel verfügen über je zwei 18-Loch-Plätze. Weitere 18-Loch-Plätze finden sich im Dorado del Mar Country Club, Club Riomar, Punta Borinquen in Aguadilla, Aguirre in Guayama, El Conquistador und Palmas del Mar in Humacao. Das Mayagüez Hilton bietet Gästen die Möglichkeit, auf einem nahe gelegenen 9-Loch-Platz zu spielen. Darüber hinaus steht der Berwind Country Club in Rio Grande (18-Loch-Platz) Di, Do und Fr Nicht-Clubmitgliedern offen. Green Fees und Ausrüstungsmiete variieren je nach Saison. Golfreisen nach Puerto Rico bieten mehrere Reiseveranstalter an.

Reiten

Auf Puerto Rico sind vor allem Ausritte am Strand eine beliebte Freizeitaktivität. Aber auch durch Wald und Wiesen reitend läßt sich die Insel gut erkunden. Interessierte finden Reitlehrer und Pferde im Palmas del Mar Equestrian Center (✆ 8 52-60 00), Centro Equestre de Puerto Rico in Santurce (✆ 7 28-45 30), Hacienda Carabali (✆ 8 89-58 20), Hyatt Dorado Beach, Ranchos Guayama, Hacienda Juanita in Maricao.

Auf der Anlage El Comandante bei Canovanas (✆ 7 24-60 60) finden Mo, Mi und Fr um 15.45, sowie an Sonn- und Feiertagen jeweils ab 14.15 Uhr Pferderennen statt.

Wer einmal auf einem Paso Fino reiten möchte, kann im Palmas del Mar Reitzentrum (✆ 8 52-60 00) in Humacao oder auf der Hacienda Carabali (✆ 8 89-58 20, Route 9 92, km 4, Mameyes) ein Paso Fino mieten (vorher anrufen!), um Strände und den nahegelegenen Regenwald zu erkunden. Besonders schön sind die Ausritte in den frühen Morgenstunden, wenn die Strände noch einsam sind, oder im Abendlicht.

Schwimmen

Hunderte von belebten und einsamen Sandstränden gibt es auf Puerto Rico. Schwimmer sollten an einigen Stränden auf die starke Brandung und Strömung, speziell im Nordwesten, achten. Öffentliche Badestrände, sog. *balnearios,* werden von Bademeistern überwacht und sind ausgestattet mit Schließfächern, Dusch- und Umkleidekabinen, Imbißständen, Wohnwagenstellplätzen und Parkplätzen. Wassersportausrüstungen können an einigen Plätzen gemietet werden. Die *balnearios* sind Mo, an Wahltagen und am Karfreitag geschlossen. Geöffnet sind sie an den übrigen Tagen von 9–17 Uhr im Winter, im Sommer bis 18 Uhr. Informationen bietet das Department of Recreation and Sports (✆ 7 22-15 51).

Segeln und Rudern

In zahlreichen Yachthäfen *(marinas)* Puerto Ricos können Schiffe vom kleinen Segelboot bis zur Luxusyacht mit oder ohne Besatzung gemietet werden: Isleta Marina, Fajardo (✆ 8 63-03 70); Marina de Palmas, Humacao (✆ 8 52-60 00); Marina de Salinas, Salinas (✆ 7 52-84 84, 8 24-31 85); Puerto Chico, Fajardo (✆ 8 63-08 34); Puerto del Rey, Fajardo, (✆ 8 60-10 00); San Juan Bay Marina, Miramar (✆ 7 21-80 62). Informationen zum Thema Segeln sind im Puerto Rico Nautical Club (✆ 7 92-60 02) bei Commodore Luis Rodríguez Piedra erhältlich. Einige wichtige Vermieter: La Playita Boat Rental, Condado (✆ 7 22-16 07); Condado Holiday Inn Watersports Centre (✆ 7 23-47 40); Villa Marina Yacht Harbor, Fajardo (✆ 8 63-77 81, 7 28-24 50, 8 63-51 31).

Ruderboote können täglich außer Mo am San Juan's Condado Lagoon gemietet werden. Informationen über das Condado Tourism Information Center (✆ 7 22-15 13, 7 23-31 35).

Empfehlenswert ist eine Picknick-Tagestour mit Jack Becker (Fajardo, ✆ 8 63-19 05) auf seinem 13-m-Katamaran zu kleinen Koralleninselchen vor Puerto Rico.

Urlaubsaktivitäten

Große Segelregatten: Copa del Palmas, Palmas del Mar, findet jährlich am Labour Day (7. September) statt; Velasco Cup, eine Dreitagesregatta im März ab Fajardo als Auftakt des Caribbean Ocean Racing Circuit; Budweiser Around Puerto Rico Race im Juli, Kelly Cup Regatta im November ab Fajardo.

Surfen und Windsurfen

Als Austragungsort mehrerer Weltmeisterschaften zieht Puerto Rico Surfbegeisterte aus aller Welt an. Die beste Zeit ist in den Monaten von Dezember bis April, wenn der Nordostpassat auf den offenen Meer eine lange Dünung aufbaut, die sich in westlicher Richtung auf die Insel zubewegt. Die dem Atlantik zugewandte Nord- und Westküste Puerto Ricos bietet dann ausgezeichnete Bedingungen.

Beliebte Surforte sind Punta Higüero bei Rincón, Pine Beach Grove, Isla Verde, Los Aviones in Piñones, östlich von Isla Verde und Los Tubos bei Vega Baja.

Dank der fast ständig wehenden Passatwinde und zahlreicher riffgeschützter Buchten ist auch Windsurfing im karibischen Raum zu einer geschätzten Wassersportart geworden. Windsurfer bevorzugen Condado Lagoon, Ocean Park in Boquerón, Palmas del Mar und Ensenada Honda auf Culebra.

An den meisten öffentlichen Stränden können Surfbretter gemietet und auch Surflehrer engagiert werden.

Tauchen und Schnorcheln

Die Gewässer um Puerto Rico sind ideal zum Tauchen und Schnorcheln *(scuba diving, snorkeling)*. Die beliebtesten Tauchgründe befinden sich im Nordosten der Insel vor Fajardo und bei La Parguera im Südwesten. Über die größte Tauchbasis der Insel verfügt Las Palmas del Mar. Tauch-Unterricht bieten etwa Condado Holiday Inn Watersports Centre (✆ 7 23-47 40), Caribbean Divers, Fajardo (✆ 7 24-32 92) und Caribe Aquatic Adventures (✆ 7 24-18 82), Caribe Hilton Hotel, an. Tauchexpeditionen in eine ca. 10 m unter Wasser gelegene Höhlenwelt werden von Caribe Aquatic Adventures durchgeführt.

Tennis

Auf der Insel gibt es mehr als 100 Tennisplätze, viele davon mit Flutlicht. Der Central Park (✆ 7 22-16 46) in San Juan ist mit 17 Plätzen die größte Einrichtung. Die internationalen Hotels verfügen über eigene Plätze. Auch einige Paradores bieten ihren Gästen Courts an.

Wandern

Wanderfreunden sei ein Besuch in einem der zahlreichen Nationalparks (Forest Reserves) empfohlen: El Yunque, bei Luquillo; Carite Reservat, auch Guavate genannt, östlich von Cayey; Guánica Reservat, bei Ponce; Guajataca Reservat, zwischen Arecibo und Aguadilla; Maricao Reservat, nahe Mayagüez; Río Abajo Forest Reserve, bei Arecibo; Toro Negro Reservat, östlich von Adjuntas; Reserva Forestal Río Abajo, am Stausee Lago Dos Bocas. Alle Reservate sind auf den gängigen Landkarten eingezeichnet. Sie sind täglich von 8–16.30 geöffnet. Da interessante Wege und Gebiete selten ausgeschildert sind, empfiehlt sich vor Beginn der Wanderung ein Informationsbesuch bei dem zuständigen Ranger *(casa del guarda bosque)*. Camping ist mit vorheriger Genehmigung in den meisten Reservaten gestattet. Wer nicht alleine losmarschieren will, kann sich organisierten Touren anschließen (werden z. B. vom Hyatt Dorado Beach Hotel veranstaltet). Zwecks weiterer Informationen wendet man sich an das Departamento Recursos Naturales (✆ 7 22-17 26).

Wasserski und Jetski

Ausrüstungsverleih und Unterrichtsangebote konzentrieren sich hauptsächlich auf San Juan und Fajardo: Caribe Aquatic Adventures (✆ 7 24-18 82) Caribe Hilton, San Juan; San Juan Bay Marina, Miramar (✆ 7 24-18 82); San Juan Water Sports (✆ 7 21-10 00), Condado Plaza Hotel, San Juan; Club Náutico Powerboat Rentals (✆ 8 60-24 00, 8 60-10 00), Fajardo.

Informationen von A bis Z

Auskunft

Zentrale Auskunftsstelle für Touristen ist die Puerto Rico Tourism Company (✆ 7 21-28 00), Old San Juan Station, Viejo San Juan. Sie unterhält sowohl in San Juan als auch in fast allen größeren Ortschaften Informationsbüros für Touristen. Einige wichtige Büros: La Casita (✆ 7 22-17 09), in der Nähe von Pier 1, San Juan; Luis Muñoz Marín International Airport (✆ 7 91-10 14, 7 91-25 51), Isla Verde; Ponce, Fox Delícias Mall (✆ 8 40-56 95); Aguadilla, Airport (✆ 8 90-33 15).

Zahlreiche aktuelle und nützliche Tips und Adressen enthält das auf Puerto Rico erscheinende englischsprachige Magazin *Qué Pasa*, das auch kostenlos über das Wiesbadener Büro erhältlich ist.

Eine weitere gute Informationsquelle ist die Zeitschrift *Bienvenidos*. Das von der Puerto Rico Hotel & Tourism Association (✆ 7 25-29 13) herausgegebene Heft ist in fast allen Herbergen der Insel erhältlich.

Baden

Nacktbaden ist grundsätzlich verboten. Das gleiche gilt für Oben ohne.

Buchhandlungen

Viejo San Juan: Book Store (⌀ 7 24-18 15), 255 San José, (gut sortiert, zahlreiche Bücher über Puerto Rico); *Santurce:* Bell Book & Candle (⌀ 7 28-50 00), 102 De Diego; *Hato Rey:* Book World, Plaza Las Americas (⌀ 7 53-71 40); Thekes Inc. (⌀ 7 65-15 39), Plaza Las Americas.

Diplomatische Vertretungen auf Puerto Rico

... der Bundesrepublik Deutschland
1618 Santa Bibiana St., Sagrada Corazón, Cupey, P.R. 00926, San Juan, P.R. 00936, ⌀ 7 55-82 28.

... Österreichs
1015 Ave. Dr. Ashford, Condado 00907, San Juan, ⌀ 7 22-21 36, 7 25-68 78.

... der Schweiz
105 Ave. De Diego, A/C Swiss Chalet, Santurce, P.R. 00914, ⌀ 7 21-22 33.

Feste und Veranstaltungen

Feiertage
Die puertoricanischen Arbeitnehmer dürfen sich über jährlich 19 Feiertage freuen! Fällt ein Feiertag auf einen Sonntag, ist der nachfolgende Montag arbeitsfrei. Geschäfte sind an diesen Tagen geschlossen.

Folgende gesetzliche Feiertage (Offical Holidays) gibt es auf Puerto Rico: *Januar:* Neujahrstag (1.), Dreikönige (6.), Tag des Eugenio Maria des Hostos (11.), Geburtstag von Martin Luther King (16.); *Februar:* Geburtstag von George Washington (17.); *März:* Emanzipationstag (22.); *April:* Geburtstag von Jose de Diego (16.), Karfreitag; *Mai:* Memorial Day (29.); *Juli:* Unabhängigkeitstag (4.), Luis Muñoz Rivera-Tag (17.), Tag der Verfassung (25.), Geburtstag von José Celso Barbosa (27.); *September:* Tag der Arbeit (7.); *Oktober:* Kolumbus-Tag (12.); *November:* Tag der Veteranen (11.), Tag der Entdeckung (19.), Thanksgiving (26.); *Dezember:* Weihnachtstag (25.).

Feste
Die meisten Feste sind religiösen Ursprungs. Jede Stadt ehrt ihren Schutzpatron, wobei afrikanische und spanische Gepflogenheiten die katholischen Feiern stark beeinflussen.

Die Puertoricaner feiern recht ausgelassen. Etwas ruhiger ist es nur während der Osterwoche. Die lebhafteste Zeit des Jahres ist die Weihnachtszeit *(Las Navidades).* Dann ziehen im Landesinneren Sänger und Musiker von Haus zu Haus und singen und spielen Weihnachtslieder. Krippen werden sowohl in Kirchen und auf öffentlichen Plätzen als auch in den Häusern aufgebaut.

Einen netten Brauch gibt es in der Nacht vor dem Fest der Heiligen Drei Könige. Dann stellen die Kinder mit Gras gefüllte Kisten unter ihre Betten und hoffen auf die Ankunft der drei Weisen. Deren Kamele fressen das Gras auf und als Dank legen die Kö-

Informationen von A bis Z

nige Geschenke in die dann leeren Schachteln. Am 6. Januar selbst verteilen die Heiligen Drei Könige in der Altstadt von San Juan Süßigkeiten und Spielzeug an die Kinder.

Folklorefestivals werden das ganze Jahr über in vielen Städten veranstaltet. Oft stehen die traditionelle Kaffee-Ernte, Blumen oder Musikwettbewerbe im Mittelpunkt.

Die hier genannten Daten können sich verschieben, deshalb sollten Sie vor einem Besuch weitere Informationen einholen. Diese hält die Puerto Rico Tourism Company (✆ 7 21-28 00) bereit.

LeLoLai-Festival	Hommage an die gemischte Kultur der Insel (spanisches, indianisches und afrikanisches Kulturgut). Vor allem Darbietungen von Tanz und Gesang. Findet das ganze Jahr über in vielen Hotels in und um San Juan statt (✆ 7 23-31 35, 7 91-10 14).
Patron-Saint-Festivals	Ehrungen der Schutzheiligen der einzelnen Orte (vergleichbar den deutschen Schützenfesten). Die Veranstaltungen finden auf den zentralen Marktplätzen statt; Prozessionen, Spiele, Musik und Tanz.
Festival La Casita	Jeden Freitag und Samstag treten prominente puertoricanische Musiker, Tanzgruppen, Orchester, Puppenspieler oder Maler im La Casita Tourism Information Center (Plaza Darsenas, gegenüber Pier 1, Viejo San Juan) auf.
Februar	Kaffee-Erntefest (zwischen 16. u. 19.) in Maricao mit Folkloremusik, landestypischem Essen, Paraden und Veranstaltungen rund um den Kaffee. Karneval, besonders schöne und ausgelassene Umzüge, Bälle und Straßenparties in Ponce.
März	Valesco Cup Regatta (zwischen 15. u. 18). Über 100 Yachten nehmen jedes Jahr an diesem Seemanns-Spektakel vor Palmas del Mar teil.
Juni	Bomba y Plena Festival, Tanzveranstaltungen in unterschiedlichen Orten. Casals-Festival.
Juli	Vieques Folk Festival mit Kostümparaden, Musik, Ausstellungen von Handwerkskunst und traditionellem Essen. Festival De Loiza Aldea; volkstümliche, religiöse Festivitäten zu Ehren von Saint James in Loíza (Karneval, Kostüme, Masken, Paraden, Bomba-Dancer).
August	Lateinamerikanisches und karibisches Volksfest in Caguas (hauptsächlich Tanzdarbietungen).
September	Amerikanisches Festival der Künste (zwischen 25. 9. u. 15. 10.). Drei Wochen lang Konzerte (Klassik,

Informationen von A bis Z

	Pop, Folkmusik), Ballette, Modern-Dance-Darbietungen und Musicals im Fine Art Center in San Juan.
Oktober	National Plantain Festival in Corozal (7. 10.). Angeboten werden Handarbeiten und landwirtschaftliche Produkte, dazu Nueva trova-Musik und Folkloretänze, Plantain-Gerichte in allen Variationen. Kolumbus-Tag (12. 10); Feiern auf der ganzen Insel.
November	Kelly-Cup-Regatta (11. 11.); Segelregatta in Fajardo, Puerto de Rey Marina; alle Klassen, drei Rennen. Puerto Rican Surfing-Tournament (16. bis 19. 11.) vor der Nordwest-Küste. Fiesta de la Musica (17. 11. bis 3. 12.); jedes Wochenende im Dominican Convent, Viejo San Juan (Klassik und Folkmusik).
Dezember	Bacardi Arts Festival (2./3. 12. u. 9./10. 12.) in Cataño. Mazda Champions Golf-Turnier (12. bis 17. 12) im Hyatt Dorado Beach Hotel. Navidades (15. 12. bis 6. 1.), Weihnachtsfeierlichkeiten in San Juan. Kinderprogramme im Dominican Convent, La Fortaleza und dem Rathaus. Weihnachtskonzerte des Puerto Rican Symphonie Orchesters. Annual Criollismo, im Dezember und im Januar tritt das Nationalballett Puerto Ricos jeden Donnerstag und Samstag im Theater Tapia auf.

Geld und Geldwechsel

Landeswährung ist der US-Dollar. Die Puertoricaner nennen ihn Dolar oder Peso, Cents heißen Centavos oder Chavitos. Quarters (25 c) werden Pesetas, Nickels (5 c) Vellons oder Ficha genannt. Es empfiehlt sich, vor Antritt der Reise US-$ in bar bzw. Traveller Checks zu kaufen und auch eine größere Menge kleiner Banknoten für erste Ausgaben wie Taxi, Gepäckträger etc. mitzunehmen. Geldwechsel ist in den Banken und in zahlreichen kleinen Wechselstuben, v. a. in Viejo San Juan, möglich.

Man kann auch direkt nach der Ankunft im Flughafen wechseln: Caribbean Foreign Exchange (✆ 7 91-70 00), Mo–Fr 8–21 Uhr; Sa 8–20 Uhr und So 10–19 Uhr; Deak International Puerto Rico (✆ 7 91-19 60), Mo–Sa 8–21 Uhr, So 10–19 Uhr.

Traveller Checks werden überall auf Puerto Rico angenommen. Wesentlich stärker als in Westeuropa sind Kreditkarten verbreitet. American Express, Visa, Master-/ EuroCard und Diner's Club werden in fast allen Restaurants, Hotels und Geschäften akzeptiert. Sofern man nicht im Besitz einer Kreditkarte ist, sollte man sich vor der Reise eine solche ausstellen lassen. So ist z. B. die Anmietung von Autos bei einigen Unternehmen nur mit Kreditkarte möglich.

Die Öffnungszeiten der Banken variieren ein wenig. Die meisten Institute sind Mo–Fr 8.30–14.30 Uhr geöffnet, einige auch samstagvormittags. Für einen Bankbesuch sollte genügend Zeit eingeplant werden. Der Reisepaß muß vorgezeigt werden.

Gewichte und Maße

In trauter Eintracht finden sich auf Puerto Rico sowohl das angelsächsische als auch das metrische System. So werden z. B. Straßenentfernungen in Kilometern angegeben, Geschwindigkeitsbegrenzungen dagegen in Meilen (mph). Milch wird pro Liter verkauft, andere Flüssigkeiten pro Gallone. Zur Orientierung die nachfolgende Umrechnungstabelle:

1 in. (inch)	2,54 cm
1 ft (feet)	0,31 m
1 yd. (yards)	0,914 m
1 mile	1,609 km
1 Nautical mile	1,853 km
1 Ounce (Av)	28,35 g
1 Pound (Av)	0,4536 kg
1 Gallon	4,546 l

Medizinische Versorgung

Ärzte

Bei der Auswahl eines geeigneten Arztes hilft die Medical Association (✆ 7 25-69 69). Niedergelassene Ärzte sind in den Gelben Seiten (Yellow Pages) unter Medicos Especialistas aufgeführt. Viele Hotels arbeiten mit Vertragsärzten zusammen, die im Notfall schnell erreichbar sind.

Bei gesundheitlichen Problemen wende man sich an Dr. Walter Kleis im Ashford Medical Center (✆ 7 24-89 81); er ist Niederländer, spricht Deutsch und hilft gerne bei der Auswahl eines Arztes. Ein anderer Ansprechpartner für deutschsprachige Patienten ist Dr. David Rodriguez, erreichbar Di–Do im Hospital Veteranos (✆ 7 58-75 75, Durchwahl 34 32).

Apotheken

Apotheken *(Farmacias)* gibt es reichlich, vor allem in der Nähe der Kranken- und Ärztehäuser. Einige sind sieben Tage pro Woche und täglich 24 Stunden geöffnet. Die nächstgelegene Apotheke läßt sich in den Gelben Seiten des Telefonbuches ermitteln.

Krankenhäuser

Puerto Rico hat die besten medizinischen Einrichtungen der Karibik. Die meisten Distrikte auf der Insel verfügen über ein eigenes Hospital, in San Juan existieren 14 Krankenhäuser, meist mit einer 24stündigen Notfallaufnahme. Im Ashford Memorial Community Hospital (✆ 7 21-21 60, 1451 Ave. Dr. Ashford) Santurce spricht ein Großteil der Ärzte und des Pflegepersonals Englisch, was in anderen Krankenhäusern der Insel seltener der Fall ist. Auskunft auch beim Centro Médico (✆ 7 54-35 35).

Notfälle

Polizei (San Juan) ✆ 3 43-20 20; Rettungswagen ✆ 3 43-25 50 oder 7 54-25 50; Feuerwehr ✆ 3 43-23 30; Medizinisches Zentrum von Puerto Rico ⌀ 7 54-35 35; Zentrum zur Behandlung von Vergiftungserkrankungen ⌀ 7 54-85 36; Amerikanisches Rotes Kreuz ⌀ 7 29-79 79.

Öffnungszeiten

Die Öffnungszeiten variieren auf Puerto Rico. Viele Geschäfte halten gern die noch aus spanischer Kolonialzeit überlieferte *siesta* ein. Andere sind, wie in Nordamerika üblich, durchgehend geöffnet. Generell lassen sich die folgenden ›Kernzeiten‹ nennen:
Geschäfte: Mo–Sa 9–18 Uhr.
Banken: Mo–Fr 8.30–14.30 Uhr, sowie teilweise samstagvormittags
Behörden: Mo–Fr 9–17 Uhr
Sowohl an US-amerikanischen als auch an puertoricanischen Feiertagen sind Geschäfte, Banken und Behörden geschlossen.

Sicherheit

Bei einem Aufenthalt auf Puerto Rico ist die Gefahr von Diebstählen und Raubüberfällen im allgemeinen nicht größer als in anderen Urlaubsgebieten. Voraussetzung für einen unbehelligten Aufenthalt ist allerdings vorsichtiges Verhalten. Wertvoller Schmuck und teure Uhren sollten nicht bei nächtlichen Streifzügen, etwa durch Viejo San Juan, getragen werden. Der maßgeschneiderte Anzug verleitet leicht zu der Annahme, daß der Träger auch eine prall gefüllte Brieftasche mit sich führt.

Nie aus den Augen lassen darf man sein Gepäck. Wertsachen sollten möglichst zu Hause bleiben oder im Hotelsafe deponiert werden. Man sollte nie mehr Geld mit sich führen als erforderlich.

Sitten und Umgangsformen

Besucher aus Europa werden herzlich empfangen. Ihr Ansehen ist bei der Bevölkerung weitaus höher als das der *Gringos* (Ausdruck der Latinos für die US-Amerikaner). Spricht man auch noch ein paar Worte Spanisch, dann überschlagen sich die Puertoricaner vor Gastfreundschaft. Deutsche Urlauber sind gut beraten, auf die karibische Mentalität Rücksicht zu nehmen und auch ein Auge zuzudrücken, wenn einmal nicht alles perfekt und pünktlich klappt.

Shopping

Rum, preiswerter als in Deutschland, ist ein traditionelles Mitbringsel aus Puerto Rico. (Achtung: Die Auswahl an Spirituosen im Duty Free-Shop im Flughafen ist sehr begrenzt und kaum billiger als in herkömmlichen Läden!) Viele Besucher erwerben auch Coconut-Cream (z. B. Cocolopez) für die Verwendung in Mixgetränken.

In der Altstadt von San Juan und den umliegenden Stadtteilen gibt es zahllose Souvenir-Läden und Galerien. Kunstausstellungen finden im

Sixto Escobar Stadium nahe dem Caribe Hilton und im Plazoleta de la Puerto nahe dem Terminal Turismo statt. Kunsthandwerk wird auch am Wochenende entlang der Callejón de la Capilla in Viejo San Juan und im El Centro Market im Condado Convention Center angeboten.

Die zum Verkauf stehenden Santosfiguren kommen oft nicht aus Puerto Ricos selbst, sondern aus Haiti. Das gleiche gilt auch für viele andere Holzschnitzereien, die zudem oft von minderer Qualität sind. In kleinen Ortschaften in den Bergen findet man dagegen hier und da noch Holzschnitzer, die ihre besseren Produkte günstig anbieten.

Beliebt bei Besuchern sind auch Schmuck und Edelsteine. Hier sollte man allerdings kritisch Preis und Qualität betrachten. Besonders günstig sind Lederwaren auf der Insel.

Empfehlenswert sind auch die handgerollten Zigarren. Wer mag, kann sich seine eigene Marke drehen lassen. Wer Geschmack am puertoricanischen Kaffee gefunden hat, der sollte sich die Bohnen (z. B. Café Rico oder Yaucono) mit nach Hause nehmen. Die Preise liegen deutlich unter deutschem Niveau. Beliebt sind auch scharfe Saucen und Honig in den verschiedensten Geschmacksrichtungen.

Spielcasinos

Die staatlich kontrollierten Spielcasinos sind nur in Hotels zugelassen und haben normalerweise von 12 Uhr mittags bis 4 Uhr morgens geöffnet. In einigen werden Sakkos für die Herren und entsprechende Garderoben für die Damen verlangt. Übrigens: Alle Slot Machines auf der Insel befinden sich im Eigentum der Regierung. Die Geschäfte in den Spielhöllen laufen so gut, daß mit den Abgaben der Betreiber das gesamte Schul- und Ausbildungswesen der Insel finanziert werden kann.

Sprache

Die Landessprache ist Spanisch. Da Englisch in den Schulen gelehrt wird, sprechen viele Puertoricaner auch diese Sprache mehr oder weniger gut.

Steuern

In Puerto Rico gibt es keine Mehrwertsteuer. Die Flughafensteuer ist im Regelfall im Ticketpreis bereits enthalten. In Hotels muß eine Steuer in Höhe von 7 % (in Hotels mit Casino-Betrieb 9 %) auf die Übernachtungskosten entrichtet werden.

Strom

Die Spannung beträgt 110 Volt für herkömmliche Geräte; Ventilatoren, Waschmaschinen u. ä. werden mit 220 Volt betrieben. Die Stromanschlüsse in Hotelzimmern sind auf 110 Volt ausgelegt. Steckdosen und Stecker wie in USA. Für den Betrieb von elektrischen Geräten aus Europa ist ein Adapter erforderlich, der für ca. 2 US-$ auf der Insel erhältlich ist. In größeren Hotels wird er leihweise an die Gäste abgegeben (kostenlos).

Tankstellen

Das Tankstellennetz auf der Insel ist engmaschig, nur vor einer Fahrt ins Landesinnere sollte man sich mit Treibstoff ausreichend versorgen. Im Vergleich zu deutschen Preisen kostet Benzin nur etwa ein Drittel.

Telefon

Die Vorwahl *(area code)* für die Insel ist 787. Ruft man von außerhalb der USA an, ist zudem die Ländervorwahl für die Vereinigten Staaten (0 01 von Deutschland aus) zu wählen.

Münztelefone gibt es nahezu überall auf der Insel. Das Ortsgespräch kostet 10 cents. Die Gebrauchsanweisung für den Betrieb eines Münzfernsprechers ist normalerweise auf dem Telefon aufgestellt sowie auf den ersten Seiten der Telefonbücher abgedruckt. Erst wenn ein Wählton zu hören ist, werden die Münzen in den Fernsprecher eingeworfen. Die Nummer der Auskunft ist 1 23. Soll das Gespräch vom Kreditkartenkonto abgebucht werden oder für die Anmeldung von R-Gesprächen wählt man die Nummer 1 30.

Die spanischsprachigen Telefonbücher enthalten einen blauen Sonderteil mit Informationen in Englisch.

Trinkgelder

Die Preise in Restaurants, Nachtclubs und Hotels beinhalten i. d. R. nicht den Service. Üblich sind 10–15 % des Rechnungsbetrages. Die Kellner und Kellnerinnen in fast allen Lokalen sind sog. ›Tip-Angestellte‹ mit einem Stundenverdienst von nur 3–4 US-$. Zimmermädchen erwarten ein Trinkgeld von 1 US-$ pro Tag und Person.

Verkehr

Es gelten die gleichen Vorschriften wie auf dem US-Festland. Die Höchstgeschwindigkeit auf den Highways beträgt 55 mph (88 km). Hier gibt es allerdings eine Ausnahme: Auf der Strecke San Juan Ponce sind 70 mph erlaubt. Die Polizei setzt viele Radarfallen ein. Vorsicht im Straßenverkehr ist geboten, weil viele Insulaner angetrunken oder betrunken Auto fahren. Über 70 % der Verkehrstoten sind auf Alkohol am Steuer zurückzuführen. Weit verbreitet ist deshalb auch der Spruch: *The most dangerous animal on the island is the drunken car driver* (Das gefährlichste Tier auf der Insel ist der betrunkene Autofahrer).

Zeit

Auf Puerto Rico gilt die sog. Atlantic Standard Time. Die Zeitverschiebung beträgt mitteleuropäische Zeit minus 5 Stunden, im Sommer minus 6 Stunden. Die Zeitansage erhalten Sie unter ✆ 7 28-96 96.

Register

Orts- und Sachregister

Adjuntas 190
Aguada 121, 123
Aguadilla 120 f.
Aibonito 185 f.
Arecibo 110
- Observatorio de Arecibo 111 f.
Arroyo 161

Bahía de Jobos 160
Bahía Fosforescente 141
Balneario de Luquillo
  s. Luquillo Beach
Barranquitas 187 ff.
Boquerón 131 ff.
Borinquen 34, 42
Borinquen Resorts 116

Cabo Rojo 127, 131, 134
Caguas 183
Caja Muertos 154
Calenda 57
Caparra 34, 35, 102
Casals-Festival 59, 86, 89, 92, 95
Cayey 184
Cayo Berberia 154
Cayo Morrillito 154
Cayo Norte 208
Cayo Santiago 167
Cerro de Punta 189
Cerro Maravillas 189
Coamo 186 f.
Cuatro 57, 60
Cueva de Camuy 195
Culebra 12, 205 ff.

Danza 59, 145, 148
Dewey 206
Dorado 106 f.

El Combate 134 f.
El Coquí 22, 179
El Faro 134 f.
El Toro Trail 181
El Tuque 145
El Yunque 15, 178 ff.
Esperanza 202 f.

Fajardo 169 ff.
- Marina Puerto del Rey 169

Guajataca Reservat 15
Guánica 143 ff.
Guayama 160
Guayanilla 145

Hacienda Buena Vista 157, 158 f.
Humacao 164 ff
- Casa Roig 165 f

Isabela 113 ff.
Isabel Segunda 201 f.

Jayuya 189 f.

La Coca Trail 181
La Parguera 140 ff.
Lago Caonillas 111, 191
Lago Dos Bocas 111, 191
Lago Loíza 183
Laguna Cartagena 132
Laguna Guaniquilla 132

Lares 192 f., 193 f.
Loíza 173 f.
Loíza Aldea 173 f.
Luis Peña Cay 208
Luquillo 172 f.
Luquillo Beach 172 f.

Manatí 25, 109 f.
Maricao 192 f.
Maricao Reservat 15
Maunabo 161
Mayagüez 125ff.
- Estación Experimental Agricola Federal 126
- Teatro Yagüez 126
Moca 121
Mona 12, 198 f.
Mosquito Bay 203
Mundillo 60, 120 f.

Palmas del Mar Resort 167 f.
Parque Ceremonial Indígena 190 f.
Parque de las Cavernas del Rìo Camuy 21, 194 f.
Parque Nacional Guajataca 113
Patillas 161
Piñones 174 f.
Playa Buyé 132
Playa Caña Gorda 144
Playa de Dorado 106
Playa de Humacao 167
Playa de Vega Baja 109
Playa Flamenco 206 f.
Playa Guajataca 113

Register

Playa Joyuda 131
Playa Las Croabas 169
Playa Los Tubos 110
Playa Mar Chiquita 110
Playa Media Luna 203
Playa Navio 203
Playa Puerto Nuevo 109
Playa Sardinera 106
Playa Seven Seas 169
Playa Sombe 203
Playa Soni 207
Playa Tortuga 208
Ponce 38, 145 ff.
- Alcaldía 148
- Casa Armstrong Proventud 148
- Casa de la Massacre de Ponce 153
- Casa Wiecher Villaronga 150
- La Cruz del Vigia 152
- La Santísima Trinidad 152
- Museo de Arte 154
- Museum of the History of Ponce 152
- Musikmuseum 150
- Nuestra Señora de Guadalupe 148
- Parque de Abolicion 153
- Parque de Bombas 147 f.
- Plaza Las Delicias 147
- Schloß Serrallés 152
- Teatro La Perla 150
Punta Higüera 124

Quebradillas 113

Reserva Forestal de Carite (Guavate) 15, 183 f.
Reserva Forestal de Guánica 15, 144
Reserva Forestal de Toro Negro 189
Reserva Forestal Río Abajo 15, 111, 191
Reserva Natural Las Cabezas de San Juan 170
Rincón 123 f.
Ruta Panoramica 161, 184 f.

Salinas 160
San Cristóbal 187
San Germán 138 ff.
San Juan (Bautista) 35, 36, 37, 38, 41, 62 ff.
- Alcaldía 69
- Bayamón 102 f.
- Botanischer Garten 98
- Capilla del Santo Cristo de la Salud 77
- Casa Blanca 74 f.
- Casa de Callejón 78
- Casa de España 82
- Casa de los Contrafuertes 71
- Casa del Libro 78
- Casa Rosada 75
- Casino 68
- Castillo de San Felipe del Morro 36, 73
- Castillo San Cristobal 37, 68
- Cataño 98, 102
- Catedral 69
- Centro Bellas Artes 89
- Club Gallístico 88
- Colegio del Sagrado Corazón 89
- Collegio San Augustin 81
- Condado 83 ff.
- Convento de las Carmelitas 70
- Convento de Santo Domingo 71
- Cuartel de Ballajá 72
- Destilería Ron Bacardi 98, 99 ff.
- El Cañuelo 74, 102
- El Capitolio 81
- Fort San Jerónimo 80
- Hato Rey 92, 96
- Haus von Dr. José Barbosa 103
- Hogar Nuestra Señora de la Providencia 81
- Iglesia de San José 71
- Isla Verde 87 ff.
- La Fortaleza 36, 76
- La Perla 72 f.
- La Princesa 77
- Miramar 89
- Museo de Arte de Puerto Rico 78
- Museo de Arte y Historia 71
- Museo del Indio 78
- Museo del Mar 78
- Museo Felisa Rincón de Gautier 76
- Museo Francisco Oller 103
- Museo Muñoz Marín 98
- Museo Pablo Casals 71
- Nationalarchiv 83
- Palacio Episcopal 70
- Parque Luis Muñoz Marin 92
- Parque Muñoz Rivera 80
- Plaza de Armas 68

- Plaza de Colón 67
- Plaza de San José 70 f.
- Plaza del V Centenario 72
- Plaza Las Americas 92
- Plazuela de la Rogativa 75
- Primavera Iglesia Bautista de San Juan 81
- Puerta de San Juan 76
- Puerta de Tierra 80 ff.
- Real Intendencia 69
- Río Piedras 96 ff.
- Sala de Convenciones 86
- Santa Cruz 103
- Santurce 89, 92
- Teatro Oller 103
- Teatro Tapia 67
- Universidad de Puerto Rico 97
- Viejo San Juan 64, 65 ff.

San Sebastian 193
Santos 47, 48, 60
Sierra Bermeja 133

Tamarindo Beach 208
Tibes Parque Ceremonial 156
Toro Negro Reservat 15

Utuado 190

Vega Baja 108 f.
Vieques 12, 199 ff.

Personenregister

Arawak-Indianer 32

Bacardi 99 ff.
Barbosa, Dr. José Celso 81, 103

Calderón, Juan Rodríguez 55
Calón Delgado, Oscar 55
Campeche, José 54, 71, 98, 187
Casals, Pablo 9, 59, 71, 92, 93 ff.
Castellanos, Juan de 56
Cruz, Domingo 152

Degetau Gonzáles, Federico 147
Diego, José de 39

Emeterio Betances, Ramón 192

Frade, Ramón 55

Gautier Benítez, José 56, 61, 183

Hernández, Rafael 59
Hostos, Eugenio María de 56, 83

Igneris 32, 156

Kolumbus, Christoph 32, 33, 67, 129 ff.
Kreolen 42

Morel Campos, Juan 59, 148
Muñoz Marín, Luis 40, 41, 95, 98
Muñoz Rivera, Luis 39, 40, 188 f.

Oller, Francisco 55, 71, 98, 187

Padillo, José Gualberto 56
Paoli, Antonio 59, 152
Ponce de León, Juan 34, 35, 70, 71, 74, 102, 134, 145
Ponce de León y Loíza, Juan 145
Pou, Miguel 55

Ramirez Medina, Francisco 192
Rojas, Manuel 192 f.
Rosselló, Dr. Pedro 49, 50

Taínos 32, 33, 35, 42, 48, 57, 150, 156 f., 189, 191, 198
Tapia y Rivera, Alejandro 67
Tavárez, Manuel G. 59